公共管理案例

教学与实践

主　编　颜　金　孙　端

副主编　张亚男　梁扬扬　胡伟强

高　锐　郭高晶

湘潭大学出版社
XIANGTAN UNIVERSITY PRESS

图书在版编目（CIP）数据

公共管理案例 : 教学与实践 / 颜金, 孙端主编. 湘潭 : 湘潭大学出版社, 2024. 12. -- ISBN 978-7-5687-1613-0

Ⅰ. D035-0

中国国家版本馆 CIP 数据核字第 20240L8S38 号

公共管理案例——教学与实践

GONGGONG GUANLI ANLI——JIAOXUE YU SHIJIAN

颜金 孙端 主编

张亚男 梁扬扬 胡伟强 高锐 郭高晶 副主编

策划编辑: 贺 佳
责任编辑: 贺 佳 肖 迪
封面设计: 张博雅
出版发行: 湘潭大学出版社
社　　址: 湖南省湘潭大学工程训练大楼
电　　话: 0731-58298960 0731-58298966（传真）
邮　　编: 411105
网　　址: http://press.xtu.edu.cn/
印　　刷: 长沙鸿和印务有限公司
经　　销: 湖南省新华书店
开　　本: 787 mm×1092 mm 1/16
印　　张: 13
字　　数: 260 千字
版　　次: 2024 年 12 月第 1 版
印　　次: 2024 年 12 月第 1 次印刷
书　　号: ISBN 978-7-5687-1613-0
定　　价: 65.00 元

作者简介

颜金：男，生于1981年，博士，教授，江苏海洋大学文法学院副院长，MPA教育中心副主任，主持教育部人文社科基金、江苏省哲学社会科学基金、江苏省教育厅重大研究项目、江苏省教育科学规划等10余项研究课题，出版学术专著3部，发表学术论文40余篇。兼任连云港市社会治理和公共服务标准化技术委员会副主任委员。

孙端：男，生于1982年，博士，副教授，江苏海洋大学文法学院公共管理专业硕士生导师，主持教育部人文社科基金项目、江苏省高等教育教学改革重点项目、连云港市社会科学基金重点项目等8项研究课题，参与国家重点研发计划、国家社会科学基金重大项目、一般项目以及省级哲学社科项目等10项研究课题。发表学术论文20余篇，兼任连云港市台湾研究中心秘书长。

序　言

公共管理学是研究公共事务管理现象和规律的学科，实践性是公共管理学的重要特征。关心国家时政大事，关注社会发展热点问题是公共管理学教学的必备手段，是提升公共管理专业学生分析问题、解决问题能力的重要保障。

改革开放以来，公共管理学得到了恢复和发展，公共管理研究逐步繁荣起来，公共管理教学也得到了长足进步，这些成绩的取得离不开我国的公共管理实践发展，离不开国家的大政方针政策，也离不开一大批奋战在公共管理教学前线的教职员工。2021年公共管理研究发展报告强调：中国公共管理研究主要关注三个面向。一是现实问题研究。聚焦共同富裕、乡村振兴、基本公共服务均等化等主题的深入探索，体现了中国之治。二是前沿领域探索。以数字中国建设为背景，开启了数字政府建设思考以及数字技术在治理中的运用与反思。三是基础理论深化。学科属性、学科边界等基础理论问题得以进一步廓清。

时至今日，我国已经培养了一大批公共管理专业知识的优秀人才，他们已经在国家建设和社会发展中发挥了重要作用。据全国公共管理专业学位硕士（MPA）教育指导委员会办公室谢佳宏主任分析，2021年我国新任司局级干部公务员中，拥有MPA硕士学位的占比13.7%，我国MPA人才培养规模稳步增长，形成了比较成熟的MPA教育模式和教育体系。2023年第七届中国研究生公共管理案例大赛在中南财经政法大学举行，来自197所院校的1942支队伍报名参赛。2024年第八届中国研究生公共管理案例大赛在中国科学院大学举办，有来自全国260所院校的2597支队伍报名参赛。可见，具有中国特色的公共管理在理论和实践上都取得长足的进步和发展。

公共管理案例教学是公共管理学科发展的重要组成部分，也是支持全国MPA案例大赛的重要抓手。在教学上实现理论与实践的有机结合，是公共管理案例教学具有的独特优势。本教材分为两个部分，理论篇主要针对公共管理案例教学的相关理论和方法进行介绍，主要围绕公共管理案例教学内涵、基本特征及其功能，公共管理案例选材依据、公共管理案例编写方法以及公共管理案例教学模式、公共管理案例教学组织等内容。实践篇主要在生态环境治理、食品安全治理、社会基层治理、行政监督与社会监督等领域精选了 11 篇案例，并对案例教学方法进行了说明。

本教材以理论为支撑，以实践案例为教学素材，是作者近年来教学实践的总结，教材中部分案例已经进入全国公共管理案例库，并在 2023 年度获得全国公共管理“精品案例课堂”项目。本教材借鉴了国内外同行的相关教研成果，在此表示感谢！由于教材出版仓促，难免有错误、遗漏、失误之处，敬请广大读者批评指正。

目　录

上篇　公共管理案例教学

上 篇

公共管理案例教学

第一章　导　论

第一节　公共管理

一、公共管理的内涵

公共管理是以政府为核心的公共部门整合社会的各种力量，广泛运用政治的、经济的、管理的、法律的方法，强化政府的治理能力，提升政府绩效和公共服务品质，从而实现公共福祉与公共利益的管理活动。公共管理作为公共行政领域的一项管理活动，其重点在于将公共行政视为一门职业，将公共管理者视为这一职业的实践者。在公共管理中，社会公共事务是主要的管理对象，主要包括社会问题、公共项目、公共物品和资源等方面。公共管理作为一种综合性的社会管理活动和一种现代管理模式，它具有如下特征：

（一）公共管理的目的是实现社会公共利益。社会是一个多元的、复杂的人类生活的共同体。从利益角度看，社会中既存在着以个人目标为指向的私人利益，也存在着以大众目标为指向的公共利益。所谓公共利益，就是社会成员在共同事务基础上的共享利益。公共利益既是公共管理的根本目的，也是公共管理的本质要求；社会的稳定与发展必须以社会公共利益为条件，进而带动私人利益的发展。

（二）公共管理的主体是政府组织和非政府组织。现代社会的公共管理主体是多元的，主要有两大部分：一是政府（广义）组织，二是非政府组织。在地位作用上，政府是公共管理活动的核心主体。在职能分工上，一般来说，宏观方面的管理职能或全局性的关键事项，诸如国防、外交、社会安全、重大法律法规与政策的制定等，只能由政府组织来承担；而微观方面的管理，诸如社会服务、社会保障等方面的一些具体事项，更多地交给非政府组织来承担。此外，还应通过制度安排，使公民有更多的机会参与或参加公共事务的管理活动。

（三）公共管理的客体是社会公共事务。公共管理的客体是指公共管理活动中具体的权利和义务所指向的对象，即社会公共事务。社会公共事务的内容包括社会问题、公共项目、公共物品和资源。社会问题是那些属于公共部门职责范围内、与公共管理目的相符合、需要解决的问题。公共项目是依据政策而采取的一系列行为及过程，是公共管理中最直接的对象。公共物品和资源主要包括公共设施、公共产品、公共信息资源、社会人力资源、自然资源、公有企业和公司等。

（四）公共管理的基本职能是政治职能、经济职能、文化职能、环境保护和社会保障职能。在管理职能体系中，不同性质的管理，其基本职能是不相同的。公共管理的公共性与政治性特征决定了它具有上述基本职能。

（五）公共管理可运用一切公私管理手段。公共管理首先应突出“公共”的特性，在管理手段上需运用政府组织的常用手段，如行政指令手段、法律手段、经济手段、思想教育手段等。同时，私人部门的管理手段也可应用到公共管理中，如重结果、重效率、重技术等。运用私人部门的管理手段，其目的也是解决公共问题，满足公众的需要。

二、公共管理与公共行政

公共管理作为一种新的管理模式，是在公共行政的基础上提出并发展起来的。由于有此渊源关系，便形成了理论界对它的多种看法，主要有：一种观点认为，公共行政与公共管理并无本质上的区别，只不过是称谓不同而已。另一种观点认为，公共管理是公共行政的一个分支，它专门研究行政管理中的方法、技术和技巧部分；公共管理的具体活动主要是从事公共事业的开发和管理。又一种观点认为，公共管理是一种不同于传统公共行政的新的管理模式或途径，不能简单地将公共管理等同于公共行政，公共管理在管理内容、管理思想、管理手段等方面都有着区别于传统行政管理的自身特点。应该说，以上各种观点中的最后一种观点是国内大多数学者赞同的观点。全面地看，公共管理与公共行政是既有联系，又有区别的两种管理模式。

两者的联系是：①公共管理与公共行政都是对社会公共事务的管理，“公共”是两种管理的共同边界。②公共行政即政府管理，公共管理的核心主体也是政府，虽然它的主体还有非政府公共组织，但是公共管理与公共行政两者的核心主体都是政府。③公共管理和公共行政都是管理机关依法开展的管理活动，都具有很强的法律规范性。④公共管理与公共行政都以追求公共利益为目的，管理中都将“公平”因素放在首位。

两者的区别是：①管理主体方面。公共行政的管理主体就是政府，公共管理的管理主体除政府外，还包括非政府公共组织。②管理客体方面。公共管理的客体比公共行政宽泛，它的管理范围既包括了属于政府管理范围内的社会公共事务，还包括了不属于政府公共管理事务的社会公共事务；还有一些在传统公共行政中难以见到的客体，诸如公共环境、项目执行、绩效评估、公共伦理等，也出现在公共管理的客体中。③管理目标方面。公共行政是一种“内部取向”，公共管理是“外部取向”，公共行政重视机构、过程和程序的管理，公共管理重视项目、结果和绩效的管理。④管理手段方面。公共行政重视计划、组织、指导、协调、报告等基本技能，公共管理则关注那些可以用来将思想和政策转变为行动的管理工具、技术、知识和技巧。⑤管理思想方面。公共行政强调执行规范，强调“政策科学化”；公共管理则将更多的企业管理思想纳入公共管理过程中来，强调“管理市场化”。

三、公共管理与公共治理

与公共管理联系紧密的第二个概念是公共治理。公共治理是指通过社会组织和管理的方式，协调、组织和激励公众参与决策和管理，以实现公共利益和公共目标的过程。公共治理涉及政府组织、非政府组织、公民社会、企业和其他利益相关方之间的相互作用。公共治理的基本概念包括：公共治理机构、公共治理目标、公共治理原则、公共治理机制、公共治理流程等。其中，公共治理机构是指为实现公共治理目标而设立的专门机构，包括政府、非政府组织等。公共治理具有下列五个特点：一是多元化。公共治理是一种多元化的治理模式，各方利益相关者在公共治理中扮演不同的角色和职能，形成多元化的治理主体。二是协作性。公共治理非常注重各方利益相关者之间的协作，凝聚各方的智慧和力量，共同推进公共事务的管理和发展。三是互动性。公共治理强调各利益相关者之间的互动和沟通，通过建立有效的信息交流和协商机制，促进各方的合作和共赢。四是法治化。公共治理需要遵循法治原则，确保各方的行为合法合规，维护公共利益和社会秩序。五是透明化。公共治理要求信息公开透明，增强公众的知情权和参与度，提高公共治理的公信力和有效性。在实践中，公共治理的应用范围非常广泛，涉及环境保护、城市管理、社会福利、公共服务等领域。通过有效的公共治理，可以提高公共服务的品质和效率，优化资源配置，推进社会公正和发展。同时，公共治理也需要不断更新和完善，以适应时代的变化和社会的需求。

公共管理与公共治理是两个相互关联又相互区别的概念，它们都涉及公共部门的管理和公共事务的协调。两者的联系体现在以下三个方面：一是目的。公共管理和公共治理的最终目的都是实现良好的社会治理，提高公众的生活质量和幸福感。二是范围。公共管理和公共治理都涉及公共领域和公共事务的管理，只是侧重点略有不同。三是方法。公共管理和公共治理都采用了多学科的方法，包括管理学、政治学、社会学等来进行研究和实施管理。两者的区别体现在以下三个方面：一是主体不同。公共治理的主体通常是指政府机构，而公共管理的主体则更为广泛，包括政府、非政府组织、企业、公民等多元利益相关者。二是目标不同。公共管理的目标是实现政府管理的高效率，而公共治理的目标则是实现公共利益和公共目标，促进社会的公正和可持续发展。三是手段不同。公共管理通常采用行政命令、政策法规等手段进行管理，而公共治理则更多地依靠协商、合作、伙伴关系等手段进行协调和管理。

总的来说，公共治理更强调多元主体的参与和协作，更注重实现公共利益和目标，而公共管理则更侧重于政府机构的管理和协调，更关注政府工作的效率和效果。在实际应用中，两者是相辅相成的，公共管理为公共治理提供了基础和保障，而公共治理则是公共管理的进一步发展和完善。

四、公共管理的发展演变

公共管理研究发端于 1887 年诞生的传统公共行政学，以政治与行政二分法和“官僚制理论”为其理论基础，专注于从静态的角度研究行政组织结构与体制问题。此后，行为科学公共行政使公共行政研究的重点从静态的体制结构上转向对行为的动态研究，以期从人和组织行为对效率的影响上寻求提高行政组织效率的途径。20 世纪 60 年代之前，包括传统公共行政学和行为科学公共行政学在内的行政研究均呈现“管理主义”倾向，奉行效率至上的原则，专注于行政组织内部的效率问题，属于公共管理学发展的第一阶段。以沃尔多对传统公共行政的批判为先导，弗雷德里克森和拉斯韦尔分别提出“新公共行政”与“政策科学”范式，公共管理的发展进入“新公共行政与政策科学时期”。在这一时期，公共行政研究从“管理主义取向”转而为“宪政主义取向”，奉行公平至上的原则，从对行政组织内部的管理转向对政府组织外部社会责任的承担，属于公共管理学发展的第二阶段。

20 世纪 70 年代之后，发源于美国商学院并受到传统公共行政影响的公共管理 B- 途径（包括受到新公共行政学影响并起源于英国的新公共管理途径），以及由政策科学范式发展而来的公共管理 P- 途径，共同构成了公共管理的第三种范式——（新）公共管理范式，此后公共管理学的发展进入到第三阶段。作为向“管理主义”的再次回归，公共管理这一新范式呈现出多学科背景的包容性，不仅专注于内部管理与外部治理，更是极大地拓展了公共组织的内涵，由政府组织进一步扩大至非营利组织乃至私人企业的公共方面。

在未来，随着社会的发展和变化，特别是互联网、大数据和人工智能的发展，公共管理理论仍将不断演进和发展。它需要不断地适应新的环境和挑战，吸收新的理论观点和实践经验，不断完善和发展。同时，公共管理理论也需要注重跨学科的研究和方法论的整合，加强国际交流和合作，以推动全球公共治理的发展和进步。

第二节　公共管理案例教学

一、案例教学的内涵

所谓案例教学，并不是教师在课堂教学中为说明一定的理论或概念所进行的举例分析，也不是教师指导学生开展的具有实例性的课程实习，而是一种以案例为中心的开放式、互动式的新型教学方式。案例教学旨在通过真实且具体的案例来引导学生学习公共管理领域的理论知识和实践技能。这种教学方法不仅仅是简单地传授概念和理论，更是着重于培养学生的分析思维、解决问题的能力以及决策技能，使他们能够在未来的公共管理实践中应对各种复杂的挑战和情境。通常，案例教学要经过事先周密的策划和准备，要使用特定的案例并指导学生提前阅读，要组织学生开展讨论或争论，形成反复的互动与交流，并且案例教学一般要结合一定理论，通过各种信息、知识、经验、观点的碰撞来达到理解理论和启迪思维的目的。在案例教学中，所使用的案例既不是编出来讲道理的故事，也不是写出来阐明事实的事例，而是为了达成明确的教学目的，基于一定的事实而编写的故事，它主要用于课堂讨论和分析之后，能够使学生有所感触、有所体会、有所收获，从而提高学生分析问题和解决问题的能力。

案例教学最早用于医学教学中，为启发学生掌握对病症的诊断及治疗方法，医学院的教授将不同病症的诊断及治疗过程记录下来做成案例，用于课堂分析，以培养学生的诊断推理能力。后来，法学院的教授将各种不同的判例记录整理成为法学案例，包括其中的辩护和裁决过程，以培养学生的判案推理能力。20世纪初，哈佛商学院出现了工商管理案例，教授们将包括各种不确定信息、相关意见和实施过程的商业管理及其决策过程记录下来，编写成为案例用于课堂教学，以培养学生的管理推理能力。类似的方法后来在公共管理教学中出现，教授们搜集整理包含不同背景、问题、选项、相关意见和选择过程的公共管理和决策记录，形成公共管理案例并用于教学过程，以培养学生的决策判断和推理能力。因此，公共管理案例实际上是借鉴其他领域案例的一种具体应用，它和医学案例、法学案例、工商管理案例一样，目的都是通过将实际事件的典型过程再现出来，以引导和培养学生的决策判断和推理能力。

在公共管理案例教学中，案例被视为学习的核心和驱动力。这些案例通常来源于真实的公共管理事件、项目或组织，反映了在现实生活中政府和公共部门面临的各种问题和挑战。学生通过分析和讨论案例，可以深入了解案例背后的社会、政治、经济和管理等方面的因素，从而更好地理解公共管理的本质特征及其管理过程的复杂性。同时，公共管理案例教学强调问题导向和实践导向。在教学过程中，教师通常会提出具体问题或情境，引导学生思考，并依据相关理论探讨其具体解决方案。学生通过分析案例、提出假设和解决方案，并进行讨论和辩论，不断完善自己的思路和观点。通过这种互动式的学习过程，学生不仅能够在理论上掌握公共管理知识，更能够将其应用到实际情境中，培养分析问题、解决问题和制定决策的实践能力。此外，公共管理案例教学还强调跨学科性和反思性。案例通常涉及多个学科领域的知识和方法，如管理学、政治学、经济学等，学生需要综合运用各种学科的知识进行分析和解决问题。同时，学生在分析案例的过程中需要反思案例中涉及的各种决策因素，审视自己的观点和假设，进而培养自身的批判性思维和分析能力。

总之，公共管理案例教学是一种富有挑战性和启发性的教学方法，它不仅能够帮助学生理论性地掌握公共管理知识，更能够培养他们分析问题、解决问题以及制定决策的实践能力。通过真实案例的分析和讨论，学生能够更好地理解公共管理的本质特征以及管理过程的复杂性，为未来的公共管理实践做好充分准备。

二、案例教学的特征

公共管理案例教学是一种以案例为核心的教学方法，具有多种显著特征，旨在培养学生的实践能力、解决问题的能力和决策能力。具体特征如下：

（一）公共管理案例教学以案例为驱动，通过真实且具体的案例来呈现公共管理领域中的问题、挑战和解决方案。这些案例通常来源于真实的公共管理事件、项目或组织，反映了在现实生活中政府和公共部门面临的各种问题和挑战。学生通过分析和讨论案例，可以深入了解案例背后的社会、政治、经济和管理等方面的因素，从而更好地理解公共管理的本质。

（二）公共管理案例教学强调问题导向和实践导向。教学过程中，教师通常会提出具体问题或情境，引导学生思考和探讨解决方案。学生通过分析案例、提出假设和方案，并进行讨论和辩论，不断完善自己的思路和观点。通过这种互动式的学习过程，学生不仅能够理论上掌握公共管理知识，更能够将其应用到实际情境中，培养解决问题和制定决策的实践能力。

（三）公共管理案例教学还强调跨学科性和反思性。案例通常涉及多个学科领域的知识和方法，如管理学、政治学、经济学等，学生需要综合运用各种学科的知识进行分析和解决问题。同时，学生在分析案例的过程中需要反思案例中涉及的各种因素和决策，审视自己的观点和假设，培养批判性思维和分析能力。

（四）公共管理案例教学强调学生之间的互动和师生之间的互动。教学过程中通常采用小组讨论、辩论和案例分析等形式，促进学生之间的交流和合作，丰富教学效果。这种互动式的学习过程不仅能够激发学生的学习兴趣，还能够促进他们的思维能力和团队合作能力的发展。

综上所述，公共管理案例教学具有以案例为驱动、问题导向和实践导向、跨学科性和反思性、互动性等多种显著特征。通过这种教学方法，学生能够更好地理解和应用公共管理理论知识，培养解决问题和制定决策的实践能力，为其未来的公共管理实践做好充分准备。

三、案例教学的意义

公共管理案例教学在当今教育领域扮演着重要的角色，其意义不仅仅在于传授知识，更在于培养学生的实践能力、解决问题的能力和决策能力，为其未来的公共管理实践奠定坚实基础。首先，公共管理案例教学有助于学生深入理解理论知识。通过真实的案例，学生可以将抽象的理论知识与实际情境相结合，更加直观地理解理论的内涵和灵活应用。案例教学不仅能够帮助学生记忆和理解知识点，更能够激发他们对知识的兴趣和探索欲望，提高学习效率和质量。其次，公共管理案例教学有助于培养学生的实践能力。在案例分析和讨论的过程中，学生需要运用所学的理论知识和方法解决实际问题。这种实践性的学习过程不仅能够加深学生对理论知识的理解，更能够锻炼他们的实际操作能力和应变能力，为他们未来从事公共管理工作打下坚实基础。再次，公共管理案例教学有助于提升学生解决问题的能力和决策能力。在案例分析和讨论的过程中，学生需要分析问题、制定方案、做出决策，并评估其结果和影响。这种训练有助于培养学生的逻辑思维、创新能力和团队合作精神，使他们能够在复杂多变的公共管理环境中应对各种挑战和困难。另外，公共管理案例教学有助于提升学生的跨学科综合能力。公共管理涉及政治学、经济学、社会学、管理学等多个学科领域，案例教学为学生提供了跨学科整合的学习平台。学生在分析案例的过程中需要综合运用各种学科的知识和方法，培养他们的跨学科思维能力和综合分析能力。最后，公共管理案例教学有助于培养学生的批判性思维和反思能力。案例教学强调学生对案例的反思和批判性思考，要求他们审视案例中涉及的各种因素和决策，评估其合理性和有效性。这种思辨性的学习过程有助于培养学生的批判性思维、分析能力和判断力，使他们能够成为具有责任感和创新意识的公共管理者。

综上所述，公共管理案例教学对学生深入理解理论知识、培养实践能力、提升分析问题、解决问题和决策能力、加强跨学科综合能力、培养批判性思维和反思能力等具有多重意义，对于提高学生的综合素质和更好应对未来公共管理挑战具有重要价值。

四、案例教学的功能和应用范围

（一）公共管理案例教学的功能分析

从公共管理学科看，多年来，为适应人才培养的需要，在国家有关部门和全国 MPA 教育指导委员会的大力推动下，案例教学在公共管理硕士专业学位研究生培养、在职研究生教育、干部培训中得到了普遍应用，对于推进教学方式改革、加强教学与实践融合、提高学生分析和解决实际问题的能力起到了重要作用，为党政机关和公共部门培养和输送了大批高层次、复合型、应用型的公共管理人才。公共管理案例教学作为一种重要的教学方法，在公共管理领域具有多方面的功能，包括激发学生学习兴趣、提高学生解决问题的能力、促进实践应用能力的培养、加强团队合作和沟通能力的培养以及促进批判性思维和创新能力的发展：

1. 公共管理案例教学能够激发学生的学习兴趣。通过真实的案例和情境模拟，学生能够更直观地感受到公共管理理论的实际应用和意义，从而增加了学习的乐趣和吸引力。相比于传统的抽象理论讲解，案例教学使学生更主动地投入学习过程中，提高了学习的积极性和参与度。

2. 公共管理案例教学有助于提高学生解决问题的能力。通过分析真实案例和情境，学生需要运用所学的理论知识，结合实际情况，提出解决问题的方案。这种问题导向的学习方式培养了学生的批判性思维和解决问题的能力，使他们具备更好的应对复杂情况和挑战的能力。此外，公共管理案例教学能够促进实践应用能力的培养。通过分析案例，学生能够将理论知识与实际情境相结合，更深入地理解和应用所学知识。这种实践性的学习方式有助于学生将所学知识转化为实际能力，为将来的工作和生活做好准备。

3. 公共管理案例教学还有利于加强团队合作和沟通能力的培养。在案例分析和讨论过程中，学生通常需要与同学合作，共同分析问题、提出解决方案，并进行有效的沟通和协作。这种团队合作的学习方式能够培养学生的团队精神和协作能力，使其掌握良好的沟通和交流技巧。

4. 公共管理案例教学有助于促进学生的批判性思维和创新能力的发展。通过分析案例，学生需要对问题进行深入思考和分析，提出合理的观点和见解。这种批判性思维的培养能够使学生具备辨析问题、分析问题和解决问题的能力，同时也有助于激发学生的创新意识和创新能力的发展。

综上所述，公共管理案例教学在激发学生学习兴趣、提高学生解决问题的能力、促进实践应用能力的培养、加强团队合作和沟通能力的培养以及促进批判性思维和创新能力的发展等方面发挥着重要的作用。这种教学方法既有助于学生专业理论知识的全面掌握，增强个人能力，也能为其未来职业发展奠定坚实的基础。

（二）公共管理案例教学的应用范围

公共管理案例教学适用于各个层次和领域的公共管理教育。在高等教育领域，公共管理案例教学可以用于各级各类公共管理专业的教学，包括本科、硕士和博士教育。通过案例教学，可以帮助学生更好地理解和掌握公共管理理论和实践，提高专业素养和实践能力。在职业培训和继续教育领域，公共管理案例教学也有广泛的应用价值，可以为从业人员提供实践性的培训和学习机会，帮助他们提升工作能力和水平。此外，公共管理案例教学还可以应用于公共部门和组织内部的管理培训和专业发展，通过案例教学，可以为管理者和员工提供学习和交流的平台，促进组织的创新和发展。

公共管理案例教学的应用范围不仅局限于教育领域，也可以在公共管理实践中得到广泛应用。政府部门、社会组织和企业可以利用案例教学方法，对重大政策、项目和管理实践进行分析和评估，总结经验教训，提炼管理规范和方法，为决策和管理提供科学依据。通过案例教学，可以发现和解决实践中存在的问题，提高组织的管理水平和绩效，推动公共事业的改革和发展。因此，公共管理案例教学不仅在教育领域有重要价值，在公共管理实践中也有广泛的应用前景。

五、案例教学的优势

（一）案例教学与传统教学方法的对比

案例教学与传统教学方法在多个方面存在显著差异，下面主要从教学理念、教学方式、学习效果三个方面进行对比：

1. 教学理念方面。传统教学方法以教师为中心，强调教师的授课和知识传授，学生被动接受知识；传统教学过程主要侧重于课堂授课和笔记记述，缺乏实践性和应用性。而案例教学则以学生为中心，强调学生的学习和参与；通过实际案例和问题导向的方式，激发学生的思维和讨论，培养其解决问题的能力和批判性思维。

2. 教学方式方面。传统教学方法主要以课堂讲授为主，教师为主导，学生被动接受知识；在教学过程中，教师通过讲解、演示等方式传授知识，课堂氛围相对单一。而案例教学则采用实际案例和问题导向的方式，激发学生的兴趣和思考；学生通过小组讨论、案例分析等方式，积极参与学习，课堂氛围更为活跃。

3. 学习效果方面。传统教学方法注重知识的掌握和记忆，强调考试成绩，且学生的学习主动性较低，实际应用能力和解决问题的能力相对较弱。相反，案例教学注重培养学生的批判性思维、解决问题的能力和创新意识；通过实际案例的分析和讨论，学生更易理解和应用知识，学习效果更加显著。

综上所述，案例教学与传统教学方法在教学理念、教学方式和学习效果等方面存在明显差异，案例教学注重学生的主动参与和实践性学习，更符合现代教育的发展趋势和需求。

（二）案例教学对学生学习的促进作用

1. 促进深度学习与理解：案例教学通过提供真实、具体的情境，促使学生深入思考问题背后的理论依据和实践意义。这种教学方式鼓励学生将抽象的理论与实际案例相结合，从而加深对知识点的理解和记忆，促使学生深度学习。

2. 增强知识迁移能力：案例教学要求学生在分析案例时，灵活运用所学知识解决实际问题。这种过程训练了学生将理论知识迁移到不同情境中的能力，提高了他们在面对新问题时快速适应和解决问题的能力。

3. 提升决策与判断力：通过案例教学，学生可以模拟实际工作中的决策过程，分析案例中的复杂情况，并作出合理的判断。这种模拟训练有助于学生在未来的职业生涯中更好地进行决策，提高判断力和决策效率。

4. 培养跨学科综合素质：案例教学往往涉及多个学科领域的知识，学生在分析案例时需要调动不同学科的知识和技能。这种跨学科的学习方式有助于学生形成综合性的思考模式，培养跨学科综合素质，为未来的多元化工作环境做好准备。

综上所述，案例教学对学生学习的促进作用是多方面的，它不仅能够激发学生的深度学习与理解能力，还能够培养学生的知识迁移能力，同时促进学生的决策与判断能力和跨学科综合素质的提升。因此，案例教学在教育教学实践中具有重要的意义和价值。

（三）公共管理案例教学模式

为推动专业学位研究生培养模式改革，相关政策提出，各培养单位要积极开展案例教学、创新教学模式、明确案例教学的具体要求、强化案例教学效果；加强授课教师与学生的双向交流，引导学生独立思考、主动参与、团队合作，建立以学生为中心的教学模式。这就明确了专业学位研究生案例教学改革的方向和路径，对于深化公共管理案例教学改革同样具有重要的指导意义。公共管理案例教学模式多种多样，根据不同的目的、内容和教学环境，可以采用以下几种主要模式：

1. 问题导向模式。这种模式以具体的问题为导向，通过案例中的问题来引导学生进行讨论和分析。这也有助于学生深入思考和探讨，从而促进他们解决问题的能力和批判性思维的发展。举个例子，一门公共管理课程可能会使用一个实际的管理挑战作为案例，学生将被鼓励提出解决这个问题的不同方案，并分析其优势、劣势。

2. 实践模拟模式。这种模式通过模拟真实的管理场景或情境来进行学习。在这个模式下，学生可以扮演不同的角色，参与到管理过程中，从而提供实践性的学习体验，培养学生的实践应用能力和团队合作能力。例如，学生可以在模拟的政府部门中扮演不同的职位，解决日常管理中遇到的问题，这有助于他们将理论知识应用到实际情境中。

3. 案例讨论模式。这是最常见的案例教学模式之一。在这种模式下，教师引导学生共同分析案例中的问题和挑战，并寻求解决方案。通过这种讨论，学生可以加深对管理理论和实践的理解，同时培养批判性思维。例如，一门公共政策课程可能会使用实际的政策实施案例，让学生分析影响政策实施的因素，并提出改进建议。

4. 跨界合作模式。这种模式将不同学科领域的案例引入公共管理教学中。通过跨学科的合作和讨论，这种模式能够拓宽学生的思维视野，促进跨界思维和创新能力的发展。例如，一门关于环境管理的课程可能会引入生态学、经济学和社会学等学科领域的案例，以促进综合性思考和跨学科交叉应用。

以上是公共管理案例教学的几种常见模式。每种模式都有其独特的优势和适用场景，教师可以根据教学目标、教学内容和学生特点选择合适的模式进行教学设计和实践应用。这些模式的灵活运用有助于丰富教学内容、激发学生的学习兴趣，并提高他们的实践能力和创新能力。

第二章　公共管理案例选材依据

第一节　公共管理案例选材原则

一、案例选材的因素和原则

（一）案例选材的因素

在选择案例时，需要考虑多个因素以确保案例能够有效支持教学目标和学生学习。首先，案例的真实性和代表性是首要考虑的因素。选取真实发生的案例，可以增加学生对案例的认同感，提高学习的效果。其次，案例的复杂性和挑战性也需要考虑。选择具有一定挑战性的案例，可以激发学生的思维和探索欲望，促进他们解决问题的能力和创新意识的培养。此外，案例的时效性和相关性也是重要因素。选择与时代和实际相关的案例，可以增加学生对案例的认同感和兴趣，促进案例教学的有效实施。最后，教学目标和学生特点也需要考虑。案例应当与教学目标相契合，能够支持教学内容的理解和应用，并且适合学生的认知水平和学习能力。

（二）案例选材的原则

在选择案例时，需要遵循一些原则以确保案例教学的有效性和教学质量。首先，案例的教学目标明确。选取的案例应能够清晰地支持教学目标，有助于学生理解和掌握教学内容，提高他们的学习效果。其次，案例的代表性和多样性。选取的案例应当具有代表性，能够涵盖不同的管理领域和情境，以丰富学生的学习体验和视野。再次，案例的可操作性和学生参与性。选取的案例应具有一定的可操作性，能够激发学生的学习兴趣和参与热情，促进他们积极参与案例分析和讨论。最后，案例的教学资源丰富性和可获取性。选取的案例应具有丰富的教学资源，包括案例文献、资料和数据等，以便于教师和学生进行案例分析和讨论，并且应当具有一定的可获取性，便于学生获取案例相关信息和资料进行学习。综上所述，案例选材时应综合考虑案例的真实性、复杂性、时效性、相关性、教学目标和学生特点等因素，并遵循教学目标明确、具有代表性和多样性、可操作性和学生参与性、教学资源丰富性和可获取性等原则进行选择，以确保案例教学的有效实施和教学效果的提升。

二、案例的时效性和适用性评估

（一）案例的时效性评估

案例的时效性评估是选择和使用案例时必须考虑的重要因素之一。随着时代的变迁和社会环境的发展，一些案例可能会变得过时，不再具有代表性或现实性，从而影响教学效果。因此，在选择案例时，需要对其时效性进行评估，确保案例与当前的社会和管理环境相符合。评估时，可从以下几个方面进行考虑：

1. 考虑案例的发布时间和背景。案例的发布时间应当尽可能接近教学实施的时间，以确保案例与当前的社会和管理环境相符合。同时，还需要考虑案例的背景信息，包括案例发生的时代背景、相关政策法规等，以确保案例的时效性和现实性。

2. 考虑案例中涉及的问题和挑战是否仍然存在。一些案例可能涉及特定的管理问题或挑战，需要评估这些问题或挑战是否仍然存在于当前的管理实践中。如果案例中的问题或挑战已经不再存在或者不再具有代表性，那么这个案例可能就不适合作为教学案例。

3. 考虑案例中的解决方案是否仍然有效。一些案例可能涉及特定的管理实践或解决方案，需要评估这些解决方案是否仍然适用于当前的管理环境。如果案例中的解决方案已经不再有效或者不再适用，那么这个案例可能就不适合作为教学案例。

4. 考虑案例的教学目标和学生群体。不同的教学目标和学生群体对案例的时效性要求可能不同，需要根据实际情况进行评估和选择。例如，一些案例可能更适合于高年级学生或专业背景较为成熟的学生，而另一些案例可能更适合于初学者或特定的教学目标。

综上所述，案例的时效性评估是选择和使用案例时必须考虑的重要因素之一，需要综合考虑案例的发布时间和背景、涉及的问题和挑战、解决方案的有效性以及教学目标和学生群体等因素，以确保案例与当前的社会和管理环境相符合，从而提高教学效果和教学质量。

（二）案例的适用性评估

案例的适用性评估是选择和使用案例时必须考虑的另一个重要因素。一个好的案例应当具有一定的适用性，能够支持教学目标的实现，并且适合于特定的教学内容和学生群体。在评估案例的适用性时，可以从以下几个方面进行考虑：

1. 考虑案例是否与教学目标相契合。一个好的案例应当能够清晰地支持教学目标，有助于学生理解和掌握教学内容，提高他们的学习效果。因此，在选择案例时，需要确保案例与教学目标相契合，能够有效地支持教学目标的实现。

2. 考虑案例是否涵盖了教学内容的关键点和重要概念。一个好的案例应当能够涵盖教学内容的关键点和重要概念，有助于学生全面理解和掌握教学内容。因此，在选择案例时，需要确保案例能够覆盖教学内容的关键点和重要概念，以便于学生全面理解和掌握教学内容。

3. 考虑案例是否适合于特定的学生群体。不同的学生群体可能具有不同的学习能力和认知水平，对案例的适用性要求也可能不同。因此，在选择案例时，需要考虑学生的学习能力和认知水平，选择适合于特定学生群体的案例，以提高教学效果和学生学习的积极性。

4. 最后，考虑案例是否具有一定的启发性和挑战性。一个好的案例应当具有一定的启发性和挑战性，能够激发学生的思维和探索欲望，促进他们解决问题的能力和创新意识的培养。因此，在选择案例时，需要考虑案例是否具有一定的启发性和挑战性，能够激发学生的学习兴趣和参与热情，提高教学效果和学生学习的积极性。

综上所述，案例的适用性评估是选择和使用案例时必须考虑的重要因素之一，需要综合考虑案例与教学目标的契合度、涵盖教学内容的程度、适合学生群体的特点以及启发性和挑战性等因素，以确保案例能够有效地支持教学目标的实现，并且适合于特定的教学内容和学生群体的学习需求。在案例的适用性评估中，教师需要深入了解教学目标和学生的背景特点，结合案例的内容和特点，进行综合评估和选择，以确保案例能够在教学中发挥最佳的效果。

第二节　公共管理案例来源

一、案例来源的多样性

案例来源的多样性对于公共管理案例教学的有效实施和学生学习的丰富性至关重要。这种多样性包括来自学术研究、政府工作报告、行业分析等不同来源的案例，每种来源都有其独特的价值和贡献。

首先，学术研究是公共管理案例来源的重要部分之一。学术界对于公共管理领域的研究成果丰富而深入，涵盖了各种管理实践、政策措施和组织运作等方面的案例。这些学术研究案例通常具有严谨的研究方法和理论支撑，能够为学生提供理论知识和实践经验的结合，有助于培养学生的批判性思维和解决问题的能力。其次，政府工作报告也是公共管理案例的重要来源之一。政府机构对于各种管理问题和挑战都会进行调研和分析，并将结果发布为政府工作报告。这些政府工作报告案例通常具有权威性和实践性，能够为学生提供政府管理实践的真实案例和经验，有助于学生了解政府管理的运作机制和政策实施的情况。此外，行业分析也是公共管理案例的重要来源之一。不同行业领域的管理实践和问题各具特点，行业分析案例能够为学生提供丰富的管理案例和实践经验，有助于学生了解不同行业的管理模式和运作机制，培养学生的行业认知和专业素养。

综上所述，公共管理案例来源的多样性对于教学的有效实施和学生学习的丰富性至关重要。学术研究、政府工作报告、行业分析等不同来源的案例各具特点，能够为学生提供丰富的管理案例和实践经验，有助于培养学生的批判性思维、解决问题的能力以及行业认知和专业素养。因此，在进行案例教学设计和实施时，教师应充分利用各种来源的案例资源，确保案例的多样性和丰富性，从而提高教学效果和学生学习的质量。

二、案例的可靠性和客观性

评估案例的可靠性和客观性是进行有效案例教学的关键步骤之一。在教学设计和案例选择过程中，教师需要采取一系列方法和标准来评估案例的可靠性和客观性，以确保所选案例具有良好的教学效果和学习价值。

首先，评估案例的来源和作者背景是确保案例可靠性和客观性的重要依据之一。学术研究机构、权威媒体、政府机构等发布的案例通常具有较高的可靠性和客观性，因为这些机构通常会进行严格的审核和评审，保证案例的真实性和客观性。此外，作者的专业背景和研究经验也是评估案例可靠性和客观性的重要因素，具有相关专业背景和丰富实践经验的作者所撰写的案例往往更具权威性和可信度。其次，评估案例的研究方法和数据来源是确保案例可靠性和客观性的关键步骤之一。案例的研究方法应当合理有效，数据来源应当可靠可信，以确保案例的研究过程和结果具有科学性和可靠性。例如，定性和定量研究方法的合理运用、多样化的数据收集方式和丰富的数据来源等都有助于提高案例的可靠性和客观性。再次，评估案例的论据和论证过程是确保案例可靠性和客观性的重要手段之一。案例的论据应当充分、准确，论证过程应当严密、合理，以确保案例的推理过程和结论具有说服力和可信度。此外，案例应当充分考虑不同观点和利益相关者的意见和立场，尊重事实和数据，避免片面性和主观性的偏见，从而提高案例的客观性和公正性。最后，评估案例的实践应用和教学效果是确保案例可靠性和客观性的关键指标之一。案例的实践应用和教学效果应当与教学目标相契合，能够有效支持学生的学习和成长，体现案例的价值和意义。通过实践应用和教学效果的评估，可以进一步验证案例的可靠性和客观性，为教学实施提供重要参考和依据。

综上所述，评估案例的可靠性和客观性是进行有效案例教学的重要步骤之一。教师可以通过评估案例的来源和作者背景、研究方法和数据来源、论据和论证过程以及实践应用和教学效果等方面来确保案例的可靠性和客观性，从而提高教学效果和学习质量。

第三章　公共管理案例编写方法

第一节　公共管理案例设计原则

一、案例设计原则和要求

公共管理案例设计的有效性直接影响着教学效果和学生学习的质量，因此，需要遵循一系列设计原则，以确保案例具有教育价值和实践意义。以下是几个重要的设计原则：

1. 案例设计应当与教学目标相契合。案例应当明确与教学目标相对应，能够支持课程的教学内容和学生的学习需求。通过设计与教学目标紧密相关的案例，可以有效地促进学生的学习和成长，提高教学效果和学习质量。

2. 案例设计应当具有一定的真实性和代表性。案例应当反映实际的管理情境和挑战，具有一定的真实性和代表性，能够为学生提供真实的管理案例和实践经验。通过设计真实性和代表性强的案例，可以增加学生对案例的认同感和兴趣，提高案例教学的有效性和吸引力。

3. 案例设计应当具有一定的启发性和挑战性。案例应当能够激发学生的思维和探索欲望，提供具有挑战性的问题和情境，促进学生解决问题的能力和创新意识的培养。通过设计启发性和挑战性强的案例，可以激发学生的学习兴趣和参与热情，提高案例教学的吸引力和效果。

4. 案例设计应当具有一定的教学灵活性和互动性。案例应当能够灵活地适应不同的教学环境和学生群体，提供多样化的教学内容和学习方式。通过设计具有教学灵活性和互动性的案例，可以满足不同学生的学习需求，提高案例教学的适用性和实效性。

5. 案例设计应当具有一定的综合性和系统性。案例设计应当能够综合运用各种管理理论和实践方法，系统地分析和解决管理问题，为学生提供综合性的学习体验，以提高学生的培养案例分析能力。通过设计综合性和系统性强的案例，可以促进学生全面理解和掌握管理知识和技能，提高案例教学的教育效果和实践价值。

综上所述，公共管理案例设计应当遵循教学目标相契合、具有真实性和代表性、具有启发性和挑战性、具有教学灵活性和互动性、具有综合性和系统性等设计原则，以确保案例具有教育价值和实践意义，提高案例教学的有效性和学习质量。

二、案例的结构和内容设计

（一）案例的结构设计

案例的结构设计是确保案例内容清晰、逻辑严谨、易于理解的关键步骤之一。一个良好的案例结构应当包括以下几个要素：

1. 案例应当具有清晰的引言部分。引言部分应当介绍案例的背景和基本情况，包括案例涉及的组织、事件或问题的背景信息，引发案例的原因和目的，以及案例分析的重点和范围等。通过清晰的引言部分，可以帮助读者快速了解案例的背景和要点，为后续内容的理解和分析奠定基础。

2. 案例应当包括详细的情境描述。情境描述部分应当详细介绍案例中涉及的事件、问题或情境，包括事件发生的时间、地点、参与者、相关背景信息等。通过详细的情境描述，可以帮助读者全面了解案例的具体内容和背景情况，为后续的分析和讨论提供必要的信息和依据。

3. 案例应当提供清晰的问题分析部分。问题分析部分应当明确列出案例中涉及的主要问题或挑战，对问题进行分析和解释，并提出相应的解决方案或建议。通过清晰的问题分析部分，可以帮助读者理解案例中存在的核心问题，并引导他们进行深入的分析和讨论，从而提高案例的教学效果和学习价值。

4. 案例应当包括综合性的结论和建议部分。结论和建议部分应当总结案例分析的主要发现和观点，提出相应的结论和建议，并展望未来可能的发展趋势和方向。通过综合性的结论和建议部分，可以对案例分析的结果进行归纳和总结，为读者提供具体的行动指南和思考方向，从而提高案例的实践价值和应用性。

综上所述，案例的结构设计应当包括清晰的引言部分、详细的情境描述部分、明确的问题分析部分和综合性的结论和建议部分。通过合理设计案例的结构，可以确保案例内容清晰、逻辑严谨、易于理解，提高案例教学的有效性和学习质量。

（二）案例的内容设计

案例的内容设计是确保案例具有教育价值和实践意义的关键步骤之一。一个优秀的案例应当具备以下几个内容设计要素：

1. 明确的教学目标与清晰的结构：案例应设定清晰明确的教学目标，明确希望学生掌握的核心概念和技能。与此同时，案例应具有逻辑严谨、结构清晰的特点，信息呈现有条理，便于学生理解和分析，确保教学过程有的放矢。

2. 真实且丰富的背景信息：提供翔实的社会、经济、政治和文化背景，结合丰富的细节描述，如关键人物、事件和数据，使案例具有现实感和可信度。内容应具备时效性和相关性，契合当前公共管理的热点问题，符合实践发展趋势，进而增强学习的现实意义。

3. 多元视角与道德伦理考量：展示不同利益相关者的观点和立场，涵盖道德和伦理方面的考量。通过多元视角，鼓励学生从不同角度分析问题，培养他们的同理心、伦理意识和跨文化沟通能力。

4. 核心问题与开放的解决方案空间：突出需要解决的核心问题和挑战，引导学生聚焦于关键的决策点。案例应提供一个开放的解决方案空间，避免唯一答案，鼓励学生提出多样化的解决方案，培养创新思维和问题解决能力。

5. 理论联系实际与引导性问题设计：案例应与公共管理的核心理论和概念紧密关联，促进理论与实践相结合。通过设置引导性、开放式的问题，激发学生的批判性思维和主动学习，促使他们在实际情境中应用所学理论。

6. 学习反馈与反思机制：在案例教学结束后，提供机会让学生进行反馈和反思。通过总结和回顾，学生可以巩固所学知识，认识自身的优点和不足，促进知识的内化和持续改进，形成一个持续成长的学习过程。

综上所述，案例的内容设计应当具有明确的教学目标与清晰的结构、真实且丰富的背景信息、多元视角与道德伦理考量、核心问题与开放的解决方案空间、理论联系实际与引导性问题设计和学习反馈与反思机制等设计要素。通过合理设计案例的内容，可以确保案例具有教育价值和实践意义，提高案例教学的有效性和学习质量。

第二节　公共管理案例编写步骤

一、案例编写的基本步骤和流程

案例编写是一个系统性的过程，需要经过一系列的步骤和流程，以确保案例内容的完整性、准确性和有效性。以下是案例编写的基本步骤和流程：

1. 明确案例的目标和范围。在开始编写案例之前，需要明确案例的教学目标和范围，包括案例所涉及的管理问题或情境、案例分析的重点和范围等。通过明确案例的目标和范围，可以为后续的编写工作提供清晰的方向和目标。

2. 收集案例所需的信息和资料。在编写案例之前，需要收集和整理与案例相关的各种信息和资料，包括案例涉及的组织、事件或问题的背景信息、相关数据和文献资料等。通过充分收集案例所需的信息和资料，可以为案例的编写提供必要的依据和支持。

3. 构思案例的情境和情节。在收集完案例所需的信息和资料之后，需要根据案例的目标和范围，构思案例的情境和情节，设计案例的故事情节和人物角色，确定案例的核心问题和挑战。通过合理构思案例的情境和情节，可以增加案例的趣味性和吸引力，提高案例的教学效果和学习价值。

4. 编写案例的详细内容和分析。在构思完案例的情境和情节之后，需要开始编写案例的详细内容和分析，包括案例的引言部分、情境描述部分、问题分析部分和结论建议部分等。通过详细编写案例的内容和分析，可以为学生提供充分的案例信息和分析思路，引导他们进行深入的案例分析和讨论。

5. 审阅和修改案例的内容。在编写完案例的详细内容和分析之后，需要对案例进行审阅和修改，确保案例的逻辑严谨、语言通顺、内容准确。通过审阅和修改案例的内容，可以发现和纠正案例中存在的问题和不足，提高案例的质量和效果。

综上所述，案例编写的基本步骤和流程包括明确案例的目标和范围、收集案例所需的信息和资料、构思案例的情境和情节、编写案例的详细内容和分析以及审阅和修改案例的内容等。按照这些步骤和流程进行案例编写，可以确保案例内容的完整性、准确性和有效性，提高案例教学的效果和学习质量。

二、案例编写要素和技巧

（一）案例编写中需要考虑的要素

在进行案例编写时，需要考虑以下几个重要的要素，以确保案例具有教育价值和实践意义：

1. 要考虑案例的真实性和代表性。案例应当反映实际的管理情境和挑战，具有一定的真实性和代表性，能够为学生提供真实的管理案例和实践经验。因此，在编写案例时，需要尽可能保持案例的真实性，避免虚构或夸大案例内容，确保案例与实际管理场景相符合。

2. 要考虑案例的启发性和挑战性。案例应当能够激发学生的思维和探索欲望，提供具有挑战性的问题和情境，促进学生解决问题的能力和创新意识的培养。因此，在编写案例时，需要设计具有启发性和挑战性的情境和问题，引导学生进行深入的分析和思考。

3. 要考虑案例的教学目标和学习重点。案例应当与教学目标相契合，能够支持课程的教学内容和学生的学习需求。因此，在编写案例时，需要明确案例的教学目标和学习重点，确保案例能够有效地促进学生的学习和成长。

4. 要考虑案例的教学适用性和实用性。案例应当能够灵活地适应不同的教学环境和学生群体，提供多样化的教学内容和学习方式。因此，在编写案例时，需要考虑案例的教学适用性和实用性，为学生提供具有实际应用价值的管理案例和解决方案。

5. 要考虑案例的综合性和系统性。案例应当综合运用各种管理理论和实践方法，系统地分析和解决管理问题，为学生提供综合性的学习体验，培养学生案例分析能力。因此，在编写案例时，需要综合考虑不同管理理论和实践方法，设计具有综合性和系统性的案例内容和分析过程。

综上所述，案例编写中需要考虑的要素包括真实性和代表性、启发性和挑战性、教学目标和学习重点、教学适用性和实用性，以及综合性和系统性等。通过综合考虑这些要素，可以确保案例具有教育价值和实践意义，提高案例教学的效果和学习质量。

（二）案例编写中需要考虑的技巧

案例编写中需要掌握一些有效的技巧，包括注重情节设置和人物塑造、问题设置和解决方案设计、语言表达和逻辑结构、实践性和互动性设计以及反馈和改进等方面。通过运用这些技巧，可以提高案例的质量和效果，增强案例教学的吸引力和实用性。

1. 注重情节设置和人物塑造是案例编写中的关键技巧之一。一个生动的案例情节和鲜明的人物形象能够吸引学生的注意力，并使案例更具真实感和代表性。因此，在编写案例时，可以通过描述具体的场景和事件，塑造生动的人物形象，让学生更容易产生共鸣和情感连接，提高他们的学习兴趣和参与度。

2. 问题设置和解决方案设计是案例编写中的重要技巧之一。一个好的案例应当提供具有挑战性和启发性的问题，引导学生进行深入的思考和分析，并提供合理、可行的解决方案，促进学生的学习和成长。因此，在编写案例时，可以通过设计具体的问题和情境，引导学生探讨不同的解决方案，培养他们解决问题的能力和创新意识。

3. 语言表达和逻辑结构是案例编写中不可忽视的技巧。清晰、流畅的语言表达和严谨、合理的逻辑结构能够提高案例的可读性和理解性，帮助学生更好地理解案例内容和分析思路。因此，在编写案例时，需要注意语言表达的准确性和逻辑结构的严谨性，确保案例的内容清晰、连贯，有助于学生的学习和理解。

4. 实践性和互动性设计是案例编写中的重要技巧之一。一个具有实践应用价值和互动性设计的案例能够增强学生的学习体验和参与度，促进他们的思考和交流。因此，在编写案例时，可以通过设计案例的情境和问题，引导学生进行实际应用和讨论，激发他们的学习兴趣和积极性，提高案例教学的效果和学习效果。

5. 注重案例的反馈和改进是案例编写中的重要技巧之一。一个好的案例应当能够不断接受学生的反馈和建议，不断完善和提高自身的质量和效果。因此，在编写案例之后，可以定期收集学生的反馈意见，分析案例的优缺点，进行适当的调整和改进，以确保案例具有持续的教学效果和学习价值。

综上所述，案例编写中需要掌握一系列有效的技巧，包括注重情节设置和人物塑造、问题设置和解决方案设计、语言表达和逻辑结构、实践性和互动性设计，以及反馈和改进等方面。通过运用这些技巧，可以提高案例的质量和效果，增强案例教学的吸引力和实用性，促进学生的学习和成长。

（三）案例编写的实例分析

1. 案例编写的实例分析和讨论

案例编写是公共管理教学中一项重要的任务，其质量直接影响着学生的学习效果和教学效果。在案例编写中，需要综合考虑各种要素和技巧，以确保案例具有教育价值和实践意义。首先，案例编写中需要考虑的要素包括案例的真实性和代表性、启发性和挑战性、教学目标和学习重点、教学适用性和实用性，以及综合性和系统性等。通过综合考虑这些要素，可以确保案例具有教育价值和实践意义，提高案例教学的有效性和学习质量。其次，案例编写中需要掌握的技巧包括注重情节设置和人物塑造、问题设置和解决方案设计、语言表达和逻辑结构、实践性和互动性设计，以及反馈和改进等方面。这些技巧能够提高案例的质量和效果，增强案例教学的吸引力和实用性，促进学生的学习和成长。

综合以上所述，案例编写不仅是一项技术活动，更是一项艺术工作。在编写案例时，需要充分运用各种要素和技巧，根据教学目标和学生需求，设计出具有启发性和实践性的案例内容，引导学生进行深入的思考和分析，促进他们的学习和成长。同时，还需要不断接受学生的反馈和建议，进行适当的调整和改进，以确保案例具有持续的教学效果和学习价值。通过不断地积累经验和提升能力，可以编写出更加优质和有效的案例，为公共管理教学提供更好的支持和帮助。

2. 案例编写的常见问题和解决方法

案例编写过程中常见的问题有很多，包括案例内容的真实性不足、问题设置过于简单或过于复杂、语言表达不清晰、逻辑结构混乱等。针对这些问题，可以采取一些解决方法，以提高案例的质量和效果。

解决案例内容真实性不足的问题，可以通过增加案例背景的研究和采访，获取更多的真实数据和信息，确保案例与实际管理场景相符合。此外，还可以邀请相关行业专家参与案例编写，提供专业的建议和意见，确保案例的真实性和可信度。解决问题设置过于简单或过于复杂的问题，可以通过合理设计案例的情境和问题，提供具有挑战性和启发性的问题，引导学生进行深入的思考和分析。此外，还可以根据不同学生的学习水平和背景，设计不同难度和复杂度的案例，满足不同学生的学习需求。解决语言表达不清晰的问题，可以通过精细化的语言编辑和润色，确保案例的语言表达准确、流畅。此外，还可以借助同行评审和专家审阅，获取反馈意见，及时修改和改进案例的语言表达，提高案例的可读性和理解性。解决逻辑结构混乱的问题，可以通过合理设计案例的结构和内容，确保案例的逻辑结构清晰、严谨。此外，还可以通过详细的内容分析和讨论，对案例的逻辑关系和思路进行梳理和整理，确保案例的逻辑结构合理、连贯。

综上所述，针对案例编写中常见的问题，可以采取一系列解决方法，包括增加案例内容的真实性、合理设计问题、精细化语言编辑、合理设计逻辑结构等，以提高案例的质量和效果，促进学生的学习和成长。

第四章　公共管理案例教学模式

第一节　初试期的案例教学模式

为了提高案例教学质量，近年来有关部门和高等院校积极推动公共管理案例教学模式改革。2015 年教育部发布的《关于加强专业学位研究生案例教学和联合培养基地建设的意见》（以下简称《意见》）强调，要推进案例教学改革，强化以学生为中心，以案例为基础，通过呈现案例情境，将理论与实践紧密结合，引导学生发现问题、分析问题、解决问题，从而掌握理论、形成观点、提高能力。全国 MPA 教育指导委员会不断深化公共管理专业教学模式改革，经常组织案例教学师资培训，鼓励开发建设各层级案例库，2016 年以来每年举办中国研究生公共管理案例大赛，引起广泛关注。2021 年由全国 26 家核心期刊联合成立了中国案例研究期刊联盟，鼓励案例研究成果的公开发表。各级党校（行政学院）加大案例教学力度，推行案例式、体验式等互动式教学，提高案例教学的针对性、实效性。各 MPA 培养院校不断推进教学模式改革，推出了不少创新做法，包括设置案例写作课程，举办校内公共管理案例大赛，学生可选择以案例分析的形式撰写毕业论文、社会实践报告等，深入探索以学生为中心的教学模式。

经过数十年的发展，案例式教学在国内高校公共管理类课程及相关课程教学中主要形成了如下几种具有代表性的案例式教学模式：

1. 互动式案例教学模式。即教师主张精选案例，在课堂教学中，充分调动学生的互动讨论，化学生被动听课为互动式讨论的一种教学模式，其突出特点就是充分重视学生的“参与”与“互动”，把教学重点内容贯穿于学生参与、互动过程之中。

2. 自主式案例教学模式。该模式把学生作为教学的主体，以充分培养学生自主分析问题和解决问题能力为主要目标。在操作中，表现为教师在课堂上精选案例之后，让学生独立思考、自主式地对案例进行分析，从而提高学生识别、分析和解决具体问题的能力。

3. 合作式案例教学模式。该模式的要领是学生组成案例分析小组。课堂上以小组的方式对案例进行分析、讨论与研究，以小组为单位评价学生的成绩和提高学生的团队合作能力。要求学生课外准备、小组合作与课内研讨交流相结合。这种教学模式具有三个基本特征：轻结果而重讨论、轻个人而重集体、轻结论而重反思。

4.情境式案例教学模式。这是将情境教学和案例教学有机结合的一种教学模式。该模式主张学生针对具体情境进行思考、讨论并做出应对，从而提高学生综合业务能力。根据教材内容和特点、结合各专业学生的实际情况，灵活机动地选用案例是情境式案例教学方法取得成功的关键。

5.模块式案例教学模式。这种模式运作的基本要求就是进行“模块分层”，主张把教学内容分成若干模块，如基础模块、辅助模块和实践模块等，然后精选案例，结合模块进行教学，使学生对基础知识、核心知识、交叉知识都得到较好的了解与掌握。

6.滚动式案例教学模式。与其他模式的案例教学相比，滚动式案例教学突出的特征就是具有较长的知识管理“滚动链”，以“滚动链”为基础，滚动式案例教学模式形成了案例精选与整理、知识链接与植入和理论挖掘与创新等三个“滚动流程”。

7.案例比赛嵌入式案例教学模式。案例比赛嵌入式的案例教学模式秉持“德育为先、以人为本”的教育理念，以提高本科生自主性、探索性、能动性和创造性为教学目标，培养本科生公共管理的专业素养和公共服务的社会情怀为人才培养定位，通过全方位模拟公共管理案例分析比赛，将公共管理案例分析比赛的组织方式、案例文本要求和评价体系嵌入日常的公共管理案例教学之中，开展课前自主学习和探索，课间争辩和讨论，课后多元评价反馈的全过程教学改革。

此外，还有一些其他的案例教学模式，如讨论式案例教学模式、研讨式案例教学模式、探究式案例教学模式、开放式案例教学模式、综合式案例教学模式等。这些案例教学模式与上述7种案例教学模式相比，只是形式与提法不同，基本内容都大同小异。

虽然案例教学模式各异，但总的来说，公共管理案例教学模式的形成基本经历了三个时期：2004—2011年初试期，2011—2014年发展期，2014—2018年完善期。

一、案例形式：素材案例

公共管理课程的案例教学初期遇到最大的难题就是案例的收集和选取。搜集的这些材料或者庞杂或者粗糙又或者单薄，不是想要的成型案例，可以称为素材案例。与公共管理相关的热点事件是案例学习的主要资料，这与课程系统知识的直接相关性较弱，必须对这些材料进行裁剪、修补、整理才能运用于课堂。教师这时就像是裁剪师和缝纫师，修修剪剪补补，才是一件基本成型的案例。案例以文本素材和视频素材的表现形式，更新教学内容，使学生从抽象学理到具象认知，辅助课堂教学。素材案例跳脱出举例说明的教学逻辑，而是先运用案例、从案例中概括对某一问题的认识和理解，经过师生共同讨论，提炼升华为课程的概念性、原理性知识。素材案例作用不是举例说明，是从具体课堂观摩、阅读中发现学理、总结认知、提升学业水平的课程资源。

二、课程呈现：了解案例

准备阶段从课堂预想、案例搜选、关注实践开始。公共管理案例教学要实现学科教学内容与大学教科书联结、学习者和评价者身份合一。上课前教师多次叮嘱学生“不仅要看，而且要写”，看是了解案例设计的精巧，写是要记录教学案例的主要流程、关键问题、重要设计策略。案例搜集时主讲教师购买公共管理相关课程优质课视频，搜集教学设计方案，一些名师的教学设计是不公开的，有时只能搜集到教学简案。

运行阶段从理论假设出发，设定基本教学环节。教师理论假设的前提是认识到案例教学是课程理论与教学实践连接的纽带，案例教学有利于学科教学知识转化成教学实践能力。Y 教师设计了基本教学环节“讲讲—看看—议议—解解”，“讲讲”主要结合语文课程标准解读规范，“看看”是观看名师教学视频，“议议”是小组内讨论和发表观点，“解解”是教师针对本次课程教学目标，概括教学设计的优点、教师教学风格等，解析清楚案例衔接课程学理知识。S 教师运用的课例有一些是中国专业学位案例中心上的经典案例，这些教师的课程基本是按“看看—谈谈—想想”的环节进行，“谈谈”主要是执教者本人的想法分享。L 教师注重学生对公共管理教材的理解，基本按“读读—说说—看看”进行，“读读”指的是读公共管理领域经典教材，“说说”是复述课本内容和自己对课本的理解，“看看”是观看教学视频，最后教师做小结。

生成阶段主要是梳理教学思路，概括教学流程。在公共管理案例教学实行两年左右的时候，教师对个人授课不断整理，形成了一些基本教学操作，也积攒了案例集。生成阶段的教学流程概括用词简单朴实，从基本技能出发，用公共管理教学基本技能为教学环节定名，如“读读—说说—看看”等。初期的生成主要是执教教师对课程教学形成了基本思路，扩大了教学内容范畴，也能看出学科教学发展视角，关注到学科教育课程与中小学的联系，开始有意识整理自己的教学想法和做法。

三、师生关系：经验传递

最初，案例使用目的是观摩与展示。学生在案例学习过程中了解到大学课堂教学的实际样貌，缺少对案例的深度认知、分析和讨论，案例处于独白阶段，观摩后更多是学生对案例的赞叹和认可。比如学生最初接触公共管理案例教学名师的课例时，基本是“嗯，讲得真好”“怎么想到这么好的设计方案呢”类似评价。教师通过案例向学生传递大学教学的课堂流程设计、教学重点难点设置、大学名师教学风格等潜在内容，学生在案例中感知教学设计方法以及公共管理教师教学风貌。案例教学达到最初想法“给学生看一看”的目的。案例就像抛出去的石子，做到一石激起千层浪，使学生能够在素材案例的引发下，产生对教学经验和教学能力的向往，也对大学课堂形成动态认知。

四、课堂目标：认知联结

学生对大学教学课堂的疏离与陌生成为学科教育课程内容理解的障碍。21 世纪以来，基础教育课程改革如火如荼，大学使用教材修订和更新，教学方式方法改革不断变化，学生很难在大学中体会到这些变革。学科教育课程要实现理论与实践的统一、内容学理的渗透性理解，就需要在教学时引用最新的教学案例，把握基础教育课堂改革的实况和动态。Y 教师把会议上带回来的公共管理观摩课在课堂上呈现给学生，S 老师请大学一线教师给学生作报告，L 教师在课堂上促使学生认真研读专业书籍。为了加强学生对公共管理教学的了解，三位教师从不同角度为学生接近公共管理课程做出改变。“耳濡目染”式熏陶学生形成对大学课堂教学感性认知、能够学到基本教学设计规范，实现对大学学科教育课程的理解。但是，案例未经细致地加工、删减和组织，案例教学的主题不凝聚，缺少思考问题，学习效果不显著，适合在对案例有初步认知时运用。

第二节　发展期的案例教学模式

一、案例形式：小案例组

搜集来的教学案例不能完全符合学科教育课程的教学要求，需要加工、改造、重新编辑，开始自主开发案例的实践。这种开发以课程实际需要为主，也较为实用。比如在模拟教学时，学生非常注重课堂导入，但又提出导入大多缺少新意，怎样才能从导入部分就吸引住听课者。学生们有实际需要，主讲教师就寻找不同导语设计的样式，进行导语类型讲解。为了选用导语设计方法，案例学习时截取不同教师经典的课堂导入语，再进行组接，生动呈现案例情境。

案例在教学应用中根据实际需要在容量、呈现方式和内容匹配上做调整。在素材案例基础上剪辑、编辑内容集中的小案例，既要符合学科教育课程的基本要求，又要体现案例的实用、新颖、恰当。在素材案例积累条件下，按照教学设计理论的模块划分为导语设计案例、结语设计案例、课堂提问设计案例、教学目标设计案例、教学情境设计案例等。每组 2 ~ 5 个小案例不等，学科教学课程教学时呈现一组小案例，激发学生思维，从案例中总结设计方法和技巧，有助于得出清晰的结论。

公共管理课程教师观察到学生对于生动案例情境的兴趣，加大案例使用频率。课堂上频频抛出一些类似案例或者对比案例，激发学生的讨论热情，容易形成不同意见和讨论，采用这些案例的目的是接近教学目标，目的性较强。案例容量不大，是两个或以上的案例节选，能共同体现对同一主题学理内容各个侧面的理解，这类案例相当于“小案例组”。课堂应用时学生会发现案例的共同点或者不同点，探讨案例主题和表现内容。“小案例组”是教师对案例选取之后进行简单归类，与课程内容对接，实用性较强，在生动的小案例组中把握教学设计方法、技巧和原理。

二、课程呈现：体验案例

随着案例开发规范和原则越来越清晰，教学案例开发也逐渐理清了思路。案例从表现形式上分为文本案例和视频案例；从用途上分为教学案例和研究型案例；从容量上分为大案例和小案例。收集的课例要经过加工，分析执教者设计想法、教学环节、设计意图等，访谈一些评课专家，记录评价意见，经常联系执教教师，进行访谈或者获取备课过程中的原始资料，透过案例本身分析案例设计思想。

准备阶段师生要为模拟教学做阅读积累和方案预设。案例引用之前，要对案例背景、执教者基本信息，包括执教环境介绍清楚。课程章节位置、课程章节大意、课程章节的逻辑思路等都需要明确，然后课上以分享形式重温课本内容。观摩视频案例时带着问题走进案例，在观摩的同时思考教学案例，按照主要事件理清教学流程和主要问题，养成边观摩边记录的习惯，学生会产生自己的想法。从案例中学到的教学设计可能也不完美，需要修剪和增补才会形成理想的教学设计。预设教学方案，以案例为基础再修改，也可以完全推翻重新设计。

运行阶段是学生走上讲台角色扮演的过程。这是案例仿真模拟，讲课的学生模拟大学教师，听课的学生回归现有角色。有的学生站上讲台明显紧张，有的身份游离在大学教师和学生之间，经历两次模拟教学后学生才逐渐进入角色状态。模拟教学后小组评价模拟教学情况和教学设计方案，模拟教学的学生也会自己剖析整段表现，经常会说“我原本设想的是……但课堂表现不一样”，教学设计与教学实践的差距也正在这里。学生们能够自我发现和反思，体验深刻，在二次、三次的教学模拟中改进也明显。教师角色扮演后才明白角色差距，然后进行角色弥补。教学模拟实践在公共管理教学中是非常重要的一环，理论研究和方案设计都是前期准备。模拟操练是实践运用，好的方案辅以好的实践，才能做到职前教师培养的理论与实践统一。

生成阶段学生发现自我潜能和正视教师角色。在模拟训练中，学生们对专业和职业有了直观认识，理解到教师传播者、组织者、引导者的多重课堂角色。很多学生在教学方案设计基础上，积极参与模拟教学实践，甚至反复观看自己的拍录视频，琢磨如何“像个教师”，当有学生走上讲台听到“有教师范儿”这样评价都会燃起专业自信。发现自我潜能，相信自己能当好一名老师。意识到当教师是一件需要多项能力的事情，这就是学生的获得。这些获得有很强的导向作用和激励作用，公共管理课程教育导向功能得以实现。

三、师生关系：引导体验

按照角色理论，教师角色包含角色扮演、角色期待和角色差距的概念。公共管理案例教学在观摩案例、研究案例时，也是在带领学生体会角色过程。逐渐地，学生们跃跃欲试，想走上讲台试一试，这也恰恰契合主讲教师的设想。通过模拟教学，大学生可以体验教师角色，登上讲台尝试授课。带着教师角色的期待走上讲台，尝试像教师一样讲课，通过角色体验发现角色差距。这样的操练是课堂教学的一种突破。“把课堂交给学生”，案例教学进入到模仿和体验的阶段。

案例教学课堂逐渐以小组讨论方式进行，每个学生都是案例学习的发言者，就案例谈感受，小组轮流发言，概括案例主题，根据核心问题进行对话，进行教学片段设计和演练。学生在案例教学过程中从接受者角色进入体验者角色，对教师专业技能突破性学习，抽取概念的逻辑。尝试进行片段教学，对课堂的导入或者提问等有自己的设计，也能相对完整地设计教学片段，并且走上讲台实践。学科教育课程案例教学就是一门理论性、应用性交叉的课程类型，学以致用、边学边用是渐进式学习的步骤，落实课程的认知和实践功能。

教师在这一过程中主要是引导学生体验教师角色，辅助学生完成教学片段的执教演练，对需要改进的方面进行指点。

四、课堂目标：知识验证

学科教育课程学到了什么、学得怎样、能否与大学现行课程教学改革紧密衔接，这些是课程需要深入考虑的问题。案例教学是从案例中汲取知识、方法和思考，检验教学设计知识、教学技巧理解、教学理念贯彻的最直接方式便是教学角色的模拟实践。通过“小案例组”的学习，学生对大学课堂教学的精彩片段有直观认识，也激发对教师角色的向往，通过“课前小讲台”“内容我汇报”等课程活动，学生们体验了教师角色，对教师要具备的导入、概述、提问、讲解、板书等必备能力有了切实感知。往往与案例比照，形成对比、区别、判断和评价，利于学生对自身教学能力有具体认知，找出差距、不断完善、形成较强教学能力。

第三节　完善期的案例教学模式

一、案例形式：载体案例

案例教学的课程原理隐含在案例中，并且部分案例容量加大，起承转合明显，情节曲折，过程完整，能够作为一节课或者几节课的内容，这样的案例是载体。这个阶段案例是课堂教学的核心依据，涵盖丰富，入课是案例背景，结课是案例分析的结论和建议。案例作为载体，其规格和规范也越来越明晰，学科教育课程教学使用的文字案例一般不少于八千字，需要足够的阅读量，视频案例播放时间不少于 20 分钟。学生接收到的信息容量很大，案例内容丰富，案例的学理背景、政策背景、教学背景、思考问题、操作要领都有明确说明，从而课堂思考丰富多元。

公共管理案例多是由涉及民生的新闻类事件开发而形成。案例作为整节课或者几节课的载体，案例开发时需要深入探寻案例形成的始末、案例的过程资料、执教者设计意图、案例蕴含的学理等。例如一位教师开发的公共管理教学案例搜集到案例执教教师七稿的备课资料，又经过访教者谈论，案例开发小组商讨，最后调整、组接、编辑成学科教育课程的教学案例。

二、课堂呈现：研习案例

公共管理案例教学进行五、六年时，教学模式越来越清晰。课程持续建设，案例册、教科书、教学课件、视频教学案例都已经搜集较多，并且编辑、加工成课堂教学所需案例。这一时期案例教学方法、思路和程序进一步明确。

课堂“两方法”的使用。教学案例使用基本有两种方法，案例到原理的归纳式，原理到案例的演绎式。按照课程内容特点，对于陈述性规律、概念、原则性内容，一般是先学基础知识，作为理解案例的铺垫；对于描述性知识、判断、评价内容，一般是先从案例切入，尝试归纳一些知识和判断，尤其鼓励创造性意见和独立判断。比如在“如何设计教学小结”的问题上，就是先从案例切入，受案例的引发学生说出比书本更多的方法，概括出前后呼应法、余音绕梁法、作业练习法、设疑思考法、回溯重点法、比较法等。而学生们也从自己的理解角度形成视听法、联系生活法等。原理先入是对那些不存在争议的，既定不可动摇的理念讲解，随着案例研究的深入，这个方法用得越来越少。一切的既有知识都能寻找到适当的案例表现，而且从案例中可以引申出更多内容。

确定“三联合”的思路。大学教师作为课程案例教学主体可以成为案例教学的主讲教师或辅助教师。案例取材于现实课堂，但执教教师跟学生们缺少直接沟通。模拟教学时学生尝试模拟大学教师，但大学教师真的那样上课吗？学生们一直存在疑问和不自信，公共管理课的主讲教师也在思考这些问题的突破点。在《国家中长期教育改革和发展规划纲要（2010—2020 年）》第七章“高等教育”中明确“创立高校与科研院所、行业、企业联合培养人才的新机制。”作为一门课程，在机制允许、鼓励创新的思路下，要积极寻求突破。L 教师请企业高管到大学课堂，结合自己实际的工作经验，给出切实经验指导。S 教师开发使用本领域名师的授课案例，邀请该执教名师和学生们交谈关于案例的设计和原始想法。Y 教师邀请与具体案例相关的政府部门工作人员，谈谈事件的处理程序，现身说法，学生触动很大。三位课程主讲教师在不同的领域努力突破传统思路，转变教学观念和做法。

实施“四步骤”的程序。经过尝试，教学的四个步骤逐渐稳定运用，观摩案例—自主设计—模拟评价—反思重构，步步有任务，各个任务有联系。从案例到原理探究，从自主设计到理性反思。四步操作如下：

观摩案例是案例教学的基础环节，实现对案例的直观认知。观摩案例可以一气呵成看完整案例，也可以边看边讨论边讲解。观摩案例是看、听、记、写几个过程，同时，要带着问题观摩；观摩后是述、评、议、辩的过程。观摩案例、思考问题、任务驱动，实现观摩效果的最优化。

自主设计主要是教案设计和课件设计。教学简案设计在课堂上完成，课件设计与详案在课后完成。课堂简案一般是小组讨论商定生成，而教学详案是在此基础上个人进行调整和增补。课件制作不做硬性要求，学生可以按照传统板书讲解方式，也可以运用课件辅助讲解。自主，体现专业技能成长的主动性；设计，体现专业技能成长的创造性。

模拟评价是模拟教学和教学评价两个部分。模拟教学，指借助课堂这个平台学生提前饰演教师角色，学生模拟大学教师，其他同学配合现有角色，让每个参与者都进入课堂教学情境。教学评价指对案例评价和对同学模拟教学评价。教学评价是教师必备的职业技能，会评才是真正听懂课、理解课，评价是为了自我对照和反思，学习优点弥补差距，逐渐地学生会评课，也开始从评价中获得启示。

反思重构这一环节是打破设计的过程。反思自我设计，寻找哪些地方仍然需要改进，有时甚至推翻已经形成的设计，完全重构。反思和重构是教学步骤的结尾一步，而这一步骤不是封闭的，而是开放的。反思和重构不固化结论，也不封闭思路，反复修缮案例设计、形成个人理想的教学设计。

三、师生关系：深度对话

2016年美国发布《地平线报告》，约翰逊等人指出“高等教育未来五年要向深度学习方法转变”。深度学习是继符号学习、统计学习热潮后兴起的机器学习的重要分支，目前深度学习在语音识别系统和人脸识别系统应用中不断取得突破。概括地说，深度学习是机器学习中一种高效的非线性高维数据处理方法。深度学习在各个学科、领域迅速被引用和转用。在教育学领域，布鲁姆在《教育目标分类》中曾提到学习的层级性，认为学习有深浅之分。深度学习就是与浅层学习相对，主动地、高水平地对知识进行整理和深层次加工的学习方式，链接先前知识、经验，能够对真实情境的知识深度理解并生成应对策略，是高阶思维能力的发展。

类似的，公共管理案例教学开始向深度学习迈进。教学案例应用不停留在学习教学设计的内容，同时思考设计背后的支撑理论和思想、与课程学理的呼应性等问题。在学习案例设计前后，小组分别汇报各组的设计构想，这里面包含已有经验铺垫，也包括案例引发的思考和创新。最终，学生形成个性的理解和独特设计，并且转化为实践教学能力，是学习走向深度的表现。师生围绕案例思考题交换意见、交流想法、概括优缺、假定新情境、设想新方案。案例学习的最终目的不是模仿，而是超越，这也是深度学习的最终指向。

四、课堂目标：能力生成

案例应用于学科教育课程的目标是综合的。对于案例学习目标，“教师教育理论定向有五种：学术的、实践的、管窥技术的、个性的和批判社会的。”公共管理案例教学的目标既有对学理的深刻认知，又有实现学科的实践要求；既包含掌握教育技能的诉求，又兼顾学生个性价值实现；从根本上，还是要培养具有客观分析能力和主观实践能力的职前教师，为社会主义建设服务。

案例教学主要实现了学生几种能力的提升。一是案例分析能力，通过案例的观摩和阅读，掌握案例详细信息，再通过师生之间的相互讨论、质疑和回答，案例分析的向度、维度和视角都得到拓展，看问题也由浅入深。二是实践应用能力，通过教学方案设计和模拟教学训练，学生增加了教师模拟体验，教学技能和设计构思实现了整体融合与展现，师范性和学术性在案例教学中良好落实。三是建构创造能力，通过自主建构、反思重构等教学环节，学生能够发挥主动性和创造性，运用聪明才智建构完善个人设计、又多次打破原有设计，不断地生成更优的教学设想和方案。

第四节　公共管理案例教学模式的配套措施

一、加强案例教学的师资队伍建设

教师是案例教学的组织者、设计者、引导者和仲裁者，教师案例教学的组织能力和驾驭能力直接影响了案例教学的成效。教师应当转变观念，先做学生，再做先生，大力提高案例教学能力。为了弥补理论和实践之间的“鸿沟”，高校可以加强与政府机关等公共部门的合作，考虑引入实践导师，实行“双师制”教学，鼓励教师到政府机关等公共部门进行挂职锻炼，积累实践经验，提高理论联系实践能力。学校和学院在观念上要重视案例教学，营造案例教学氛围，邀请公共管理案例教学专家学者和实务部门工作人员授课，组织教师参加公共管理案例教学专业培训，不断提升教师的专业素养。教师要多带领本科生参加国内的公共管理案例分析比赛，以赛代练，使学生掌握公共管理案例分析要点，通过与其他高校同场竞技来查找自身的弱项，不断提高案例分析水平。

二、打造面向本科生的公共管理案例库

案例库建设是开展案例教学的基础。除了引进国外公共管理案例之外，高校还要立足于国内公共管理的改革实践，打造本土化公共管理案例库。日常教学是案例的重要来源，在教师的指导下，师生共同参与教学案例编写工作，对于合适的案例素材经过修改后及时入库。教师个人力量有限，无法保证案例编写的数量和质量，学校和学院可以考虑组建专门的案例开发团队，在人才和经费方面提供支撑。比如哈佛大学肯尼迪政治学院成立了专门的案例编写小组，大多数原创案例都由这个小组负责开发。教师要积极关注公共管理实践领域重大热点事件，通过新闻报道、实地调研和课题研究等多种渠道采集案例素材；建立案例库案例更新机制，根据教学目标，课程内容和教学实施效果，对案例进行动态调整，对于不合时宜的案例要及时删除，使案例能进能出，保证案例质量的持续提高。

三、加强案例教学的软件和硬件建设

在软件方面完善相关激励机制，与传统的教学模式相比，案例教学需要耗费更多的时间和精力，对于在案例教学投入时间较多和教学效果良好的教师，高校应提供额外的绩效补贴，提升案例教学在职称评定中的比重；积极支持教师进行案例教学改革研究，鼓励以项目的形式提升案例教学质量。为了鼓励学生理论联系实践，对于在案例教学和案例比赛中取得优异成绩的学生，在学业奖学金评定时优先考虑。在硬件方面，高校应加大案例教学物理空间建设，可以建立专门的案例教学讨论室或者实验室。室内空间结构是马蹄形，配置专门的管理人员进行维护，在实验室里配置灵活移动的座椅，方便案例小组讨论，配置清晰的投影仪和案例视频剪辑、编辑设备，以有效提高案例教学的信息化水平。

第五章　公共管理案例教学组织

第一节　公共管理案例教学的主体

一、案例教学主体内涵

公共管理案例教学主体内涵包括以下几个方面：

教师：作为公共管理案例教学的引导者，教师需要具备良好的案例教学能力和丰富的公共管理经验。他们需要选择适当的案例，引导学生进行案例分析，组织学生进行讨论和交流，并对学生的表现进行评价和反馈。

学生：作为公共管理案例教学的主体，学生需要积极参与案例分析、讨论和交流。他们需要发挥自己的主动性和创造性，深入思考和解决问题，并从案例中获得实践经验和启示。

案例：作为公共管理案例教学的载体，案例需要具备真实性、代表性和可操作性。一个好的公共管理案例应该能够反映公共管理的实际情况和问题，提供足够的信息供学生分析和解决，并能够引发学生的思考和启示。

情境模拟：公共管理案例教学需要模拟真实的管理情境，让学生置身于具体的实践中。这种情境模拟能够帮助学生更好地理解公共管理的复杂性和多样性，提高他们应对各种实际问题的能力。

互动性：公共管理案例教学强调师生互动和学生之间的互动。通过小组讨论、角色扮演、辩论等形式，鼓励学生积极参与、分享观点和交流经验。这种互动性能够培养学生的沟通协作能力，促进知识的分享和传播。

综上所述，公共管理案例教学主体内涵包括教师、学生、案例、情境模拟和互动性等方面。这些方面的有机结合能够实现公共管理案例教学的目标，提高学生解决实际问题的能力，培养学生综合素质和能力。

二、案例教学主体分类

公共管理案例教学主体主要包括教师和学生。

教师：在公共管理案例教学中，教师的作用是引导和启发学生。他们需要选择适当的案例，设计合理的教学方案，组织学生进行案例分析和讨论，并对学生的表现进行评价和反馈。同时，教师也需要不断更新自己的知识和经验，提高自己的案例教学能力。

学生：在公共管理案例教学中，学生扮演着主动学习者和知识建构者的关键角色。通过参与案例分析，学生能够将理论知识与实际问题相结合，培养批判性思维和问题解决能力。在教学过程中，学生不仅是知识的接受者，更是积极的参与者和探究者。他们通过阅读案例、参与讨论、角色扮演等方式，深入理解公共管理中的复杂情境。学生的多元背景和观点为课堂带来了丰富性，促进了集体智慧的生成。通过互动和协作，学生可以相互学习，提升沟通能力和团队合作精神。总之，学生的积极参与和深度思考是案例教学成功的核心。

此外，案例作为教学的载体，起到了连接理论与实践的桥梁作用。一个精心设计的案例能够提供真实、生动的情境，使抽象的理论具象化。案例通过呈现具体的公共管理问题和挑战，激发学生的学习兴趣和参与动力。它为学生提供了一个安全的环境，让他们可以模拟决策、分析问题、探讨解决方案。案例的质量直接影响教学效果：好的案例应具备真实性、相关性和复杂性，能够反映现实世界中的多元利益和道德伦理考量。通过案例，学生可以深入理解公共管理的实际运作，培养解决复杂问题的能力。案例不仅是知识传递的工具，更是培养学生实践能力和创新思维的重要平台。

综上所述，公共管理案例教学主体主要包括教师、学生和案例。这些主体的有机结合能够实现公共管理案例教学的目标，提高学生解决实际问题的能力。

三、案例教学主体素养

公共管理案例教学主体的素养主要包括以下几个方面：

专业知识与技能：公共管理案例教学主体需要具备丰富的公共管理知识和实践经验，能够深入理解公共管理案例的背景、情境和问题，引导学生进行有效的分析和讨论。

教学能力：公共管理案例教学主体需要具备良好的教学能力，包括课堂组织、教学设计和教学方法等。他们需要能够根据学生的需求和特点，选择合适的案例和教学方法，激发学生的学习兴趣和参与度。

沟通能力：公共管理案例教学主体需要与学生建立良好的沟通关系，鼓励他们发表观点、交流经验和解决问题。同时，他们也需要与其他教师、学校领导、政府部门等相关人员进行有效的沟通和合作。

创新能力：公共管理案例教学主体需要具备创新能力，不断探索新的案例、新的教学方法和新的学习方式，以满足学生的需求和适应社会的发展。

责任意识：公共管理案例教学主体需要具备高度的责任意识，认真选择和编写案例，保证教学质量和学生的学习效果。同时，他们也需要关注学生的成长和发展，为他们提供必要的帮助和支持。

总之，公共管理案例教学主体的素养是多方面的，需要不断地学习和提高。通过不断提高自身的素养，公共管理案例教学主体可以更好地发挥自己的作用，提高公共管理案例教学的质量和效果。

四、案例教学主体功能

公共管理案例教学主体的功能主要体现在以下几个方面：

案例选择与编写：教师需要从实际出发，选择适当的案例。案例应具有代表性和实用性，能够反映公共管理的实际情况和问题。同时，教师还需要根据学生的需求和特点，编写适合的案例，以保证教学质量和效果。

教学组织与引导：教师需要组织学生进行案例分析和讨论，引导学生发现问题、分析问题和解决问题。同时，教师还需要提供必要的信息和建议，帮助学生更好地理解和解决问题。

沟通与反馈：教师需要与学生建立良好的沟通关系，了解他们的需求和问题，并及时给予反馈和建议。通过有效的沟通，教师可以帮助学生更好地理解公共管理的实际情况，提高他们的实践能力和综合素质。

创新能力培养：通过公共管理案例教学，教师可以培养学生的创新能力。通过引导学生进行独立思考和分析，鼓励他们提出新的观点和解决方案，培养他们的创新意识和能力。

实践教学：公共管理案例教学是一种实践性教学，通过模拟真实的管理情境，让学生置身于具体的实践中。这种实践教学能够帮助学生更好地理解公共管理的实际操作和管理经验，提高他们解决实际问题的能力。

综上所述，公共管理案例教学主体的功能体现在案例选择与编写、教学组织与引导、沟通与反馈、创新能力培养和实践教学等方面。通过这些功能的发挥，公共管理案例教学主体可以帮助学生更好地理解公共管理的实际情况和问题，提高他们的实践能力和综合素质。

第二节　公共管理案例教学客体

一、案例教学客体内涵

公共管理案例教学的客体是社会公共事务，这些事务是公共管理学科的研究对象。具体来说，公共管理案例教学客体包括公共政策、公共服务、公共设施、公共安全、环境保护等各个方面。这些客体具有公共性、复杂性和多元性的特点，需要公共管理者具备创新思维、决策能力和跨部门协作等能力。在公共管理案例教学中，通过对这些客体的案例分析和讨论，帮助学生了解公共事务的实际情况和问题，提高他们解决实际问题的能力，培养他们的综合素质和能力。同时，公共管理案例教学客体也是评价教学质量和效果的重要依据。通过对案例的选择、编写和讨论等方面的评估，可以了解学生的学习情况和教师的教学效果，进一步改进教学方法和提高教学质量。因此，在公共管理案例教学中，正确理解和把握客体的内涵是至关重要的。

二、案例教学客体分类

公共管理案例教学的客体即公共管理案例教学的对象，主要涵盖了各类社会公共事务。这些公共事务与公众利益和公共问题密切相关，需要公共管理者进行有效的管理和解决。

按照不同的分类标准，可以将公共管理案例教学的客体进行不同的分类。例如，根据公共事务的性质，可以将其分为政治事务、经济事务、社会事务等。政治事务主要涉及国家主权、政权稳定、社会安定等方面，如外交、国防、公安等；经济事务主要涉及宏观经济稳定、市场秩序维护等方面，如财政政策、货币政策、产业政策等；社会事务则主要涉及教育、医疗、社保、环保等方面。

此外，根据公共事务的规模和范围，也可以将其分为国家公共事务、地方公共事务和跨区域公共事务。国家公共事务通常涉及全国范围内的公共问题，需要国家层面的公共管理者进行管理和解决；地方公共事务则主要涉及地方范围内的公共问题，需要地方政府和相关机构进行管理和解决；跨区域公共事务则涉及多个地区或国家的公共问题，需要跨地区或国际合作的方式进行解决。

在公共管理案例教学中，通过对不同类型的公共事务的案例进行分析和讨论，帮助学生了解不同领域的公共问题及其解决方案，提高他们解决实际问题的能力，培养他们的综合素质和能力。同时，通过对不同类型公共事务的案例研究，还可以促进学生对相关领域的知识和技能的学习和掌握，为未来的职业发展打下坚实的基础。

三、案例教学客体要求

公共管理案例教学客体的要求主要包括以下几个方面：

真实性：公共管理案例教学客体应该是真实发生过的公共管理事件或问题，而不是虚构的故事或情境。真实性的案例能够提供更具体、更生动的学习情境，帮助学生更好地理解公共管理的实际情况和问题。

代表性：公共管理案例教学客体应该具有一定的代表性，能够反映公共管理领域中某一类问题的特点和发展趋势。通过代表性的案例，学生可以更好地把握公共管理领域的发展动态和规律，提高解决实际问题的能力。

启发性：公共管理案例教学客体应该具有启发性，能够引发学生的思考和讨论。通过启发性的案例，学生可以深入思考公共管理问题出现的原因、影响和解决方案，培养他们的创新思维和解决问题的能力。

可操作性：公共管理案例教学客体应该具有一定的可操作性，能够提供足够的信息供学生分析和解决。可操作性的案例可以帮助学生更好地理解公共管理的实际操作和管理经验，提高他们解决实际问题的能力。

跨学科性：公共管理案例教学客体应该具有一定的跨学科性，能够涵盖多个学科的知识和理论。通过跨学科性的案例，学生可以综合运用多个学科的知识和理论来分析和解决问题，提高他们的综合素质和能力。

综上所述，公共管理案例教学客体的要求包括真实性、代表性、启发性、可操作性和跨学科性等方面。这些要求的满足能够提高公共管理案例教学的质量和效果，帮助学生更好地理解公共管理的实际情况和问题，提高他们的实践能力和综合素质。

四、案例教学客体功能

公共管理案例教学客体的功能主要体现在以下几个方面：

提供实践情境：公共管理案例教学客体提供了一种实践性的情境，让学生置身于公共管理的实际环境中，通过模拟真实的管理情境，帮助学生更好地理解公共管理的实际操作和管理经验。这种情境模拟能够帮助学生更好地理解公共管理的复杂性和多样性，提高他们应对各种实际问题的能力。

培养实践思维：公共管理案例教学客体通过引导学生进行案例分析和讨论，培养学生的实践思维能力。学生通过分析和解决公共管理案例中的问题，能够掌握解决实际问题的技巧和方法，提高他们的实践能力和综合素质。

促进知识整合：公共管理案例教学客体可以促进学生对公共管理知识的整合。通过对不同类型的公共管理案例进行分析和讨论，学生可以综合运用所学的知识和理论，加深对公共管理的理解和认识。同时，学生还可以通过案例学习，掌握不同领域的知识和技能，提高他们的综合素质和能力。

提升沟通协作能力：公共管理案例教学客体通过小组讨论、角色扮演、辩论等形式，鼓励学生进行交流和合作。这种互动性的学习方式能够培养学生的沟通协作能力，增强他们的团队合作意识。同时，学生还可以通过案例学习，了解公共管理领域的沟通协作规范和技巧，为未来的职业发展打下坚实的基础。

激发创新精神：公共管理案例教学客体通过引导学生进行独立思考和问题解决，培养学生的创新意识和创新精神。学生通过分析具有启发性的公共管理案例，提出新的观点和解决方案，培养他们的创新思维和创新能力。

综上所述，公共管理案例教学客体的功能主要体现在提供实践情境、培养实践思维、促进知识整合、提升沟通协作能力和激发创新精神等方面。这些功能的发挥能够提高公共管理案例教学的质量和效果，帮助学生更好地理解公共管理的实际情况和问题，提高他们的实践能力和综合素质。

第三节　公共管理案例教学实施

一、案例选择

公共管理案例的选择应该遵循以下原则：

相关性：案例应与公共管理的教学目标、课程内容和知识点紧密相关，能够帮助学生理解和掌握相关的知识和理论。

真实性：案例应来源于真实的公共管理事件或情境，具有一定的可信度和说服力，能够提供具体、生动的实践情境。

代表性：案例应具有一定的代表性，能够反映公共管理领域中某一类问题的特点和发展趋势，有助于学生对该领域的理解和把握。

启发性：案例应具有启发性，能够引发学生的思考和讨论，培养他们的创新思维和解决问题的能力。

可操作性：案例应具有一定的可操作性，能够提供足够的信息供学生分析和解决，有助于学生提高解决实际问题的能力。

跨学科性：案例应具有一定的跨学科性，能够涵盖多个学科的知识和理论，有助于学生综合运用多个学科的知识和理论来分析和解决问题。

及时性：案例应关注当前的热点问题和事件，具有一定的时效性和动态性，能够反映公共管理领域的发展动态和变化。

在选择公共管理案例时，还需要注意以下几点：

明确教学目标：在选择案例时，首先要明确教学目标，根据教学目标选择合适的案例，确保案例与教学内容的紧密相关性。

注重案例质量：选择高质量的案例，能够提供足够的信息和背景，有助于学生更好地理解和分析问题。

案例来源多元化：从多种渠道获取案例资源，如政府部门、学术研究、媒体报道等，确保案例的多样化和丰富性。

评估与反馈：对选择的案例进行评估和反馈，确保案例的选择符合教学目标和学生的需求，同时根据学生的反馈及时进行调整和改进。

综上所述，公共管理案例的选择应该遵循相关性、真实性、代表性、启发性、可操作性、跨学科性和及时性等原则。同时需要注意明确教学目标、注重案例质量、案例来源多元化以及评估与反馈等方面。通过选择合适的公共管理案例，可以提高公共管理教学的质量和效果，帮助学生更好地理解公共管理的实际情况和问题，提高他们的实践能力和综合素质。

二、案例讨论

公共管理案例讨论是公共管理案例教学中不可或缺的环节，它有助于学生深入理解公共管理的实际情况和问题，提高他们分析问题和解决问题的能力。在公共管理案例讨论中，可以采用以下策略：

分组讨论：将学生分成小组进行讨论，可以促进学生的交流和合作，激发他们的思维和创造力。小组讨论可以让学生更好地理解案例的背景和情境，发现问题的本质和提出解决方案，提高他们分析和解决问题的能力。

角色扮演：在案例讨论中，可以让学生扮演不同的角色，如政府官员、企业家、社会团体代表等。通过角色扮演，学生可以更好地理解不同利益相关者的立场和诉求，培养他们的同理心和协调能力，提高他们解决实际问题的能力。

引导开放式问题：在案例讨论中，教师可以提出一些开放式问题来引导学生进行思考和讨论。例如，“如果你是案例中的决策者，你会如何处理这个问题？”“这个案例反映了公共管理领域的哪些问题？”等。这些问题可以激发学生的思维和想象力，促使他们深入思考和探讨案例中的问题。

鼓励多样性和创新性思维：在案例讨论中，要鼓励学生发表不同的观点和提出创新的解决方案。多样性思维可以拓宽学生的思路和视野，创新性思维可以培养学生的创新意识和创新能力。教师应该尊重学生的不同观点，鼓励他们进行批判性思考和辩论。

总结与反思：在案例讨论结束后，教师应该进行总结和反思，对讨论的成果和问题进行归纳和评价。同时，学生也应该进行自我总结和反思，总结学到的知识和经验，发现自己的不足之处并制定改进计划。

综上所述，公共管理案例讨论可以采用分组讨论、角色扮演、引导开放式问题、鼓励多样性和创新性思维以及总结与反思等策略。这些策略有助于提高公共管理案例教学的质量和效果，帮助学生更好地理解公共管理的实际情况和问题，提高他们的实践能力和综合素质。

三、案例分析

公共管理案例分析是公共管理学科中一种重要的教学方法，通过分析真实的公共管理情境和事件，帮助学生理解和掌握公共管理的理论和实践。在公共管理案例分析中，可以采用以下步骤：

案例选择：选择与教学内容相关的公共管理案例，确保案例的真实性和时效性。同时，要考虑学生的兴趣和能力，选择适合他们的案例。

案例阅读：让学生仔细阅读案例，了解案例的背景、情境、问题和发展过程。在阅读过程中，要引导学生注意案例的关键信息和细节，为后续的分析和讨论做准备。

问题识别：在阅读案例的基础上，引导学生识别案例中存在的问题和挑战，明确案例的核心议题。问题的识别有助于学生有针对性地进行思考和讨论。

理论应用：引导学生将所学的公共管理理论应用到案例分析中，通过理论来解释和预测案例的发展。同时，通过案例分析，加深对理论的理解和掌握。

分析和讨论：让学生对案例进行分析和讨论，提出自己的观点和解决方案。分析和讨论的过程可以采取小组讨论、角色扮演、辩论等形式，鼓励学生积极参与和交流。

总结与反思：在分析和讨论的基础上，引导学生进行总结和反思，归纳案例的教训和启示。同时，让学生反思自己的分析和解决问题的能力，发现不足之处并制定改进计划。

撰写报告：让学生将案例分析的过程和结果写成报告，有助于巩固他们的学习成果，并为未来的学习和实践提供参考。

综上所述，公共管理案例分析的步骤包括案例选择、案例阅读、问题识别、理论应用、分析和讨论、总结与反思以及撰写报告等。这些步骤有助于提高学生的公共管理实践能力和综合素质，培养他们的创新思维和解决问题的能力。

四、案例总结

公共管理案例总结是对公共管理案例教学过程和成果的概括和提炼，主要涵盖以下几个方面：

案例背景概括：对案例所涉及的公共管理事件或问题的背景进行简要介绍，包括相关的政治、经济、社会等环境因素。

案例问题分析：对案例中呈现的主要问题进行深入分析，探讨问题产生的原因、影响和解决方案。分析应基于公共管理的相关理论和实践，注重逻辑性和说服力。

案例解决方案总结：对案例中提出的解决方案进行概括和提炼，分析解决方案的可行性和优缺点。同时，可以提出一些改进和完善方案的想法和建议。

案例经验教训：从案例中总结出一些经验教训，包括管理技巧、沟通协作、政策制定等方面的经验教训。这些经验教训可以为未来的公共管理实践提供借鉴和参考。

案例教学评估：对公共管理案例教学的过程和效果进行评估，包括案例选择、教学组织、学生参与度、教学效果等方面。通过评估，可以发现教学中存在的问题和不足之处，为今后的教学改进提供依据。

案例教学展望：对公共管理案例教学的未来发展进行展望，探讨如何更好地运用案例教学提高公共管理的教学质量和效果。可以提出一些新的教学理念和方法，以适应公共管理领域的发展变化。

在撰写公共管理案例总结时，应注意以下几点：

客观公正：应客观公正地评价案例教学过程和成果，避免主观臆断和偏见。逻辑清晰：应使总结内容逻辑清晰，条理分明，便于读者理解和接受。重点突出：应突出总结重点内容，避免过于冗长和烦琐。理论联系实际：应将公共管理的理论和实践紧密结合，使总结既有理论支撑又有实际应用价值。反馈和建议：应对案例教学过程和效果进行反馈和建议，提出改进和完善教学的思路和方法。通过撰写公共管理案例总结，可以帮助学生巩固学习成果，提高他们的公共管理实践能力和综合素质。同时，也有助于教师总结教学经验，改进教学方法和提高教学质量。

第四节　公共管理案例教学保障

一、案例教学中的教师

公共管理案例教学中教师的作用主要体现在以下几个方面：

案例选择与设计：教师需要根据教学目标和学生的需求，选择适合的公共管理案例。这些案例应具有相关性、真实性、代表性、启发性等特点，能够帮助学生理解和解决公共管理的实际问题。教师还需要根据案例的特点和学生的实际情况，进行案例的设计，以确保案例教学的有效性和针对性。

课堂组织与引导：在公共管理案例教学中，教师需要有效地组织课堂，引导学生积极参与讨论和分析。教师需要创造一个良好的学习氛围，鼓励学生发表观点、提出问题和建议，同时还需要对课堂进行适度的控制和管理，确保讨论的秩序和效果。

理论指导与实践结合：公共管理案例教学需要将理论与实践紧密结合。教师需要具备扎实的公共管理理论知识和实践经验，能够引导学生运用理论分析案例，同时还需要帮助学生了解公共管理的实际操作和管理经验。

总结与评估：在公共管理案例教学结束后，教师需要对整个教学过程进行总结和评估。总结的目的是帮助学生巩固学习成果、提高实践能力；评估的目的是发现教学中存在的问题和不足之处，为今后的教学改进提供依据。教师还需要对学生的学习成果进行评估和反馈，帮助学生了解自己的学习状况，制定进一步的学习计划。

持续学习与发展：公共管理是一个不断发展和变化的领域，教师需要不断更新自己的知识和技能，关注公共管理领域的发展动态和最新研究成果。同时，教师还需要不断探索新的教学方法和手段，以提高教学效果和质量。

综上所述，教师在公共管理案例教学中发挥着重要的作用。教师需要具备扎实的理论知识和实践经验，能够有效地选择和设计案例、组织和管理课堂、总结和评估教学成果；同时还需要不断更新自己的知识和技能，探索新的教学方法和手段。只有这样，才能更好地培养具有实践能力和创新精神的高素质公共管理人才。

二、案例教学中的学生

在公共管理案例教学中，学生的作用主要体现在以下几个方面：

积极参与和讨论：学生需要积极参与课堂讨论，发表自己的观点和看法。通过讨论，可以加深对公共管理案例的理解，提高分析问题和解决问题的能力。同时，学生还可以从其他同学的观点中获得启示和灵感。

主动学习和思考：学生需要主动学习和思考公共管理案例的相关知识，了解案例的背景、情境、问题和发展过程。学生还需要运用所学的公共管理理论来分析案例，提高自己的理论水平和实践能力。

团队协作和交流：在公共管理案例教学中，学生需要组成小组进行讨论和分析。学生需要发挥团队协作精神，互相交流和协作，共同完成任务。通过团队协作，可以培养学生的沟通能力和协调能力。

反馈和建议：学生可以对公共管理案例教学提供反馈和建议，帮助教师改进教学方法和手段。学生的反馈和建议可以促使教师不断反思和改进自己的教学工作，提高教学效果和质量。

自我总结和反思：学生需要在公共管理案例教学结束后进行自我总结和反思，总结学到的知识和经验，发现自己的不足之处并制定改进计划。通过自我总结和反思，可以促使学生不断进步和提高自己的实践能力。

学生在公共管理案例教学中发挥着重要的作用。学生需要积极参与讨论、主动学习和思考、团队协作和交流、提供反馈和建议以及进行自我总结和反思。只有这样，才能更好地掌握公共管理的理论和实践方法，提高自己的实践能力和综合素质。

三、案例教学中的教学设施

公共管理案例教学中，教学设施的作用非常重要，主要有以下几个方面：

多媒体教学设备：包括投影仪、电脑、音响等设备，用于展示案例相关的文字、图片、视频等内容，帮助学生更直观地理解案例情境。

案例教学软件：专门用于案例教学的软件，可以提供在线阅读、分析、讨论等功能，方便学生进行自主学习和协作学习。

模拟设施：针对一些与实际管理情境密切相关的案例，可能需要一些模拟设施或工具，例如模拟政府办公环境、模拟新闻发布会场地等，以便学生进行角色扮演或模拟操作。

图书馆和数据库资源：提供丰富的公共管理相关书籍、期刊、报告等资料，供学生查阅和参考。同时，一些高端的数据库资源，如知网等，也可以提供权威的学术论文和研究成果。

网络设施：稳定的网络连接是公共管理案例教学的必备条件，以便学生可以随时访问外部资源，进行在线讨论和协作。

教室布置：教室的布置应根据案例教学的特点进行设计，例如可以设置一些小组讨论区、演讲台等，以适应不同形式的教学活动。

教学评估系统：用于收集和分析教学反馈的系统，可以帮助教师更好地了解学生的学习状况和需求，以便调整教学策略和方法。

为了提高公共管理案例教学的效果和质量，学校需要提供完善的教学设施和资源。这些设施不仅包括硬件设备，还包括软件资源、网络设施、教室布置和教学评估系统等方面。通过合理配置这些设施和资源，可以为学生提供更好的学习环境和条件，促进他们的学习和发展。

四、案例教学中的教学规范

公共管理案例教学中，应遵循以下教学规范：

坚持四项基本原则，忠诚党的教育事业。教师要认真学习马克思主义、毛泽东思想、邓小平理论、“三个代表”重要思想、科学发展观以及习近平新时代中国特色社会主义思想。自觉以马克思主义的立场、观点和方法为指导，全面贯彻党的教育方针，开展教书育人活动。

保证正确的思想政治方向：在教学过程中，必须保证正确的思想政治方向，不得散布任何资产阶级自由化观点，不得散布任何违反宪法和法律的言论。

加强教师自身品德修养：任课教师必须加强自身的品德修养，不得无故缺课，上课不得迟到、早退，不得提前下课，未经批准不得随意请人代课。

规范课程管理：教师不得随意停课、调课。在教学过程中，教师要按照规定的课程内容和进度进行教学，不宜随便讲述与课程无关的内容，也不能任意增加或减少学时。

确保教学质量：教师外出兼课、兼职，应报院长同意，并服从本院的教学安排，不得影响本院的课堂教学工作，影响教学质量。

以上教学规范有助于提高公共管理案例教学的效果和质量，培养具有实践能力和创新精神的高素质公共管理人才。同时，也有助于树立良好的师德师风，促进教师队伍的建设和发展。

下 篇

公共管理案例教学实践

第六章　生态环境治理

第一节　此地无“毒”三百两

——J市“毒地”事件透视

一、案例背景

J市某A石油化工厂（后改为生猪养殖场）厂区内地面下3至4米的部分区域填埋疑似危险废物，特征污染物为甲苯、三氯甲烷、四氯化碳、氯苯等。经查，疑似危险废物主要来自江苏某B化工股份有限公司和江苏某C农化股份有限公司，两家公司及下属企业存在违反“三同时”验收制度和违反危险废物管理制度的问题。

在相关部门督促下，江苏省环保厅制定了调查处置工作方案，T市、J市迅速成立处置工作领导小组，有序开展污染调查、危废鉴定、安全处置、损害评估和生态修复等工作。一是探明数量，疑似危险废物填埋总量约5000吨。二是科学开挖和运输，已于2015年12月18日前完成场地清挖工作。三是暂存和处置。委托有资质的单位处置2300余吨，剩余危险废物计划暂存于J市某D重金属防控公司的物流仓库，经改造已具备暂存条件。四是危废鉴定。上海某E检测公司已出具首批开挖物质的检测报告，危废鉴定报告已编制完成。

挂牌督办后，三个部委要求江苏省环保、公安和检察机关高度重视、各司其职、密切配合，按照挂牌督办要求抓好案件调查处置工作，并向社会通报案件的案情和督办要求。

环保部要求，江苏省环保部门要进一步调查核实某A石油化工厂填埋疑似危废的数量、种类和性质，督促指导地方政府切实做好污染物的处置工作；加强对受污染场地修复工作的环境监管，严密防范，避免造成二次污染；严查案件所涉企业相关环境违法问题，依法处理处罚，并举一反三，督促完善和加强危险废物的管理。

公安部要求，江苏公安部门要积极开展案件侦办工作，迅速查明犯罪事实，抓捕涉案人员；主动加强与检察院、法院的沟通协调，在案件定性、证据固定等方面加强案情会商、及时达成共识，确保案件顺利移送起诉。

最高人民检察院要求江苏检察机关从严打击，对符合逮捕、起诉条件的要坚决、及时批捕、起诉，提高办案效率；要严格按照《人民检察院侦查监督部门办理挂牌督办案件办法（试行）》要求，加强挂牌督办案件的督办和管理。

二、案例正文

此地无“毒”三百两
——J市“毒地”事件透视

摘要：我国生态环境保护工作任重道远，尤其是土地污染事件不断引发公众广泛关注，让人深感担忧。研究小组对J市“毒地”事件始末进行了系统探究，对周某A“冒死”举报“毒地”事件的周折经历进行了详细描述，深入分析了“毒地”事件所涉主体的各种利益矛盾，有关部门在举报人面前故意装聋作哑，不去认真调查举报内容，反而一味地对事件加以掩饰的行为动机。“毒地”事件使相关部门监管“缺位”、监管不力等问题暴露无遗。案例结合运用市场失灵、政府失灵、志愿失灵以及政策制定、政策议程的有关知识，对政府部门为何只在网络实名举报引起广泛关注之后才去解决问题的内在深层次原因进行了探究，尝试提出政府内部治理机制改革的一些新见解，以期加快生态文明体制改革、建设美丽中国的春天。

关键词：“毒地”事件；环境保护；环境治理

引言

近年来土地污染事件不断曝光，引发公众对土地污染等公共安全事件的广泛关注。2010年，C明珠小区的一位业主发现自己居住的地方竟然是被污染了60多年的“毒地”，曾是长期生产具有毒性产品的武汉J制药厂和武汉H化工厂所在地。2013年H省出现“镉大米”事件，这次事件源于广东省在对大米抽样检查中发现一批次的大米镉超标，尤其是来自H省的大米镉严重超标。公益组织曙光环保对H省“镉大米”事件进行了重点调查，一共收集了包括稻谷、土壤和矿渣样品等在内的164个样品，其中79个稻谷样品涉及多个地级市，在对三十六湾矿区甘溪村稻田调查中发现镉含量超标206.67倍。2014年，相关部门对我国土壤污染问题进行了一次系统的调查研究。经过调查，全国有16.1%的土壤受到了严重污染且部分土壤污染物严重超标。其中轻微污染、轻度污染、中度污染和重度污染的土壤所占比例分别为11.2%、2.3%、1.5%和1.1%。2014年，W市一位工人在施工过程中闻到刺鼻气味，随后因为气体有毒倒地，事后查出该地前身为W市某农药厂，其土壤在曾经制作农药过程中就已经受到了严重污染。2014年，在面积约40平方米的Z市古城区周围发现了大量的化学物质残留，经证实此地曾为Z市的化工厂。2016年，C市发生“毒地”事件，学生搬入新校区后，有493名学生出现了中毒病症，个别学生竟然患上了淋巴癌等疾病……

2017年11月13日，J市周某A因举报一个养猪场地下填埋了上万吨工业危险废物事件而获得J市政府环境污染举报奖30万元。这一项奖励创下了国内环境举报奖励的最高纪录。这次举报不仅让周某A获得最高奖励，而且还受到了最高人民检察院、环保部、公安部首次采用联合挂牌督办方式的“待遇”。作为此次举报事件的核心地，J市马桥镇侯河村的养猪场地下埋藏的上万吨垃圾不禁引人深思，这些垃圾来自哪里？又是何时埋藏于地下？一处养猪场为什么埋藏着上万吨的危险废物而从未被发现？周某A作为举报人，在这次事件中起到重要作用，但他自己却不想与“毒地”事件结缘，毕竟他也是此次案件的受害者之一。

1. 周某A“冒死”网络实名举报，“毒地事件”引关注

1.1　花费了230万购买的养猪场变“毒地”

年轻时的周某A离开老家到云南打拼，在外做生意积累资金后想返乡创业。2015年2月，周某A花费了230万元（首付了205万元，还有25万元尾款未付）收购位于J市侯河村的养猪场，这离他的老家仅20多米。他原本计划将这里建成一个物流和生态养殖中心。可那一年春节过后，他住进原养猪场的宿舍不久，出现了一些皮肤病的症状。由于比较严重，他立刻到医院进行检查，医生诊断给出的结论是他患上了银屑病性关节炎，也就是俗称的“牛皮癣”，并让他远离化学污染较重的地方。他想起自己二十年前在云南曾得过这种病，这些年都不曾复发，现在怎么会复发？突发的病情，医生的嘱托，让他心生疑虑，自己住的是养猪场，怎么可能有严重的化学污染？

养猪场以前的老工人告诉周某A，某G生猪养殖场的前身是J市某A石油化工厂，主要是处理农药厂的废液，而养猪场附近的水塘里的“药渣子”正是以前从农药厂接收来的化工垃圾。

除此之外，养猪场的下面还埋藏着更多的“药渣子”。于是，周某A决定打开养猪场的水泥地面一探究竟。层层加固的水泥地面让周某A意识到事情不妙，最后，他带人在养猪场的周围打开25个孔，取出了地下“药渣子”的样品，于2015年3月将采集到的

“药渣子”样品送到了浙江中科应用技术研究院分析测试中心进行成分检测。在等待检测结果的过程中，周某A继续着自己的调查。他走访养猪场附近村民得知，养猪场的前身是J市某A石油化工厂——1987年成立，2012年年初注销。在2001年到2010年这十年中，某A石油化工厂从事运送处理农药废液的工作，最常见的就是每天带着空车出门拉货七八趟。

根据环保部的规定，农药的残余废液属于高毒和严重污染环境的危险废物，因此某A石油化工厂需要取得相关的资质才能接收处理危险废物。而某A石油化工厂取得了危险废物菊酯残液的处理资格后，就开始接收危险农药废液。随着接收外来的危险废物越来越多，某A石油化工厂已经超负荷了。因此，这家企业老板T开始进行“埋毒”。据曾经的某A石油化工厂的工人回忆，T曾经要求工人在工厂附近挖坑，将处理不了的废液埋掉，尽管前期还对一些废料加以利用，后期就直接倒入里面。2012年老板T在原址翻建某G生猪养殖场，厂内深坑里仍埋有危险废物。至于改为养猪场的某A石油化工厂曾经究竟埋了多少危险废物就不得而知了，具体数目可能只有去世的老板T知道了。

村民还告诉他，化工厂曾多次传来怪味，经常排放一些废物到周围的农田。一些村民竟然患上癌症不治身亡，不少人怀疑与化工厂有关。有人曾举报到当地环保部门，环保部门的人员也就开着车过来看一下，没有深入考察。

周某A走访调查后，又在以前养猪场办公室中意外发现了大量的合同和单据。这些资料显示，2000年到2011年这些年来，某C农化有限公司等化工企业向某A石油化工厂运送的危险废物总量超过了1.4万吨。按照法律规定，接收危险废物企业只有取得当地的环保部门批准的《危险废物经营许可证》才有资格从事危险废物的处置业务。某A石油化工厂最早于2005年取得《危险废物经营许可证》，有效期到2011年，该《危险废物经营许可证》规定该厂每年能够处理农药废液的上限为200吨。依据此许可证规定，某A石油化工厂从2005年到2011年才有资格处理危险废物，且七年来总共处理的危险废物总量不得超过1400吨。可是该化工厂2000年就接收危险废物，将近五年属于“无证驾驶”（尽管2004年至2005年某A石油化工厂取得过临时排污许可证，但只是可以排污，不能处理危险废物），这超额的1.26万吨不能处理的垃圾去向让周某A更加忧虑。

1.2 意外来电解谜团，检测结果显真相

周某A在一头雾水的时候突然接到了一个“神秘”的电话，电话中的人表示愿意出高价购买他收购的这家养猪场。周某A挂断这第一次电话且未回过神时，电话再次打来。这一次，对方竟直接开出了2300万元的高价，以周某A收购养猪场价钱的十倍来交易。但

周某A出于“公益人”之心，抵制了这个高利润的交易。神秘电话更显养猪场不是简单的“养猪场”。

2015年5月，他终于等来了养猪场污染物送检样品的检测结果，证实了养猪场根本就是一块“毒地”——报告显示样品中含有35种有机成分，其中高致癌物质就占了80%，已经远远超过了国家规定的土壤致癌标准的含量，其含量甚至已经达到了国家标准的几千、几万倍以上。面对这份检测结果，周某A立即联想起走访村民中说的一些人患上癌症不治身亡的事情，还有自己身边一个同学家的孩子刚刚离世，而他们家就住在离养猪场不远的地方。拿到养猪场埋藏危险废物的证据后，作为公益人的周某A决定立即行动。

1.3　媒体举报、官方举报遇挫，网络实名引关注

周某A首先想到的是向当地媒体反映情况，希望新闻媒体给予报道，却没有后文。寻求媒体帮助未果，周某A觉得还是让政府部门处理比较好。因此，他来到了J市环保局和J市公安局等多个部门，带着证据材料实名举报“毒地”事件，却很长时间没有等到当地相关部门的调查处理结果。最终，他决定进行网络实名举报。

2015年9月22日，他用自己的新浪微博账号公开了J市“毒地”事件，这次网络实名举报迅速引起了强烈反响，许多网友纷纷留言转发。然而，在周某A看到了“毒地”问题解决的希望时，阻力随之而来。9月25日，论坛将转载的周某A实名举报信的内容删除。9月28日，与J市“毒地”举报事件有关的两家公司——某C农化有限公司和某B化工公司发表澄清公告。某C农化有限公司发布公告称：有关报道失实，并对公司与某A石油化工厂的一些合作进行了说明，指出公司与某A石油化工厂合作的过程中确认其具有相关危险废物经营许可证才进行长期合作的，还基于此签署了协议（协议就有规定由某A石油化工厂自行负责）。当晚，某B化工公司也进行了类似的说明：指出媒体报道失实，同时也约定过某A石油化工厂责任自负，要求某A石油化工厂按规定进行处置。这两家公司都在试图撇清自己与某A石油化工厂埋毒事件的关系，并指出了媒体报道的不实，有将责任都归于某A石油化工厂和当地环保部门嫌疑。

1.4　举报暗藏风险，举报人事先拟“遗书”

周某A早已切身体会到“毒地”举报的凶险。在他开始调查“毒地”事件不久，就有许多匿名“威胁”来电，警告他不要再查，不然后果自负，但他不惧威胁继续调查；可能是看到他的不害怕，“威胁人”又开始了利诱，开出了高于原价十倍的价钱——2300万元，他不为所动；在他下定决心举报到网络时，转载在论坛的举报信又被删除了，与“毒地”

有关的企业也起来“澄清”……其实，周某A早就知道会有阻力，为了应对一切，他甚至在发表实名举报的微博之前，就已经写好了遗书。他将遗书交给了信任的朋友，如果自己不幸遇到意外，就将遗书转交给家人，并且为了防止自己手上的证据被毁灭，他将在养猪场发现的大量的合同、单据等分散送到云南的朋友家。

那时候，周某A在举报后，接受了公安局的调查取证，随后便离开家乡，关掉手机，找了地方躲藏起来，每天只能通过新闻关注着“毒地”事件的进展。在这期间，有些人认为多一事不如少一事，因为举报会惹麻烦，甚至还有朋友怕因他受到牵连，已经和他断绝联系。

2. 网络举报，“毒地”事件现转机

2.1　J市市委、市政府高度重视，多个部门、机关联手调查

2015年9月，T市和J市检察院就J市“毒地”事件应该如何进行调查等问题与公安机关和环保部等相关部门进行了讨论，最终决定将案件侦查方向定为：查找上一级污染源（因为某A石油化工厂的责任人T已经去世，定位于对其追责显然不合适），并结合专家的意见，对于J市“毒地”事件环境修复工作进行了部署。9月11日，J市环保局将“毒地”事件移送当地的公安机关，在接到案件后的当天，公安机关就开始进行了侦查工作。27日，“毒地”事件正式被J市公安局以“20150911环境污染案”立案，随后开展了立案调查工作。28日，J市“毒地”事件还引起了国家环保部的高度重视，国家环保部为此立即召开了专题会议，就J市“毒地”事件的处理问题、环境修复问题等成立了调查小组，第一时间联合省环保厅进行督办。

10月25日，J市公安局官方微博@J市公安称周某A的举报已经引起了J市市委、市政府的高度重视，公安机关已和检察机关等成立了专项调查小组，将会在第一时间介入调查。另外，已对相关的犯罪嫌疑人进行了强制性逮捕措施，等待进一步的取证调查。

为了对地下污染物尽快发掘，当地政府出于“紧急避险”的考虑，将养猪场的厂房拆除，事后给了周某A经济补偿。不久，当地环保部门着手对养猪场地下埋藏的污染物进行大规模清理，在地下挖出疑似危险废物5900多吨。

2015年12月，这起污染案件的查办力度再次升级，最高人民检察院、环保部和公安部三部联合挂牌督办了这起J市环境污染案件，这是全国第一起国家机关高度重视和三部委一起挂牌的案件。三部委也分别对此次毒地事件的督办发布了决定：环保部要求江苏省环保部门对某A石油化工厂污染物的来源、污染物污染的规模和污染物的种类等深入调查，

并做好后期的环境修复工作；公安部要求江苏省公安部门积极开展污染事件的调查工作，对涉案人员依法进行处罚，还要和检察院合作，做好案件的沟通和协调工作；最高人民检察院则要求江苏省检察机关严格按照相关挂牌督办案件的试行标准，要求加强案件的督办和处理。

2016 年 3 月，经过 T 市、J 市两地政府的领导小组与某 C 农化有限公司等相关企业协商，已经对环境修复和危险废物处置的相关费用达成了赔偿意向，并草拟、签订了 1.9 亿元的环境修复协议。6 月 15 日，J 市检察院依法对这些协议修改，例如：对环境赔偿等修复费用提出了三条修改意见，正式与某 C 农化有限公司等签订了环境修复协议。10 月 7 日，根据 T 市对当地环境案件审判规定，该案已经被移送到了具有管辖权的泰州医药高新区检察院进行起诉。

2.2　事件证据披露，涉事人员难逃法网

经过调查取证，两家上市公司所进行的公告澄清，与实际上的证据内容不相符合，在证据面前，他们所说的其实是具有虚假性和误导性的“澄清”。除了有 4 张单据数项无法调查之外，其余 48 张单据都记录了某 C 农化有限公司总共运送了 5151.3 吨的有毒物品到某 A 石油化工厂。5000 多吨的有毒物品量，已经远远超过了当地环保部门规定的某 A 石油化工厂每年 200 吨的处理量。此外，根据国务院的《危险废物经营许可证管理办法》规定，处理危险废物的企业不能超过当地环保部门规定的处理量的 20% 以上，如果危险废物已经超过了原来申请的量应该重新进行申请。因此，某 C 农化有限公司虽然在澄清公告中指出某 A 石油化工厂具备处理资质，但其实某 A 石油化工厂已经违反了相关规定，并不具备处理资质。而且，据资料显示，危险废物由江都往 J 市运输过程中某 C 农化有限公司写的是“外运处置”，某 A 石油化工厂则写的是“利用”，某 A 石油化工厂每处理一吨的危险废物，某 C 农化有限公司会支付给负责人 T 200 元（包括运输费），2006 年至 2007 年，每处理一吨危险废物，某 C 农化有限公司支付给负责人 T 400 元。但是同期的 C 三角洲地区已经达到了 1000 元 / 吨，且在 2006 年时，甚至已经达到了 4500 元 / 吨。相比之下，剧毒废物的处理价格竟然如此低？除了掩埋，难道还有其他的方法在这么低的处理价格上获得盈利吗？这都是一些基本的常识，难道只有某 C 农化有限公司不知道吗？

某 B 化工企业与负责人 T 合作时间更长，早在 2000 年就与某 A 石油化工厂有合作，一直到 2009 年才结束。这期间，某 B 化工企业平均每年向某 A 石油化工厂输送 350 吨危险废物，这个数量也同样超过了某 A 石油化工厂所取得的经营许可证每年 200 吨的处理范围。

虽然在两家企业的澄清公告中都提及某A石油化工厂自身应该具有处理机制，一旦发生安全事故与自己的企业和公司无关，但是在长达数年的合作中，两家公司竟然毫不知情。如果合作次数只是一两次，那确实可能出现信息不对称，不知道某A石油化工厂是否具有处理资质也是情有可原的。但根据《江苏省危险废物规范化管理手册》，对于两家进行转移危险废物的工厂，两家应该对其资质进行考察，必要时可以询问相关部门。也就是说，两家上市公司在与某A石油化工厂合作的数年中应该是对某A石油化工厂进行了一定的了解，但仍然委托其处理危险废物。

不仅如此，在某A石油化工厂发现的有关财务状况的资料中，详细说明了工厂在事发之前已经濒临倒闭，一个即将倒闭的企业何谈具有处理危险废物的资格。虽然某A石油化工厂曾经在1993年出现在先进的企业供销名单中，生产的一些燃油等还销售到本地和苏南地区，但是在2000年以后开始了“埋毒”。根据当地村民所述：某A石油化工厂从2000年以后货车一般是空着出去，满载农药废液而来，可见从2000年以后可能都没有生产过燃油等。

2004年5月30日，国务院颁布的《危险废物经营许可证管理办法》，对全国危险废物、医疗废物处置设施建设规划和危险废物的管理颁发许可进行了规定。但T在没有取得危险废物处理资格的前提下，十年间持续埋毒，埋毒成了他的收入主要来源。不仅如此，某A石油化工厂从2006年开始，除厂长T之外，就只有7名员工，部分员工每月薪酬低于3000元，平均工资不到4000元。也就是说，某A石油化工厂已经濒临倒闭，很难请到技术工人，但根据相关的管理办法规定，申请危险废物处理资格的企业必须有三名以上的专业技术工人或者是三名处理固体污染的技术人员，但这些某A石油化工厂都没有。

2.3 涉事三人被起诉，“毒地”案件得到解决

2016年12月，江苏省泰州检察机关对该案进行了污染起诉，起诉三名主要涉案人员。21日，江苏省泰州医药高新区检察院以环境污染罪对三人提起公诉。22日，江苏省人民检察院公布了J市环境污染案的进展，对J市某A石油化工厂存在的危险废物总量等详细资料进行了一定的披露。

具体判决书为：某C农化有限公司副总经理周××在明知道某A石油化工厂并不具有相关处理资质的前提下，仍然与其秘书高××等人协助处理上述的危险物品，甚至到2011年11月，还往某A石油化工厂石化中场转移了11万余吨的危险废物。在此过程中，T（已故某A石油化工厂法定代表人）为了利益不断提高处置价格。被告人原J市某A石油化工厂押送员高×青在明知道某A石油化工厂仅有菊酯残液的处理资质的前提下，依

旧听从厂长的安排，在 2005 年到 2011 年期间，多次押运某 C 农化有限公司的危险废物共计 1 万余吨，并参与了危险废物转移的联单和结账事宜。T 在这期间将不能处理的农业残余物进行了掩埋，在明知道自己没有处理资质也没有处理能力的前提下，既没有聘请工人也没有停止接收外来农业残余物的行为。在这期间，高 ×× 作为某 C 农化有限公司危险废物处理的相关负责人，在明知道某 A 石油化工厂没有处理资质的前提下，依然根据周 ×× 的安排，分别于 2010 年和 2011 年分两次将 30 余吨的危险废物交给某 A 石油化工厂进行处理。

案发后，涉案企业已支付 1.2 亿元环境修复费用。此外，检察机关为促成涉案企业签订环境修复协议，积极开展了公益调查，达成了 1.9 亿元的赔偿协议。与此同时，周某 A 作为刑事附带民事诉讼的原告，向涉事方提出了经济损失赔偿的要求。2017 年 10 月，周某 A 通过庭前和解，拿到了相应的经济损失赔偿。但对于周某 A 来说，选择公开举报后，自己不仅没有获得投资，土地被征收，而且自己也因治疗皮肤病花费上百万元，赔偿远远不够。

3. 尘埃已定，北青报记者事后采访报道

J 市“毒地”事件发生后，许多记者都进行了报道。2017 年，《北青报》再次采访举报人周某 A，请他谈及这次事件后自己的感受。

《北青报》：你怎么看待举报后这件事情的结果呢？

周某 A：这件事能够引起国家三部委的重视，我感到很欣慰，说明国家正在加大环境污染治理力度，越来越重视环境问题了。从举报到现在我一直在关注这件事的进展，看到了令我觉得欣慰的地方。

《北青报》：相关环保部门有没有对你的举报进行过答复呢？

周某 A：国家环保部曾经确实给我打电话答复过，但 J 市环保局至今都没有给我答复。2016 年 11 月 8 日，国家环保部 12369 热线的工作人员打电话给我，说明了他们对 J 市“毒地”事件调查的进程，以及对我的举报真实内容进行了表扬，向我表示感谢。另外，他们说按照属地管理，我也可以联系 T 市环保局和 J 市环保局，并进一步索要相关案件的处理情况。但我后来不止一次两次联系了环保局，却没有得到任何答复。

《北青报》：养猪场家属怎么看这件事？

周某 A：其实这个养猪场，我预计要花 230 万元，前期只付了 205 万元，还有 25 万元的尾款没有付。他们希望我尽快把尾款付给他们，因为他们也不知道这块地被“埋毒”了。

《北青报》：你花了 200 多万元买下了这个养猪场，竟然变成了一块“毒地”，已经不能再进行生产性活动了。那举报后是不是你投资的钱也“打水漂”了呢？

周某 A：嗯，投资的钱确实是“打水漂”啦。从我个人的角度来说，虽然举报使我的利益受到了损害，但作为一名合法的公民，我希望举报“毒地”能够让这件事得到圆满的解决。我不知道政府会怎样补偿我，但我希望能够按照法律的规定，对我进行一定的补偿。

《北青报》：那你举报过后有没有回过 J 市的老家呢？

周某 A：没回去过，我也不敢回去，因为前段时间我还听到有人想对我不利，但我并不后悔，我觉得这次举报是应该的，每一个有良心、有正义感的公民都会去做这件事情。其实我从一开始就知道这次举报是有风险的，但我相信法律，我也相信政府。

《北青报》：举报后给你带来了什么变化呢？

周某 A：我现在已经处于沉默寡言的状态了。虽然我时刻关注了案件进展，不仅看新闻，也看网上的评论。有人在谩骂，也有人对我的行为进行点赞。其实我个人感觉很心酸，我的朋友有的已经不和我联系啦，我的交际圈也变小啦，有的人甚至对我表示不理解，觉得我爱钻牛角尖，还说举报会惹来麻烦。甚至有朋友害怕被我牵连，再也没有和我联系过。最近有很多人向我表示关心，说三部委联合了，国家很重视，这是一件好事啊，前段时间不理解我的朋友竟然也能理解我了。可是我原来想把养猪场作为物流基地这件事，因为举报已经再无可能了。

《北青报》：我听说你曾经患过皮肤病，而在养猪场又复发了，那你现在怎么样啦？

周某 A：我最近还一直在治疗，每天都要去打生物药剂提高自己的免疫力，医生说可能还要打好几年吧。而且我现在精神状态不太好，一听到“毒地”就感觉心里发麻。但总体来说，国家对这件案件的处理让我还是感觉到很欣慰的。我觉得不仅是对自己也是对周围的村民有个交代吧。

■ 结束语

在风波渐平之后，我们仍然要追问：要发现重大环境污染并不难，更何况还有人举报，为何有关部门故意装聋作哑？那些接到举报的部门去哪儿了，为何不认真调查举报内容，反而一味地对事件加以掩饰？那些威胁、利诱举报人的匿名者，又是哪里来的底气和财力？对于周某 A 这样的举报人，有关部门是否应该予以保护和重奖？案件平息之后，尽管看到了网络实名举报后多个部门的积极行动，但是网络实名举报前，相关部门的“缺位”、监管不力等问题也暴露无遗。尽管环境污染治理任重而道远，但是我们已经切身感受到了加快生态文明体制改革的重要性，建设美丽中国的春天即将到来。

■ 思考题

1. J 市“毒地”事件多年来一直没有被揭发出来，直到周某 A 网络实名举报才引起广泛关注。请结合政府失灵、市场失灵、志愿失灵等方面的知识，分析这种现象发生的原因。

2. 根据公共政策的有关知识，请列举政府为解决此次事件出台的政策，有哪些人参与处理这次事件的政策制定？请结合政策议程的有关知识，分析政府部门为什么只在周某 A 网络实名举报引起广泛关注之后才去解决这次事件？

3. 请用新制度经济学的有关知识，分析影响政府内部治理效率的因素，如何提高政府内部治理效率？周某 A 网络实名举报后，“毒地”事件得到较为圆满的解决，说明群众举报和网络舆论对政府治理具有推动作用。请结合有关理论与实践，提出促进政府内部治理机制改革的创新见解。

三、案例说明

（一）课前准备

1. 提前熟悉案例正文及其附件，做好预习工作。

2. 根据上课人数将学生分组，每组 5 ~ 6 人，并选出各组小组长，以便上课正常讨论和各小组汇报讨论内容。

（二）教学目标

1. 通过对 J 市“毒地”事件的解析与探讨，探索政府在环境保护治理中的角色定位，学习者在进行案例分析时，注重政府在处理事件过程中对相关政策与法律法规的运用，思考政府行为的合理与欠缺之处。

2. 培养学习者将理论与实践相结合的能力。在进行案例分析时，指导学生运用所掌握的治理理论对案例进行分析，巩固所学治理理论知识，学会如何结合实际将所学的知识运用于具体的、复杂的、多变的社会实践问题中，注重培养学生综合运用治理理论理念与方法的能力。

3. 培养学习者的创新能力，使学习者通过案例学习发现“毒地”事件发生的本质原因，指出政府在 J 市“毒地”事件应对中存在的问题，能够自发地对存在的问题提出解决方案，对政府内部治理机制发表自己的看法，给出建设性的建议。

（三）案例讨论

1. 在“毒地”事件中，地方环保部门为何在长时间内未能有效监管？有哪些制度设计和管理流程上的漏洞可能导致了这一情况？讨论如何通过制度改革来提升政府的环境监管能力。

2. 案例中的企业长期超负荷处理危险废物，并最终埋藏毒物，这是否体现了市场失灵？企业在公共资源和环境保护中应该承担怎样的责任？如何通过政策手段促使企业履行社会责任？

3. 周某 A 的举报为何在网络曝光后才引起政府重视？讨论公众参与在政策制定和环境监督中的作用，并探讨如何通过新制度经济学的视角构建有效的公众参与机制。

第二节　异地异心猫鼠戏　以邻为壑何时休

——“垃圾跨省倾倒太湖”事件透视

一、案例背景

我国“垃圾围城”的原因

随着我国城市化进程加快，城市人口不断增长，城市垃圾产生量也急剧上升，因此造成了许多城市的垃圾困境，控制城市垃圾也成为亟须解决的难题。如今，我国人口总量约 14 亿，其中城市人口数量已经超过总人口数量的 50%，人均每天产生的生活垃圾数量达 1.5 千克，在经济发展程度较高的大城市人均垃圾产生量已达 2 千克，而且城市垃圾产量每年约以 10% 的速度在增长，全国已有 400 多座城市面临垃圾困局。

目前国内城市垃圾处理形式主要是填埋与焚烧，少量垃圾进行回收利用，其中 90% 的垃圾被填埋，7% 被焚烧，只有 3% 采取堆肥等方式回收利用。填埋率极高，利用率极低，更是加剧了每年垃圾的增长量。全国 3000 多个县市有不少县城的垃圾就是进行简单的堆放，连填埋场地都没有修建，产生的有害气体严重污染城市空气质量，垃圾渗漏液污染了周边的水土。

据了解，当前我国城市垃圾处理面临的难题主要是：一是消费方式的不可持续，导致垃圾产生量的增加。目前我国虽倡导绿色消费，绿色出行，但由于全社会尚未形成普遍共识，政府宣传力度与执行力度不够，导致资源浪费现象依然很严重。例如，我国自2008年6月1日起要求塑料袋有偿使用，目的是减少塑料袋的使用量，降低白色垃圾的产生量。虽然在大多数超市和大型商场都已经做到有偿使用塑料袋，可是在一些小型商场、个体零售店、小商小贩等处却依然进行无偿塑料袋使用。甚至有人认为，实行塑料袋有偿就是为了赚钱，也有不少市民认为有偿使用塑料袋的确减少了消费。尽管国家已经推行了十余年，但真的要顺利推行塑料袋有偿使用，首先需让人们开始转变消费观念，如出行自带塑料袋、篮子、背包等，但人们旧有观念一时难以更改。二是垃圾分类不到位，垃圾处理过程中，不同垃圾的处理方式也不同。垃圾分类可以减少垃圾处理成本，增加垃圾利用率。然而在实际生活中，我国虽提倡垃圾分类，且国家制定了垃圾分类标准，省市县地区也遵照国家法律法规，推行了本地区垃圾分类的具体实行办法，但实践表明，我国各地虽然实行垃圾分类，但垃圾分类过程中垃圾依然混杂在一起，人们想把垃圾丢弃到哪个垃圾箱就丢弃到哪个垃圾箱。环卫工人也就每天把各个垃圾箱倒到一起（因为反正都是乱丢的，没必要区分收集），即使一些市民垃圾分类做得很好，将垃圾主动丢弃到对应的垃圾箱里。可是在垃圾清运过程中，由于环卫部门清运和转运不当，又将垃圾再次混合，使前期市民的努力“功亏一篑”。三是现有处理方式不足。长期以来我国城市垃圾处理方式多数是找一块地方修垃圾场，用来填埋垃圾，然后把垃圾倒入就算处理完了，如果垃圾填埋场被填满了，把原有垃圾场用土填平，然后再找一处修建新的垃圾场，如此循环。虽然也有部分垃圾被环卫部门（环保部门）回收利用或者焚烧，但总的来说利用和回收行为较少。

近十多年来，我国部分市级、县级城市新建了一批城市垃圾处理工程，如修建垃圾焚烧厂、垃圾回收利用场。这些行为大大提高了城市垃圾的处理率，但大部分城市仍然是采用填埋的方法，已经有多处垃圾填埋场超负荷使用。

我国传统的垃圾处理方法一般有以下几种：一是填埋法，因为简单易操作，几乎是每个地区最先使用的办法，但实际危害极大。首先是占地面积大，使用时间短（基本为十年，且在一个世纪内不能再使用这块土地）。其次，会污染周围的水土、空气，填埋的垃圾会放出有害气体，垃圾混合后的液体会顺着地面往下流，渗透到地底污染地下水和周围的土壤。部分混合液体会因为天气原因蒸发向上污染空气，因此，垃圾填埋场周边一般很少有人居住。最后，因为垃圾简单堆放在填埋场，无形中造成了浪费。二是焚烧及焚烧发电，焚烧法从表面看，减少了垃圾的数量，降低了垃圾的处理量，但在现实过程中却存在许多问题。我国现阶段也建成了多个焚烧厂并投入使用，焚烧使垃圾减量化，但焚烧后的一些有毒气体废料却无法妥善处理。而且在垃圾焚烧过程中，需要高温，一些地区就直接烧煤、烧油，无形中产生了其他污染。三是堆肥法，堆肥法虽投资少，但有机物堆放时间长会对周围环境造成严重的污染，需要有关部门进行管理。另外，堆肥过程中产生了大量的有机物，会因为天气原因挥发一部分，导致土壤肥力下降。

二、案例正文

异地异心猫鼠戏 以邻为壑何时休
——“太湖偷倒垃圾”事件透视

摘要：近年来城市垃圾问题越来越严重，一些大城市为了降低垃圾的处理成本，放松了对垃圾的管理工作，导致一些企业从中得到了牟取利益的机会，将异地偷倒垃圾当成了一本万利的“好买卖”。调研团队在J市、S市两地多次进行实地调研，通过与当地政府部门和民众进行访谈、查阅有关资料等方式深入了解“太湖偷倒垃圾”事件始末，分析了S市和J市两地对于此次垃圾事件的处理方式，探讨了大城市垃圾“围城”事件的治理方法，旨在运用危机管理和属地管理知识为解决异地垃圾跨界问题和大城市垃圾治理问题提出深度思考和建议。

关键词：城市垃圾；垃圾治理；属地管理；太湖

引言

2015年5月初，来自S市的几艘船只竟然将掺杂化学废物的生活垃圾运往江苏，偷倒在无锡惠山境内。2015年6月，常州地区就发现有四艘来自S市的船只企图将装载的2000吨生活垃圾倒入该地区进行掩埋。2016年7月，疑似运送垃圾的8艘船只停靠在江苏太湖边的码头，欲在这个被废弃的口岸上倾倒生活垃圾，还好当地环保部门接到举报，及时制止了垃圾倾倒行为。2016年7月，江苏南通江心沙农场惊现数千吨来路不明的垃圾……

这些接连发生的异地垃圾倾倒案件，已经说明了垃圾倾倒事件不仅仅是个人倾倒行为，而是形成了一条黑色的垃圾“产业链”。这些垃圾经过城市垃圾利益链人员的层层运送，在每一层都形成了丰厚的利润。据一名船主介绍，船只运送一船垃圾的价格约是2000元，是同等运输行业的数倍，虽然是违法行为，但是从事这项工作获利颇丰。此外，作为中间商也可以从中获得30元/吨的报酬，卸载垃圾和填埋垃圾的人员获益也不少。

异地垃圾偷倒事件屡禁不止，已经严重危害到被倾倒地区的环境。尤其是S市垃圾倾倒太湖事件十分引人关注，陷于舆论焦点。异地偷倒垃圾虽然经过许多的环节，如装车转运等，有的甚至要输送到长达数百公里的地区，但在这个过程中，有关监管部门却没有发现，是默许还是监督不力？如何处理此次事件？为了探明事件的真相，2016—2017 年，本调研团队在 J 市、S 市两地多次进行实地调研，通过与当地政府部门和民众进行访谈、查阅有关资料等方式深入了解“太湖偷倒垃圾”事件始末，尝试发掘异地垃圾偷倒现象的原因，旨在为解决异地垃圾偷倒问题提出深度思考和建议。

1.“太湖偷倒垃圾”事件简要介绍

1.1　太湖垃圾案涉事公司与人员

因群众举报，“垃圾跨省倾倒太湖案”引发社会关注。2015 年底至 2016 年初，“太湖偷倒垃圾”事件持续发酵。倾倒垃圾的是昆山市某 A 建筑有限公司，但某 A 建筑有限公司登记的地点是在昆山市长寿东路 66 号的一家火锅店。经调查获悉，2017 年工商部门网上显示该企业从 2015 年以来经营状态为停业状态。2015 年就已经停业的公司，竟然在 2016 年 3 月 8 日还能取得在太湖戒毒所的卸土合同，该合同是一张盖有太湖戒毒所和某 A 建筑有限公司公章的文书，签订时间为 2016 年 3 月 8 日，显示某 A 建筑有限公司被委托处理太湖戒毒所两三百万立方的土方施工工作。另外，《接收土方证明》确实存在。《接收土方证明》写道：因本所周边低洼、废潭及挖损坑需填埋，特委托昆山某 A 建筑有限公司运送土方约三百万立方及施工，其中建筑装潢垃圾约八万立方。而太湖西山口处的这些垃圾是由某 A 建筑有限公司从 S 市嘉定运送而来，在戒毒所附近进行倾倒，两者又有什么联系？

经调查获悉，垃圾倾倒太湖的起因是昆山市某 A 建筑有限公司的王 ××、陆 ×× 两人在江苏省太湖强制隔离戒毒所进行绿化土施工，这期间孙 ×× 告诉两人可以承揽戒毒所内的一个填埋工程，但需向戒毒所缴纳保证金 25 万元，实为虚构。王 ××、陆 ×× 听信孙 ×× 所言，为赚取每吨约 7 至 10 元的垃圾处置费，将未经处理的垃圾直接倾倒至戒毒所附近的太湖宕口内。2016 年 5 月至 6 月，这一个多月中，王 ××、陆 ×× 共接收来自外省市的垃圾 2 万余吨，随即倾倒至太湖戒毒所附近的宕口内，另有 8 艘满载垃圾的船只因被及时查获而未倾倒。J 市公安局官方信息称：自 2016 年 6 月 15 日起至今日，该废弃宕口已被倾倒垃圾 12000 余吨，该处垃圾多为来自 S 市的建筑和生活垃圾。

1.2　J 市姑苏区人民法院对当事人处罚

2017 年 10 月 31 日，J 市姑苏区人民法院对该案件作出一审宣判。法院认定，至案发时，王 ×× 和陆 ×× 等涉案人员的垃圾倾倒等违法行为已经造成周围环境污染和危害了公共利益，经济损失估计约 828 万元，当地政府在清理垃圾和修复环境过程中又花费 225128.3

元，因此共计 850 万元。另有 8 艘载有生活垃圾和建筑垃圾的船只因相关部门接到举报后第一时间制止而未倾倒，没有造成损失……

综上所述，对这起异地垃圾偷倒行为造成的损失，姑苏区人民法院据此判处：王 ×× 犯污染环境罪，判处有期徒刑五年六个月，并处罚金人民币三十万元；陆 ×× 犯污染环境罪，判处有期徒刑五年，并处罚金人民币二十五万元；孙 ×× 犯诈骗罪，判处有期徒刑四年六个月，并处罚金人民币五万元。一审判决后，三人不服，向 J 市中院提起上诉。二审检察机关经过重新审判，宣布驳回上诉，维持原判。

2. 垃圾黑色产业链

2.1 太湖垃圾事件的垃圾黑色产业链

调查获悉，2016 年 7 月，J 市太湖边，8 艘船静静地停靠在蒋东村辖境的一个偏僻码头上，船上盖有篷布。船员正准备卸货上岸，一些疑似生活垃圾和建筑垃圾从缝隙中露出，被村民发现上报给相关部门。相关部门接到报告后赶到现场，发现这 8 艘船上装载着来自 S 市的 4000 吨垃圾，有建筑垃圾、装潢垃圾，也有生活垃圾。而在几百米外的一个废弃宕口处，已经堆起了一座占地约 2400 平方米的“垃圾山”。这个跨省倾倒案被当地部门发现，涉案人员才逐步浮出水面。

事件发生后，J 市海事部门扣留了 8 艘船，另有 10 余艘装运垃圾的船逃逸。据一位被扣押的船主回忆说，当天下大雨，使得前面的船因为无法卸货而滞留，他不得不排队等待前面的船卸货完毕，前面的船开走后，再准备卸货，却被发现了。相关企业——某 A 建筑有限公司称为了获得戒毒所的《接收土方证明》，其先后找到一位中间人，缴纳保证金和其余费用 60 多万元，以为事情通过中间人会很顺利开展，但实则不然，该公司和戒毒所签订正式合同的过程仍很曲折。期间，王 ×× 多次催促中间人，但此人一直以忙为由推辞。从王 ×× 口中得知，这位中间人人际关系网很强，能协调与戒毒所的各种关系。2016 年 3 月，王 ×× 终于得到中间人消息，说可以去戒毒所开“土方接收证明”。不久，王 ×× 和陆 ×× 就来到戒毒所楼下，接着上楼盖章，顺利拿到了《接收土方证明》。据《接收土方证明》的复印件显示，这一天是 2016 年 3 月 8 日。目前，中间人的确切身份及其与戒毒所的关系尚不得知。据了解，某 A 建筑有限公司通过中间人拿到这个项目后，戒毒所不仅专门给工人安排宿舍，还腾出房间给公司作为办公室用。王 ×× 还凭借《接收土方证明》与 S 市和 J 市的两家公司谈成了合作，签订了长期供应土源的土方合同。然而，戒毒所的通报则称，从未给某 A 建筑有限公司开具过任何证明，戒毒所与某 A 建筑有限公司没有直接经济联系，随后有人透露，上述中间人目前已被警方控制。

在调查中，一位涉事船主记得当时一位陶姓老板来找他，每吨运费为14.5元的建筑垃圾要运到太湖戒毒所附近，问他是否有意做这个“买卖”，答应运到了指定地点就付款。因为这位陶姓老板曾多次作为协商的中间人，所以船主就答应了。

2.2　垃圾黑色产业链兴起

目前，在城市建筑垃圾的管理上，运输和处理链条有非常多的入口和出口，管理比较粗放。事实上，对于垃圾转运码头，像S市这种特大城市并不缺少规定：根据《S市建筑垃圾和工程渣土处置管理规定》（已失效），运输单位将建筑垃圾和工程渣土运往其他省市进行消纳的，区（县）绿化市容行政管理部门应当指派专人或者使用电子信息装置进行全过程监控，确保建筑垃圾和工程渣土按照规定消纳后，向运输单位出具建筑垃圾和工程渣土运输消纳结算凭证。建筑垃圾收纳场需要先提出设置消纳场所的申请，由区（县）绿化市容行政管理部门予以核实后启用。转运建筑垃圾和工程渣土的码头，应当取得码头经营许可证，配备符合绿化市容行政管理部门规定要求的视频监控系统、电子信息装置和防污设施，并向区（县）绿化市容行政管理部门备案。[①] 但与太湖垃圾倾倒事件有关的涉事船只虽然是从S市嘉定区惠宾码头和长宁区虞姬墩码头将垃圾转运到太湖的，但是调查发现，码头没有任何备案，在转运过程中也没有任何监控。S市惠宾码头的一位工作人员在接受访谈时给出的理由是：该码头虽然是渣土中转站，但是因为没有运送过建筑垃圾，就没有设置监控。而且这次从该码头运送至太湖的建筑垃圾，是由小车偷运到码头内的，难免监控不到。

近些年，异地偷倒垃圾的现象屡禁不止，这一现象背后存在着利益驱动，合法处置需要收费，偷倒的成本代价会小很多。调查获悉，S市焚烧一吨垃圾要100~200元，是偷倒垃圾成本的好几倍。在以前的“S市垃圾偷倒无锡”事件中，涉案人员徐××告诉调研人员：他虽然不具备处置生活垃圾资质，但是在2013年，他顺利和S市杨浦区绿化和市容管理局达成生活垃圾运送口头协议，这份口头协议要求徐××负责处理杨浦区的部分生活垃圾。从2013年至2015年这三年间，他共处理生活垃圾4万余吨，获得的处理价格为每吨48元到78元不等。2015年5月，他找到船主从S市用船偷运到江苏省无锡市惠山区洛社镇掩埋的约1670吨生活垃圾。事实上，当时徐××先以每吨70元的价格，转包给和他一样没有处理垃圾资质的徐×及其船队运输，再通过中间人崔××找到一块空地作为垃圾

---

① 《S市建筑垃圾和工程渣土处置管理规定》第八条、第九条、第十条、第十一条、第十二条。

卸点，地点就在无锡惠山区洛社镇。崔 ×× 作为中间人每吨收取 30 元到 40 元不等的费用。按照 1670 吨计算，相当于崔 ×× 可以从徐 × 处获得 5 万到 7 万元不等的费用。具体垃圾的倾倒地是由另一个中间人须 ×× 负责确定，事后须 ×× 从崔 ×× 处共获得 9000 元报酬。

垃圾偷倒黑色产业链的形成，除了其背后的利益驱动外，也有城市自身的原因。一些特大城市已经无法处理其内部产生的垃圾，但一般除了北上广深等地区之外，其他省区的垃圾基本上可以进行内部协调。但就是这些区域在很多时候无法进行内部处理，才为垃圾黑色产业链兴起创造了机会。特大城市垃圾“围城”一方面是城市的填埋所和消纳场所的数量有限，另一方面是垃圾的处理效率不高。我国目前垃圾处理的方式一般是采用填埋和焚烧，很少有进行回收利用的。而垃圾的填埋过程中需要消耗土地，垃圾的焚烧又需要对废弃物进行处理，两种方法的成本都比较高，不仅如此，垃圾还需要进行运送。因此，处理方式的不足和过高的垃圾运送成本，加剧了大城市垃圾处理负担。

3. J 市对太湖垃圾治理

3.1 上万吨垃圾被清空

截至 2016 年 7 月，吴中区环保局已经邀请 J 市环科所制定了相关的防止垃圾倾倒和对垃圾进行处理的方案，具体方案由金庭镇政府进行实施，希望可以将垃圾对环境的影响程度降到最小。另外，委托 J 市环科所制定垃圾清理工作方案由吴中区市容市政管理局、环保局和金庭镇共同负责，以最快速度完成垃圾的清理清运和分类处置工作。

调查获悉，宕口现场的西山金庭镇政府安排的覆绿队伍清运偷倒的垃圾 2.25 万吨刚结束，就紧急进场加班加点覆土。而 8 艘装载了垃圾却没有倾倒的船只，已经被带回 S 市处置。J 市紧急调运了 50 多艘船只和 9 台拖拉机以及大型的自卸车完成运送。在垃圾清运的现场，J 市副市长和 J 市公安局局长亲自指挥现场垃圾的倾倒清运工作。但由于太湖水位上涨，码头已经完全被淹没，无法进行正常卸货，并且连日的大雨导致 1.2 万吨垃圾被浸泡发生膨胀，因此，船运需要增加运送次数。为了减少垃圾在转运过程中的再次污染，J 市交通局和市政府又专门派遣了清船队过来清理垃圾。此外，垃圾在倾倒过程中，不仅要对垃圾进行消毒除臭处理，而且还需对清运的船舱消毒，到了垃圾处理站后还要进行再次消毒，多次消毒也减轻了垃圾污染的扩散。最后这些垃圾被运送到了七子山的垃圾处理站。据统计，这次共清运了 2.25 吨垃圾，而还没有来得及卸货的 8 艘船只已经带回 S 市处置。

3.2　太湖生态恢复

J 市环保部门多次对垃圾周围的水样进行抽查，再委托第三方进行检测。江苏省委、省政府派专家小组对土壤环境进行修复和提出综合治理对策。专家称：闻到的和看到的总是表面的。其实真正有威胁的是不能靠味觉和嗅觉发现的，因为未经处理过的垃圾的一些危险残留，具有很大的污染性，不通过检测是感受不出来的。因此，太湖周边的具体污染物，还需要进一步等待检查结果，再根据实际污染的情况，采用相应的修复技术。其实专家事先就已经确定了处理污染的方法：一是将污染物固定在土壤中。通过在周围修建垃圾填埋场，用水泥钢筋等固定，阻止污染物扩散。二是将污染物带走，在周围种植一些能够吸收重金属污染的植物，大量吸收有害物质。三是先将污染的土挖走，然后用液体进行冲洗，但是这种方法一般很容易造成二次污染。尤其是金庭镇取水口到现场的直线距离太近，如果发生了水体污染扩散，将严重危害到周围的水质。

最新检测结果显示，现场垃圾堆中采集的 11 个渗滤液样品均检测出挥发酚，且含量明显超出标准限值。垃圾堆周边水体的颜色变深，且水中挥发酚浓度超背景值（基线）20% 以上，生态环境遭到损害。涉案宕口距 J 市吴中区金庭镇取水口很近，一旦发生水体污染扩散，将严重影响相关范围内的饮用水安全。专家建议根据检测结果，立刻修复当地生态。

3.3　J 市出“新规”，各部门加强监管

为了防止再发生垃圾外省倾倒案件，J 市特别规定以下内容：除本市垃圾外，外地的垃圾不得运往 J 市。任何单位和个人未经政府部门批准同意不得建立垃圾消纳场所。任何单位和个人也不得与外省的人员签订垃圾输入协议。为此，J 市专门部署了水陆两地的巡查小组，对进行垃圾非法处置的个人和企业处以高额的罚款。同时由交通局、环保部、海事部门等对全区的湖河江等地加强巡查，对垃圾过境进行严格的监控，从垃圾运送的过程中坚决杜绝垃圾流入，严防垃圾倾倒事件再次发生。

而姑苏法院以刑事附带民事公益诉讼为契机，深入探索司法生态修复模式，在重拳打击环境犯罪的同时，着力推进受损环境的修复，以环境资源案件特色为依托，积极筹建环境资源审判专家库，研究多重环境修复责任方式，立足环境审判本职工作，扎实推进环资审判延伸工作，寻找保护自然资源的方法，希望能够建设美丽 J 市、生态 J 市。

4. S 市对垃圾外倒事件处理

4.1 S 市垃圾“围城”

继 S 市生活垃圾外运被曝光倾倒太湖后，南通海门又爆出 S 市垃圾外倒事件，将 S 市置于舆论的焦点。S 市垃圾主要是由 S 市绿化和市容管理局（S 市垃圾处理的单位）负责。该局处长邹 ××，因为这两起垃圾事件，先是到 J 市太湖开展调查太湖垃圾倾倒事件，接着又马不停蹄地奔赴海门垃圾现场。两起事件经过 S 市绿化和市容管理局的初步调查，认为无论是建筑垃圾转运码头还是垃圾的消纳场所都未在该局备案。即均未取得合法手续，属于民间所谓“偷倒”行为。

其中“太湖偷倒垃圾”事件还未来得及倾倒垃圾的 8 艘涉事船只已到达 S 市北码头附近老港，由两名作业人员在山上进行分拣，编织袋、泡沫塑料等被拣出。据了解，8 艘船只全部卸完大约需要四五天，这些垃圾经过初步的分拣后在老港地区进行消纳，主要运用于建设垃圾填埋场和垃圾填埋场的便道或者用于土地的平整充填，来实现资源的再利用。例如：一些渣土可以进行鱼塘的回填，也可以作为路基材料，一些粉碎后的材料可以进行路基建设，甚至可以作为路砖。

在江苏南通事件后，S 市方面很快作出决定：建筑垃圾一律不再外运。S 市海事局也下发通知，通知相关部门必须加强对辖区内渣土船的拦截工作，尤其是运往江浙方向的渣土船，一旦查出必须扣押，严禁出港。

4.2 S 市垃圾处理现状

随着 S 市城市发展，城市高楼大厦兴建，S 市的建筑垃圾产生量也在不断增长。调查获悉，S 市建筑工程每年产生的建筑垃圾中的渣土已经达到了 9000 万吨，换言之，S 市平均每天可以产生 24 万吨渣土垃圾，加上其他的建筑垃圾，每天产生量就更多了，在最高峰的时候，四天的建筑垃圾就能够堆出一座金茂大厦。

现在，S 市的垃圾主要是在市区内进行处理，但也有一部分垃圾与外省进行协调处理。S 市处理建筑垃圾的能力已接近饱和，但 S 市的建筑垃圾处理仍有 4 个问题需要面对：分不清、运不出、埋不掉、用不好。S 市作为经济发展水平极高的直辖市之一，和其他省份比起来面积小，但人口数量过多带来的各种压力很大，在既要处理居住问题和商业问题以及保证国家的耕地前提下，又要寻找土地建垃圾处理场，使得 S 市垃圾处理压力很大。

而且，S 市有的垃圾场已经超负荷使用，例如嘉定区惠宾码头的垃圾填埋场。虽然这个垃圾场每天可以消纳 1000 吨的垃圾，但在 2015 年这个垃圾填埋场的一期工程就属于超期使用。二期工程经过嘉定区发展改革委同意批复建设，但建设过程中由于S市嘉定区将垃圾填埋场建在东南风的下风向、江苏太仓市的上方向，受到垃圾场下风口的太仓人民的反对，因为垃圾场产生的臭味已经对他们的生活造成了严重的影响，甚至有些居民说他们晚上睡觉都会闻到垃圾的臭味，每天把窗户关得紧紧的都没有用。最终区政府取消了二期工程建设项目，也在2015年12月停止一期工程的使用后进行了生态改造。当时嘉定区一位参与处理的工作人员介绍，S市现在的确处在垃圾处理困局上，暂时的办法只能通过码头，用船把垃圾运出去。

调查获悉，S市绿化和市容管理局在发布会上宣布到2017年S市所有单位都要实行垃圾分类。“十三五”末，要基本实现居民生活垃圾分类，具体而言，要强化源头分类，强化末端管理（比如一个农田里有稻田、鱼塘和洼地，要把好的渣土放进去，不能把装修的废材料和有危险的土放进去，然后再将土地平整好，土地平整好后，进行进一步利用）。

目前S市正在做的几个方案包括，第一是准备在S市郊区建造5个郊野公园，为市民提供一个好的休闲场所，同时在建筑公园过程中消纳一定量的渣土等建筑材料。第二，进一步扩大S市陆地面积，准备在几个岛屿附近实施填埋工程，解决S市土地不足的问题。

■ 结束语

事件虽已结束，但有些细节却引人深思：那些逃逸的垃圾船，以及其他还未露面的垃圾船，是否还会破坏太湖其他地方？幕后的受益者，是否又会触及其他看不见的地方？异地垃圾偷倒事件，似乎每时每刻都会在全国范围内发生，并不只有S市在发生。在这些偷倒垃圾事件的背后折射的是大城市垃圾“围城”的现实。调查显示，中国大陆有一半以上的城市都已经被垃圾包围，城市垃圾占地面积已经达到五亿平方米，而且每年都在增长。只是作为中国最发达的城市之一的S市矛盾比较尖锐而已，虽然北京市也同样面临此问题，但是却在逐步改善。

偷倒垃圾事件接二连三地发生，暴露了垃圾管理处置不严等问题，但根据现行的法律规定，非法偷倒垃圾，虽属于违法行为，但处罚的上限却只有5万元，偷倒垃圾带来的高额利润与较低的违法成本相比，很难对违法者造成威慑力。再加上异地偷倒垃圾行为往往具有隐蔽性，政府监管难控，造成偷倒垃圾行为难以禁止。由此可见，异地偷倒垃圾现象的有效治理还有一段较长的路要走。

■ 思考题

1. 结合公共危机的定义与特点，判断并分析“太湖西山口惊现万吨垃圾事件”是否为危机事件。

2. 根据属地管理的知识，结合 J 市与 S 市两地政府在此次垃圾事件后的做法，分析合理之处与不当之处。出现垃圾跨界转运和异地偷倒现象，也暴露了属地管理的不当，讨论两地政府应该如何合作治理异地垃圾？

3. 联系实际，结合危机管理的知识评价 S 市政府对“垃圾围城”的危机事件的处理机制，并提出特大城市减轻城市垃圾负担的建议。

三、案例说明

（一）课前准备

1. 学生提前阅读案例正文及其附件，熟悉案例内容做好预习工作，对案例中提出的疑问进行思考，并在课前自行上网了解“太湖偷倒垃圾”事件。

2. 课前对学生进行分组，全班学生按实际情况分组，每组选出一名组长，组长负责组织并召集小组成员，记录小组讨论的内容，最终在课堂上汇报并展示讨论研究成果。

（二）教学目标

1. 探索政府对垃圾跨界治理体系的构建。在“垃圾跨省倾倒太湖案”中，通过 S 市政府与 J 市政府对此次垃圾倾倒事件的应对与处理，学生了解政府对于危机事件的处理方式，分析政府如何完善突发事件的应对机制，以便提高政府应对突发事件的能力。

2. 与实际相结合，深入掌握治理理论的核心概念与内容。对于管理者而言，学习并掌握基本理论是远远不够的，应该结合实际将所学的知识运用于具体的、复杂的、多变的社会问题解决中。

3. 提高学习者全面分析问题的能力以及对于实际问题的解决能力，通过案例学习找出事件发生的本质原因，发现政府应对机制存在的问题，最终提出一套更为有效地应对类似公共危机的方法。

（三）案例讨论

1. 公众举报对本次事件的揭露发挥了怎样的作用？政府应如何建立更广泛的社会监督渠道，吸引公众参与环境治理，并在公共政策的制定和执行中加强透明度？

2. 现有环保法律法规为何未能有效遏制异地垃圾倾倒现象？在执行环保政策时，如何确保法律规定与地方政府的执法实际有效衔接，以提高环境保护的治理效能？

3. 偷倒垃圾背后的经济利益链条为何如此顽固？政府应采取何种措施，在保证经济发展的同时，遏制环境污染问题，确保公共利益不被短期经济利益牺牲？

4.J 市出台的新规如何才能有效防止类似垃圾偷倒事件的再次发生？政府在制定政策时，应如何确保政策的长效性与可操作性，避免“一刀切”或短期内无法落实的问题？

第三节　守护青（山）绿（水）碧（海）蓝（天）

——建设美丽H省

一、案例背景

“十九大”报告相关内容

坚持以人民为中心。人民是历史的创造者，是决定党和国家前途命运的根本力量。必须坚持人民主体地位，坚持立党为公、执政为民，践行全心全意为人民服务的根本宗旨，把党的群众路线贯彻到治国理政的各项活动之中，把人民对美好生活的向往作为奋斗目标，依靠人民创造历史伟业。

坚持新发展理念。发展是解决我国一切问题的基础和关键，发展必须是科学发展，必须坚定不移贯彻创新、协调、绿色、开放、共享的发展理念。必须坚持和完善我国社会主义基本经济制度和分配制度，毫不动摇巩固和发展公有制经济，毫不动摇鼓励、支持、引导非公有制经济发展，使市场在资源配置中起决定性作用，更好发挥政府作用，推动新型工业化、信息化、城镇化、农业现代化同步发展，主动参与和推动经济全球化进程，发展更高层次的开放型经济，不断壮大我国经济实力和综合国力。

坚持人民当家作主。坚持党的领导、人民当家作主、依法治国有机统一是社会主义政治发展的必然要求。必须坚持中国特色社会主义政治发展道路，坚持和完善人民代表大会制度、中国共产党领导的多党合作和政治协商制度、民族区域自治制度、基层群众自治制度，巩固和发展最广泛的爱国统一战线，发展社会主义协商民主，健全民主制度，丰富民主形式，拓宽民主渠道，保证人民当家作主落实到国家政治生活和社会生活之中。

坚持在发展中保障和改善民生。增进民生福祉是发展的根本目的。必须多谋民生之利、多解民生之忧，在发展中补齐民生短板、促进社会公平正义，在幼有所育、学有所教、劳有所得、病有所医、老有所养、住有所居、弱有所扶上不断取得新进展，深入开展脱贫攻坚，保证全体人民在共建共享发展中有更多获得感，不断促进人的全面发展、全体人民共同富裕。建设平安中国，加强和创新社会治理，维护社会和谐稳定，确保国家长治久安、人民安居乐业。

发挥社会主义协商民主重要作用。有事好商量，众人的事情由众人商量，是人民民主的真谛。协商民主是实现党的领导的重要方式，是我国社会主义民主政治的特有形式和独特优势。要推动协商民主广泛、多层、制度化发展，统筹推进政党协商、人大协商、政府协商、政协协商、人民团体协商、基层协商以及社会组织协商。加强协商民主制度建设，形成完整的制度程序和参与实践，保证人民在日常政治生活中有广泛持续深入参与的权利。

深化机构和行政体制改革。统筹考虑各类机构设置，科学配置党政部门及内设机构权力、明确职责。统筹使用各类编制资源，形成科学合理的管理体制，完善国家机构组织法。转变政府职能，深化简政放权，创新监管方式，增强政府公信力和执行力，建设人民满意的服务型政府。赋予省级及以下政府更多自主权。在省市县对职能相近的党政机关探索合并设立或合署办公。深化事业单位改革，强化公益属性，推进政事分开、事企分开、管办分离。

坚决打赢脱贫攻坚战。让贫困人口和贫困地区同全国一道进入全面小康社会是我们党的庄严承诺。要动员全党全国全社会力量，坚持精准扶贫、精准脱贫，坚持中央统筹省负总责市县抓落实的工作机制，强化党政一把手负总责的责任制，坚持大扶贫格局，注重扶贫同扶志、扶智相结合，深入实施东西部扶贫协作，重点攻克深度贫困地区脱贫任务，确保到二〇二〇年我国现行标准下农村贫困人口实现脱贫，贫困县全部摘帽，解决区域性整体贫困，做到脱真贫、真脱贫。

打造共建共治共享的社会治理格局。加强社会治理制度建设，完善党委领导、政府负责、社会协同、公众参与、法治保障的社会治理体制，提高社会治理社会化、法治化、智能化、专业化水平。加强预防和化解社会矛盾机制建设，正确处理人民内部矛盾。树立安全发展理念，弘扬生命至上、安全第一的思想，健全公共安全体系，完善安全生产责任制，坚决遏制重特大安全事故，提升防灾减灾救灾能力。加快社会治安防控体系建设，依法打击和惩治黄赌毒黑拐骗等违法犯罪活动，保护人民人身权、财产权、人格权。加强社会心理服务体系建设，培育自尊自信、理性平和、积极向上的社会心态。加强社区治理体系建设，推动社会治理重心向基层下移，发挥社会组织作用，实现政府治理和社会调节、居民自治良性互动。

加强基层组织建设。党的基层组织是确保党的路线方针政策和决策部署贯彻落实的基础。要以提升组织力为重点，突出政治功能，把企业、农村、机关、学校、科研院所、街道社区、社会组织等基层党组织建设成为宣传党的主张、贯彻党的决定、领导基层治理、团结动员群众、推动改革发展的坚强战斗堡垒。党支部要担负好直接教育党员、管理党员、监督党员和组织群众、宣传群众、凝聚群众、服务群众的职责，引导广大党员发挥先锋模范作用。坚持“三会一课”制度，推进党的基层组织设置和活动方式创新，加强基层党组织带头人队伍建设，扩大基层党组织覆盖面，着力解决一些基层党组织弱化、虚化、边缘化问题。扩大党内基层民主，推进党务公开，畅通党员参与党内事务、监督党的组织和干部、向上级党组织提出意见和建议的渠道。注重从产业工人、青年农民、高知识群体中和在非公有制经济组织、社会组织中发展党员。加强党内激励关怀帮扶。增强党员教育管理针对性和有效性，稳妥有序开展不合格党员组织处置工作。

二、案例正文

守护青（山）绿（水）碧（海）蓝（天）——建设美丽H省

摘要：近年来，H省在加快推进经济发展的同时弱化了生态环境保护力度。2017年12月23日，中央环境保护督察组向H省反馈环境督察意见，披露了一大批生态环境破坏问题。面对经济发展与生态环境保护，H省政府长期以来如何决策、施策？面对中央环境保护督察组所暴露的问题，H省政府又该如何应对？H省政府对中央有关生态环境工作的政策偏差主要表现在哪些方面？本案例对H省政府生态环境保护政策的制定、执行过程及其影响因素进行了深入分析，有利于学生全面了解认识公共政策的制定与执行过程，影响公共政策执行的因素，公共政策执行梗阻的主要环节，洞察政治锦标赛中的政府官员心态，从而提升学生解决公共政策实际问题的能力和水平。

关键词：经济发展；生态环境；政策执行；政治锦标赛

引言

为贯彻落实党中央、国务院关于环境保护督察的重大决策部署，中央环保督察组在H省进行为期一个月的督察。2017年12月23日向H省委、省政府反馈督察意见。主要问题集中在四个方面：一是工作认识与推进不力；二是海岸线生态破坏严重；三是自然保护区管理与保护存在问题；四是某些地方的环境基础设施建设工作严重落后。通过此次环境督察，H 省政府在治理环境方面暴露出严重不足，尤其在对环境的保护意识和行动上相对滞后。生态环境建设是利民利地的好措施，为何 H 省近年来在生态环境保护上出现如此集中性的问题？本案例从政府对待环境保护问题切入，探究 H 省政府近年来在生态环境保护方面的决策行为，洞察政府在经济发展与环境保护之间如何做出决策。

1. 为何督察——对 H 省环境督察的背景分析

1.1 党中央着眼长远发展的重要举措

2013 年 4 月 8 日至 10 日，习近平总书记在 H 省考察时指出良好生态环境是最公平的公共产品，是最普惠的民生福祉。党的十八大将生态文明建设纳入“五位一体”总体布局当中。2013 年 5 月 24 日在中共中央政治局第六次集体学习上，习近平总书记针对生态环境工作提出了七点论述，此次学习也是十八届中共中央政治局成立以来，对生态环境建设首次专题集中学习。除了学习外，党中央立足长远，制定了多项政策，推进生态环境保护工作。一方面，生态环境成为党政领导干部履职重要的考核标准内容之一：2013 年《关于改进地方党政领导班子和领导干部政绩考核工作的通知》，要求加大有关环境方面指标的权重；2015 年《党政领导干部生态环境损害责任追究办法（试行）》；2016 年 12 月，中共中央办公厅、国务院办公厅印发《生态文明建设目标评价考核办法》确定对各省区市实行年度评价、五年考核机制。党政领导干部的考核评价、奖惩任免以最终考核结果为重要依据。另一方面，加快推进生态文明建设工作：2015 年 4 月，我国首次印发《关于加快推进生态文明建设的意见》（以下简称《意见》）。《意见》明确生态文明建设的总体要求、目标愿景、重点任务、制度体系。此外，还出台《生态文明体制改革总体方案》。再者，加快环境立法工作，三大行动计划陆续出台。[①] 党的十九大报告中，明确论述：“加快生态文明体制改革，建设美丽中国”，并据此提出推进绿色发展，解决突出环境问题，加大保护力度，改革监管体制四点要求。

1.2 绿水青山就是金山银山

习近平总书记提出“绿水青山就是金山银山”这个生态环境理念的重要论述，十九大报告同样提出“必须树立和践行绿水青山就是金山银山的理念”。关于“两山”概念的提出，是建立在尊重客观事物基础之上的，是符合马克思主义辩证唯物主义基本原理的理念。绿水青山就是最大的财富，地方政府在经济发展的同时，不应忽视对生态环境的保护工作，不能发展粗放型经济，要贯彻新发展理念，转变经济发展模式。生态环境的良好，不仅仅

[①] 《大气污染防治行动计划》《水污染防治行动计划》《土壤污染防治行动计划》。

关乎社会的可持续发展，更关系到未来长远的发展。所以，加强对生态环境工作的重视，就要强调“绿水青山就是金山银山”的理念。

1.3　一份最珍贵的家产——自然环境

H省有得天独厚的地理环境。陆地总面积3.54万平方公里，海域面积约200万平方公里，是我国第二大岛，并且是中国面积（含海域）第一大省。北部与广东省相邻，东部和南部与台湾省及东南亚部分国家为邻，西部与广西壮族自治区、越南隔海相望，地理位置十分独特。生态环境质量好，森林覆盖率高达62%、空气优良率保持在99%以上。独特的地理位置加上生态环境，这都成了H省自己持有的一份十足珍贵的家产。

1.4　吸引四方来客的最大动力

“记得我们年轻的时候，看到的海是立体的：天上有海鸟在飞、海里有飞鱼跃出水面。水母、海星、扇贝，一捡就是一盆。”说起她记忆中的图景，83岁的罗九如老人兴奋得像个孩子。H省一直是全国各地游客旅游和向往的地方。

2017年12月，国家统计局首次发布的生态文明建设年度评价结果显示，H省环境质量指数全国排名第一、公众满意程度全国排名第三、绿色发展指数全国排名第六。[①]近年来接待入省游客数量不断攀升，就2017年数据来看，2017年H省接待游客总数6745.01万人次，比上年增长12.0%；旅游总收入811.99亿元，比上年增长20.8%。作为中国的经济特区、国际旅游岛，H省最重要的发展动力和发展资金就在于自然环境。建设国际旅游岛的最大本钱就是全国最好的生态环境。

但是，随着近年来H省经济的快速发展，同样也暴露出了一些发展问题，尤其是自然生态环境领域的问题严重突出，随着2017年8月10日至9月10日中央环境保护督察组对H省开展环境保护督察，H省经济发展的同时环境受到严重破坏的情况透露出了当地政府在生态环境方面的工作不力。

2. 因何而起——H省环境督察暴露出的问题

2.1　政府思想认识有待加强，不作为现象明显

思想认识决定行动高度。党中央、国务院一直都在强调政府部门和领导干部要带头提高思想认识。H省政府相关职能部门对环境工作的认识不到位，导致一系列的环境破坏现象出现。此次反馈情况中，不作为现象明显。省海洋与渔业厅在海水养殖方面尚未按要求

① 国家统计局《2016年生态文明建设年度评价结果公报》http://www.stats.gov.cn/tjsj/zxfb/201712/t20171226_1566827.html.

编制有关规划，在一些重点河湖、海岸海域地区未划定养殖区界限，导致全省范围内养殖发展出现混乱；全省五分之四的国家级自然保护区存在未经审批私设的旅游项目；省水务厅统筹推进污水处理厂及配套管网建设不力，国家要求H省“十二五”期间新增1388公里污水配套管网和77.4万吨/日污水处理，但截至2017年7月，仅分别完成67%和35%，大量污水直排，城市内河内湖污染严重。国家水污染防治行动计划明确2017年年底前完成敏感区域污水处理厂提标改造，但直至督察时水务厅才知晓这一要求，工作严重滞后；2012年以来某地区通过企业托管的方式对沿岸防护林进行管理，造成防护林严重破坏；某市政府不仅对违法建设采取不监管、不制止的行为，而且在2015年11月为13宗违法建筑提供集中补办临时手续的帮助。这些问题的出现反映的是H省相关政府部门和其他市县地方政府在对待环境保护工作上存在的思想认识缺位，政府疏于管理导致环境破坏，政府主体角色缺位导致无效监管，环保工作的严重滞后带来一系列负面的不良影响。此外，还出现了一些没有实事求是的现象，比如2014年W市没有完成大气改善目标而被相关部门约谈，但在省政府组织的生态省建设工作考核中却被评为优秀，“一边约谈、一边表彰”；2015年某市大气污染防治工作考核不合格，全省排名倒数第一，但在生态省建设工作考核中却为顺数第一。这些都充分暴露出了当地政府的失职行为。

2.2 沿海环境问题突出

此次通报的问题最引人注目的就在于沿海环境的破坏上。通过督察反馈看到，H省近年来在追求经济发展的增长指标下，沿岸防护林受到破坏、填海造陆、海体生物破坏等问题突出。根据中央环保督察组提供的一些数据来看，2013年以来，H省年均填海面积达550公顷，为1993年时填海面积的5倍。某国家级自然保护区和海岸带200米范围内，度假酒店项目违法建设持续；某片区大洲岛海域和小东海海域活体珊瑚盖度急剧下降；某岸线因填海工程导致水流出现变化，政府不得不斥巨资进行修复和人工补沙；某县旅游度假区项目侵占导致约14公顷海岸带受到损害；某市人工岛月岛填海项目造成周边岸滩已出现大面积淤积并形成连岛沙坝，破坏了海洋自然风貌等。由于这些问题导致了沿岸自然生态环境的严重破坏，对当地的生态修复工作更是带来更大的压力。而我们也看到，沿岸各市县政府在这些环境破坏问题上并没有起到一个很好的监管者的作用，甚至出现有些政府成为破坏的助推者。

2.3 城市环保设施建设进度滞后

某市列入全省“十二五”规划的桂林洋污水处理厂二期项目迟迟难以动工，开发区大量生活污水直排，导致大排沟水质黑臭；某市每日产生大约500吨生活垃圾，而现行垃圾焚烧厂实际处理量大约200吨/日，导致大量垃圾堆积，环境污染以及隐患突出；某市辖区内34座生活垃圾堆场大都无污染防治措施，周边环境污染严重；某市垃圾填埋场渗滤液处置能力不足，渗滤液通过雨水沟直接排放，一方面污水处理设施建设资金闲置，另一方面主城区污水纳管率仅为59%；某市滨海新区已建成的282万平方米楼盘中，根据省政府要求，其配套污水处理设施应于2015年建成投运，但直到督察组发现问题时尚未建成，每天约1万吨生活污水直排；全省有23座污水处理厂进水化学需氧量浓度低于100毫克/升，部分县污水处理厂进水浓度长期低于40毫克/升，清水进、清水出，无效运行。

3. 两难选择——H省政府面临的困局

3.1 中央与地方的政策执行偏差——摆脱不掉的经济发展利益

此次针对H省的环保督察行动是在中央政府大力强调要确保生态环境建设的重要性程度下的督察行动。通过此次环保督察暴露出来的问题，结合中央政府在生态环境工作方面的政策与具体精神，H省政府在执行中央政府的政策表现不力，贯彻中央政府的政策方面存在缺位现象，出现中央与地方的政策执行偏差。所谓的政策执行偏差，具体指政策执行者在实施政策的过程中，由于受主客观因素的制约，其效果偏离政策目标并产生了不良后果的政策失真现象。[①] 本案例中具体表现在两个方面：一是象征性政策执行。2013年出台《关于改进地方党政领导班子和领导干部政绩考核工作的通知》，2015年出台《党政领导干部生态环境损害责任追究办法（试行）》，2016年出台《生态文明建设目标评价考核办法》等。中央通过这些文件要求地方领导干部要实现带头履职，切实把握好生态环境关，严肃追究领导干部生态环境责任。而H省早在2016年也同时发布了《H省党政领导干部生态环境损害责任追究实施细则（试行）》（以下简称《细则》），明确提出生态环境损害责任终身追究制。而此次环保督察暴露出的问题，尤其是在一些市县重点领域由领导干部一把手抓的省市重点项目上，出现违规审批、违规操作、违规建设等一系列问题，导致生态环境破坏严重。如果说《细则》明晰领导干部在生态环境领域的责任红线，那么这就出现了领导干部在此次环保督察反馈问题中暴露的严重失职缺位行为，有权必有责，用权受监督，违规要追究，生态环境的把关不严，暴露了H省部分省级部门和市县政府的政策执行出现偏差，出现所谓象征性政策执行，没有贯彻落实中央的政策，给地方环境带来了严重的破坏；二是选择式的政策执行。一方面，2017年1月19日，国家海洋局印发

① 宁国良. 论公共政策执行偏差及其矫正[J]. 湖南大学学报（社会科学版），2000（3）.

《海岸线保护与利用管理办法》中，第十四条关于海岸线的使用做出明确规定。[①]另一方面，2017年10月30日，省政府专题会议研究部署大气环境污染防治工作，会上提到省政府落实国务院发布《大气污染防治行动计划》确定的“大气十条”内容，生态环境质量保持全国一流，空气质量总体保持优良。通过上面两个事件可以看到，在政策执行方面，似乎出现了选择性政策执行的现象，在面对地方求发展，经济利益的巨大驱使下，部分地区地方政府往往会象征性的、选择性的贯彻落实中央的有关政策，导致政策的执行在经济利益的影响下出现严重偏差。这里的经济利益指的是H省政府为推动自身经济的快速发展，在面对中央生态环境保护工作的要求上有所偏离，导致中央与地方政策执行偏离出现内在问题，甚至还出现违规现象。

3.2 地方政府的政治锦标赛

锦标赛理论最早是在企业员工激励晋升上出现的，国外学者Lazear和Rosen认为员工的晋升与工资增长幅度相关，从而影响员工工作积极性，在晋升结果明确具体时，员工就会拥有获得晋升而不断努力工作的动力。因此，他们主张企业可以运用晋升机制去激励员工。而我国学者周黎安与李宏彬运用政治经济学方法，在研究官员晋升机制上结合锦标赛理论，提出官员晋升的政治锦标赛体制，其定义的模式是将晋升锦标赛作为一种行政治理的模式，是指上级政府部门对多个下级政府部门的行政长官设计的一种晋升竞赛，竞赛优胜者将获得晋升，而竞赛标准由上级政府决定，它可以是GDP增长率，也可以是其他可度量的指标。[②]

结合H省的情况来看，H省自2018年1月1日起开始实施新的市县发展综合考核评价办法，新办法增加了生态与环境的考核指标权重。而过去对市县的发展综合考核评价办法，尤其是对领导干部的考核上，生态与环保项所在成绩项内的指标分值占比非常低，而GDP的考核则占比相对较高，所以，在以GDP为主要考核指标分值的传统考核上，地方官员在锦标赛上出现唯经济发展是举，对于生态环境保护的重视程度非常低，上级政府部门对下级政府部门的主要考核还是在经济发展的重点领域，导致一些地方官员片面追求经济发展，以GDP论英雄，以经济总量评优劣的情况长期出现，所以，在这样的官员晋升锦标赛中，地方官员为了获得晋升往往会过度追求经济而忽视了保护环境。这也表明了H省政府在地方官员考核上存在的一些问题。

---

① 严格限制建设项目占用自然岸线，确需占用自然岸线的建设项目应严格进行论证和审批。海域使用论证报告应明确提出占用自然岸线的必要性与合理性结论。

② 周黎安．中国地方官员的晋升锦标赛模式研究[J]. 经济研究，2007（7）.

3.3　鼓了钱袋子，毁了生态

H省近年来国际旅游岛的建设加快，众多的房地产项目和海上旅游项目相继落户，同时伴随着旅游业的快速发展，部分地方政府与房地产企业看到了存在其中的巨大经济利益，于是形成了政府“卖地”，企业建楼的快速开发的局面，大量的土地被用作开发房地产、酒店等项目，尤其沿海市县更是成为炙手可热的首选地，海岸线一侧几乎一夜之间高楼项目拔地而起。政府GDP的发展大部分依靠土地财政收入的促进。以H省某市填海项目为例。该项目是由某集团投资上千亿人民币，在岛上建设以风情酒店区、美食文化街、湿地公园、影视传媒基地、生态康乐园、海上乐园、沙滩泳场、游艇会等为主题，集大众娱乐、商务交流、俱乐部会员运动、休闲度假为一体的旅游休闲度假岛。开发的房地产项目每平方米价格已经在15000元左右，而2017年以H省某市为例，平均房价在每平方米9421元，甚至该房价与一些大中城市的房价相比已经不相上下。由此，我们可以看到其经济利益对于房地产企业的收益是非常大的，而政府又通过划地开发同样获得一笔收益。据国家生态环境保护部督察办公室二处负责人说：“围填海一亩地成本也就20万元左右，折合成一平方米也就600多块钱成本。而现在一平方米售价都在上万元，有几十甚至上百倍利润空间”。从全省情况来看，结合2016年全省固定资产投资数据情况分析，全省固定资产达37 470 251元，房地产投资占17 875 968元，占比约48%左右；其中，新增固定资产达13 341 510元，而房地产达7 781 255元，其占比58%左右。[①]

由此可以看出，房地产正在成为H省地方政府推动资产投资与拉动经济发展的重要支撑，房地产企业指到哪里，政府就跟着划到哪里，没有严格的把好关，一些违法项目上架，侵占海岸线和破坏生态环境的项目开工，导致地方生态环境受到破坏，最后只能花巨资去修复生态环境。

4. 持续发酵——各方看法不一

4.1　中央政府

此次环保督察反馈出来的情况，H省暴露出诸多的环境问题，更深层次的、更为主要的问题是经济问题，尤其是经济利益的问题。在对待环境问题上，未能找到相协调发展的好路子，盲目追求经济发展而导致环境质量的恶化。党的十八大、十九大都强调生态环境建设的重要性，而当前部分地方政府存在的一些问题导致中央政策很难在地方上得到贯彻落实。一些市县重经济轻环境，搞速效政绩工程。财政严重依赖房地产，鼓了钱袋、毁了

---

① 2017年H省统计年鉴，http://stats.hainan.gov.cn/2017nj/indexch.htm

生态。

4.2 H省政府

H省有得天独厚的自然环境，这是一笔最大的财富和资源，用好它，财富源源不断；用不好，买了吆喝赔了买卖。此次督察情况反馈出的问题，在于H省各个部门自身对环境保护的重视程度不够。“不少领导同志反映，一些地方和部门对全省得天独厚的生态环境沾沾自喜，盲目自满，认为自然环境好就是工作做得好”，在对待经济发展与环境保护上没有理清关系，要环境还是要经济，H省政府在这方面上难以选择，尤其是2013年到2017年，H省全省生产总值增长率持续下降，而且H省陆地面积有限，经济总量占全国总量相对较小，本身的发展局限性是可以理解的，需要转变发展模式，贯彻新发展理念，才能找到一条真正的出路。在H省开展生态环境专项整治的第四年，H省着眼于全域旅游和“百镇千村”建设，而且2018年4月23日习近平总书记宣布设立H省自由贸易港，发展前景巨大。所以，环境质量要与经济相并行发展。正如省委书记沈××在2017年8月调研保亭时所说，我们“要当好H省生态环境的主力军”。[①]

4.3 群众的看法

环境破坏不应该让群众买单，政府要创造一个更好的生态环境，保护好生态环境，为人民群众提供一个好的生态家园。通过走访一些H省当地的民众，我们得知，一些群众近年来收入的确是增加了，也盖起了属于自己的楼房。但在收入增加的同时，部分地方一些群众感到环境不如以前了。“以前这里天气好，空气很清新，不过这几年来有时候会闻到一些奇怪的味道，后面的工业园区大烟囱经常冒出一些烟，海水也变黑了许多，不过海边建起了好多高楼大厦，现在经济都发展起来了。”家住H省工业园区附近的陈阿婆说。的确，经济是变好了，但H省环境质量却有所下降了。而作为外来游客，当然都是冲着H省生态环境好这方面过来的，自然环境是H省最大的本钱，也是吸引全世界、全国各地人民过来的重要因素。随着H省优良的生态环境、经济特区、国际旅游岛“三大优势”日益凸显，来H省旅游度假和投资兴业的人越来越多。绿水青山就是金山银山，H省经济发展必须依靠人的带动，而吸引人最大的因素就在生态环境上。

---

① 人民网 http://hi.people.com.cn/n2/2017/0817/c231190-30618278.html

5. 势在必行——看 H 省政府如何下定决心

5.1　多措并举保护生态环境

H 省在 1999 年就提出《关于建设生态省的决定》，并且还是我国第一个生态示范省；2007 年，H 省第五次党代会决定实施“生态立省”战略；2009 年 H 省国际旅游岛六大战略定位之一就有“建设全国生态文明示范区”的内容；2015 年，H 省生态环境保护厅成立；同年，H 省在全国率先开展省域“多规合一”改革试点，确定生态保护和资源消耗的控制性目标，划定并严守生态保护红线。2017 年 2 月，省政府召开了专题会议研究部署生态环境专项综合整治工作，27 日，召开了全省电视电话会议，正式公布了 2017 年六项专项整治和修复保护的工作方案[①]。2013 年至 2017 年，H 省政府累计拆除违法建筑 1657 万平方米，腾出土地 446 公顷；全省城乡生活垃圾无害化处理率达 86%；全省重点整治 64 个城镇内河（湖）污染水体中，已有 27 个达到治理标准，水质达标率从 4.7% 提高到 42.2%。2018 年 3 月 16 日，省生态环境保护厅印发《2018 年工作要点》，从 12 个方面为 H 省今年环境保护和生态文明建设工作“划重点”。3 月 27 日，省委常委、常务副省长毛 ×× 主持召开生态环境六大专项整治联合指挥部筹建会，贯彻落实全省生态文明建设和生态环境六大专项整治工作电视电话会议精神。4 月 2 日，联合指挥部正式成立。联合指挥部的成立标志着 H 省政府决心对中央环保督察组反馈的问题要坚决落实解决。

5.2　领导带头与地方行动

2017 年 12 月 30 日，省生态环境保护厅对外表示，针对此次中央督察反馈的情况，省政府梳理出 4 大类 56 个具体问题，分类分项，逐条明确改正目标、整改措施、落实整改工作。2018 年 1 月 18 日，H 省成立 9 个调查组对应中央环保督察组移交的 9 宗生态环境损害案件，省政府要求各市县立即实施“双暂停”。4 月 16 日，省生态环境保护厅召开党组（扩大）会议和中心组学习会议，传达《中共中央、国务院关于支持 H 省全面深化改革开放的指导意见》。会议要求，厅领导牵头组织并研究制定推进生态文明建设工作的具体方案。

5.3　改变唯 GDP 政绩观，建立绿色考核指挥棒

2018 年 1 月 1 日起，新的市县发展综合考核评价办法正式实施，对全省 19 个市县中的 12 个市县取消了 GDP、工业、固定资产投资的考核，而把生态环境保护考核指标占比权重提高，并确立为负面扣分和一票否决事项。2018 年 1 月 18 日，在 H 省统计局的大楼里，举行了新考核办法的培训会。作为新的考核体系的牵头单位，统计局要向财政厅、环

---

① 大气污染、土壤环境、城乡环境、违法建筑、城镇河湖及山林湿地等。

保厅、发展改革委员会等省厅部门以及19个市县解释新的考核内容。新的考核体系共有15个一级指标、51个二级指标，每一个市县的考核侧重点也各不相同。其实，H省统计局在2012年曾制定过一个考核指标体系，不过相对简单，仅有7个一级指标、28个二级指标，各区县考核比重的差异性也不太大，这个指标体系考核一年后，就再未执行。

新指标体系之所以新。首先是名称的不同，旧体系的名称是“市县经济社会发展主要指标”，而新体系的名称为“发展综合考核”。后者相对于前者更加突出综合发展。其中，在H省19个市县中，其中有12个市县彻底取消GDP和固定资产投资考核。生态环境的保护工作不能仅仅停留在过去传统的发展观和对于生态环境综合发展的指标考量上，要更加提高生态环境的占比，要运用综合的评价指标体系去考察地方发展情况和领导干部的晋升机制。

5.4　发动全民参与，形成合力

通过设立“河长制”，让具体的人负责具体的地方，强化对环境工作的保护责任力度和思想认识，对治理负责人“亮身份”的做法，吸引了更多的民众共同参与到保护生态环境当中来。“公众关心生态环境问题，为监管提供线索，需要有一种参与感的培养。”此外，政府还通过对生态环境的信息公开，对环境线索的举报积极反馈，积极发动民众的主人翁意识，共同参与到保护生态环境当中。在对生态环境破坏问题上，一方面，政府积极鼓励群众发现问题、举报问题，开通网上举报网站、电话举报、微信二维码举报等多种举报途径。另一方面，建立了生态环境实时监控数据库、H省污染源信息公开发布系统等环境保护监测系统，有效对生态环境进行了实时监控。正如今年H省政协委员提出的关于进一步在H省环境保护上“出实招、出新招、出狠招”的十点建议中就提到尽力鼓励民众参与：吸引民众积极参与到环保中，增强民众自身的环保知识，真正培养“保护环境，人人有责”的环保意识。建立健全举报违法、公益诉讼等民众参与的程序机制，让公众、媒体能够充分、有效地对环境质量和环保工作的开展状况加以监督，促使企业和政府切实承担起相应的责任。①

■ 结束语

“美丽H省”的建设是关系H省长久幸福的重要内容，生态环境是H省一份珍贵的财产。面对经济与环境问题，我们要厘清思路，看透本质，着眼长久，用更大的决心去维护美丽的蓝天白云，更好地助推H省全省建设。环境破坏究其原因不外乎就是经济利益的驱使，

① H省人民政府 http://www.hainan.gov.cn/zxtadata-6822.html

政府如何处理好这一对矛盾，还有很长的路要走，而这也值得我们进一步思考。

■ 思考题

1. 此次环保督察行动暴露出的主要问题有哪些?

2.H 省政府应对的主要措施有哪些?

3.H 省政府对中央有关生态环境工作存在的政策偏差主要表现在哪些方面?

4. 结合案例运用政治锦标赛理论分析政府官员的心态问题。

三、案例说明

（一）课前准备

1. 理论准备：学生们在课程中需掌握的知识应包括公共政策制定的组成部分，公共政策执行的基本特点和原则，影响公共政策执行的因素，公共政策执行梗阻的主要环节及原因，政策执行体制等相关理论。

2. 案例准备：引导学生收集与本案例相关的政策、文件与资料，了解案例背景，为课堂讨论做一定的素材准备。

3. 组织准备：做好学生的组织动员工作，按四人一组进行分组，以提高学生在课堂上的积极性和参与度。或安排以辩论赛的形式，分成正反、攻防两方在课堂上进行辩论，在辩论的过程中引导学生思考学习。

（二）教学目的

本案例主要用于“公共政策学”“公共管理学”“行政管理学”等课程中“公共政策及其执行”部分的学习。案例教学的目的主要包括以下 3 个方面：

1. 通过组织学生阅读案例，学生加深理解、掌握公共政策执行基础知识。

2. 通过组织学生讨论案例，加深其对公共政策执行偏差表现、产生原因及其矫正的相关理论、观点的理解和把握。

3. 通过组织学生系统学习案例，提升学生分析和解决现实公共政策决策和执行问题的能力，为其综合能力的提升打下良好基础。

（三）案例分析

1. 生态环境对发展的必要性初探

生态环境关系到一个国家的长远发展，世界上没有哪一个国家、哪一个政府、哪一个政党像中国一样对生态环境保护、环境与发展关系的重要性如此重视。立足长远，结合我国具体国情，需要制定更加行之有效和带来长久效益的政策来促进发展。坚持和发展习近平新时代中国特色社会主义，必须贯彻新发展理念，坚持人与自然和谐共处，尊重自然，敬畏自然。发展是第一要务，无论是中央还是地方政府，都要立足当地，实事求是，因地制宜地发展，确保发展与生态环境相协调。

首先，保护环境、节约资源是我国的基本国策。基本国策是国家赖以生存的政策，是对国家长远发展的必然要求，是必须长期坚持和不断发展的重要内容。一方面，政府在进行公共决策时，要立足实际，制定符合我国基本国策的政策要求，绝不能背离基本国策。另一方面，政府在具体政策的实施过程中，要因地制宜，讲究全面客观看待问题，不能盲目决策、施政。要科学施政，就是要坚持党和国家过去实践探索出来的理论与政策。保护环境、节约资源是对实际国情的分析与我国实际情况的清楚认识上得出来的，所以保护环境、节约资源是地方政府在制定政策、实施政策过程中应当贯彻落实的。

其次，新时代对公共政策制定的新要求。党的十九大报告中，坚持人与自然和谐共处是构成和发展中国特色社会主义的基本内容之一。政府作为行政主体，通过运用公共权力来制定公共政策，能够对公共政策承受客体产生影响。当前我国社会主义已经进入新时代，这个新时代就必然要求我们对过去的传统公共政策制定方式进行革新，不能仅仅以经济发展为唯一的参考依据，要更多地考虑到政策与其他因素的相互作用，包括与环境之间的相互作用关系，寻求一种协调的、科学的并且是可持续的公共政策制定途径。

最后，是立足生态建省的再思考。一个地方的发展需要战略规划，而作为地方政府来说，在公共政策选择问题上需要进行全方位的思考，这种思考要坚持以下三点：一是要有高度与长远的思想认识；二是要实事求是，因地制宜科学合理行动；三是要维护公共利益。本案例中 H 省建省较晚，但在 1999 年就提出了生态建设的重要决定，这是立足于地方政府对本地区的综合考量的重要决定，生态建设思想也体现了政府意识到生态环境对未来发展的重要作用，对于生态建设的提出，就更应该要深入地贯彻和实施。

2. “美丽 H 省”两难选择的原因分析

【政府政策执行偏差】

从本案例来看，此次H省在中央环保督察组督察中发现的生态环境问题，与国家近年来大力要求生态文明建设存在矛盾，透过此案例我们可以得到地方政府在对中央政府发布的政策执行上存在偏差，导致出现此类问题。

（1）主体的认识偏差。中央政府作为政策的制定主体，地方政府作为政策的执行主体，两者之间存在着制定与执行的关系。但在实际情况下，还是会出现政策执行力偏差的问题，究其原因，是因为地方政府对中央政策采取象征性、选择性等方式执行。这种现象的出现还可能是因为作为执行主体的地方政府，对于上级政府的政策考量认识不够，对上级政策的思想精神把握不准，导致一些所谓“中央政策是好的，到了地方就变味”的现象出现。

（2）利益冲突导致偏差。公共选择理论认为政府本身就是追求利益的最大化。为何会出现政策执行偏差，部分原因就在于对利益的追求不同。地方政府在对中央政府的政策执行上，往往会遇到利益权衡的考量，尤其是在某些时候，会出现“上有政策下有对策”的局面，利益有多种，有政治的、经济的利益，也有集体的、个人的利益。多重利益的交织就导致利益冲突的出现，这时候就需要协调利益。在具体的政策执行过程中，某种利益因素往往会导致政策执行的实际效果与理想执行效果存在不一致，进而导致政策执行偏差的出现。

本案例中，H省地方政府，在贯彻和执行中央对生态环境保护工作的政策上的确出现了执行偏差的情况，究其原因，就在于经济利益的考量上。H省近年来为了发展经济不断开发沿岸土地用作房地产、酒店、娱乐项目等，在这其中，为了追求经济快速增长，忽视了对生态环境的评估，导致脆弱的生态环境难以应对如此大力度的盲目开发。所以，在经济利益面前，出现“睁一只眼闭一只眼”的局面。

【政治锦标赛】

锦标赛理论最早是由国外学者Lazear和Rosen共同提出来，而我国学者周黎安结合锦标赛理论在其研究中提出了政治锦标赛理论，认为是上级政府对多个下级政府部门的行政长官设计的一种晋升竞赛，竞赛优胜者将获得晋升，而竞赛标准由上级政府决定，它可以是GDP增长率，也可以是其他可度量的指标。通过政治锦标赛理论，可以进一步帮助我们分析在政府运行过程中政府官员的自我考量与对官员的评价体系的内部缺陷，从而运用于我们探讨的案例当中。

（1）官员自我利益驱使。上面提到，政治锦标赛就是上级政府为下级政府部门行政一把手设计的晋升竞赛，而竞赛就会有评判标准，这个评判标准由上级政府制定。在过去和现在，对于官员晋升的标准上还存在很多问题，部分地区过多地强调地方一把手的考核以

GDP 论“英雄”。所以往往会导致一些地方政府行政官员为了晋升，认为经济搞得好就是自己的政绩好，经济发展起来了，自己的前途就一片光明。的确，我们承认经济因素是一个官员晋升的重要指标，但我们思考的是这种政绩观会导致部分政府官员受自我利益的驱使，出现只重经济，其他都不是问题的观念，会导致地方官员在地方主政时不惜一切代价发展经济，把经济提上来，自己得到了晋升，而留下来的问题却不再是他的责任，后任接替他的官员就为他收拾留下的残局。而后任的官员同样为了晋升也选择了和前任官员一样的手段，这就导致一个恶性循环，最终导致的是地方某些领域遭到破坏，比如生态环境。

（2）评价指标体系的不完善。这里的评价指标体系指的是对领导干部的施政成绩的政绩考核。评价指标体系所列的具体考核项是对政府官员职务升迁、绩效评估、施政能力的综合性评估。该体系能够对官员在地方施政的具体要求做出规定，引导地方官员按上级政府的施政要求去治理所辖区域。而当前我国政府对官员的评价指标体系还存在一些不足。主要集中在：一是经济指标占比很大；二是生态环境项占比低；三是评价体系不够综合；四是没有统一的标准。以本案为例，H 省在对市县市委书记的评价指标体系中，政绩项排名第一的评价指标为人均生产总值，分值 90；而生态环境则是最后一个，分值 80。所以可以看出，当前一些对政府官员的评价指标体系还存在不完善的地方。

3. “美丽 H 省”两难选择的化解方式

（1）提高官员的思想认识。地方领导干部要转变思想，要了解经济与环境之间的内在联系，提高思想认识，要认真贯彻中央政府对生态环境建设的精神和具体要求，深刻学习领会。不能追求片面的发展观、政绩观，懂得生态环境需长久发展，在政策的制定和决策过程中，更要将生态环境的保护理念贯彻到当中去。在经济利益问题面前，要保持定力，不能唯经济是举。要科学合理、实事求是地分析问题，对待环境工作问题要高度重视。作为官员，尤其是地方政府一把手和相关部门，要时刻认识到环境保护对经济长远发展的重要性，把保护环境的思想认识提高起来，将环境保护工作做出成效。

（2）发挥政府职能，加强监督监管。一方面，政府部门要加强监管，对一些可能破坏环境的项目或工程要把好审批关、监管关。对于违法的、破坏环境的项目要采取措施，不能放任不管。政府职能要发挥好，尤其是政府的生态环境保护职能要发挥好。另一方面，要拓宽监督渠道，开通网上举报、电话举报、微信举报等一些便捷快速的举报方式，积极引导民众监督举报环境破坏问题，及时对民众监督反馈的问题采取快速行动，发现一起查处一起，努力维护民众自身的利益，尤其是环境利益。为民众带来一片蓝天白云，这是作为政府所应该发挥的重要作用。

（3）构建更全面的指标评价体系。改变传统的评价指标，就是要设立更加全面合理的评价指标，淘汰不合理、不全面的旧评价指标，尤其是要将生态环境保护的评价内容比重加重，在评价指标中考虑减少 GDP 评价内容，设立生态环境一票否决权等的评价指标。对官员的晋升考察评价标准要采取“综合考核”“综合评价”的考核方式，运用综合评价指标体系考察地方发展情况。

（4）强化行政问责机制。对于破坏环境的行为，要强化行政问责机制，加大行政问责力度，地方官员对环境问题监管不力的，要启动行政问责程序，追究地方政府官员的失职行为。对于地方政府违规审批未通过环境检测要求的项目的、为项目大开绿灯的、为项目边建边报等的行为要坚决查处，尤其是要追究相关负责领导的责任，将行政问责机制贯穿政府的行政行为，形成强有力的态势，推进环境保护的工作开展，有效遏制一些地方政府为追求经济利益而选择性忽视生态环境保护的行为。

（5）建立完善的制度保证。最后就是要通过立法，确立法律法规，建立完善的制度去保护生态环境，通过制度的确立，将生态环境保护工作纳入制度建设的轨道上来，纳入法律的框架当中来，从而形成制度性安排，让破坏环境的行为有法律法规和制度的约束，同时也是使生态环境长久稳定的一项重要的安排。形成环境立法等模式去为生态环境的保护工作提供更加强有力的保证。

第七章　食品安全治理

第一节　病死猪肉都去哪儿了

——S 市特大制售病死猪肉事件透视

一、案例背景

食品药品行业发展现状及规划

2015 年 12 月，国家食品药品监管总局、公安部、最高人民法院、最高人民检察院、国务院食品安全办联合印发了《关于印发〈食品药品行政执法与刑事司法衔接工作办法〉的通知》（食药监稽〔2015〕271 号，以下简称《办法》），基本解决了两法衔接中的突出问题，对加强食品药品监管部门和公检法机关的沟通合作，加大对食品药品违法犯罪行为打击力度起到了积极作用。2016 年，全国共查处食品案件 17.4 万件，货值金额 6.05 亿元，罚款 16.5 亿元，吊销许可证 147 件，捣毁制假售假窝点 365 个。2017 年，国家食品药品监管总局出台《关于进一步加强依法行政履职尽责工作的意见》（食药监法〔2017〕43 号），要求各地食品药品监管部门进一步增强政治意识和责任意识，严格履责，恪尽职守、积极作为，切实做好食品药品安全监管各项工作。严查执法人员责任不落实，检查、检验案件查办不及时、不得力的行为，落实最严肃的问责。各级食品药品监管部门及其执法人员未履行、违法履行、不当履行法定职责的，应当承担行政责任；涉嫌犯罪的，移送司法机关追究刑事责任。2017 年 6 月 16 日，食品药品监管局会同中央政法委、全国人大常委会法工委、最高人民法院、最高人民检察院、公安部、海关总署、质检总局等单位，就“完善办理危害食品安全刑事案件的司法解释，推动掺假造假行为直接入刑”进行了专题研究，达成诸多共识。

2018 年 2 月 1 日至 2 日，全国食品药品稽查工作会议在江苏省南京市召开。国家食品药品监管总局党组成员、副局长孙 ×× 在会上对 2017 年食品药品稽查工作予以充分肯定，并针对当前食品药品监管工作形势，就做好2018年食品药品稽查工作提出具体要求。

会议指出，党的十八大以来，全国食品药品稽查系统严厉查处食品药品违法犯罪行为，守住了食品药品安全防线，取得了令人瞩目的成绩。五年来，全国共查处食品药品违法案件179万余件，取缔无证经营户12.4万户，捣毁各类违法黑窝点4800余个，“不敢”违法的震慑得到强化；先后制定《食品药品行政处罚程序规定》等多部规章规范，不断完善稽查执法制度，“不能”违法的堤坝初步形成；联合公安部等多部门出台行刑衔接工作文件，执法合力得到增强；稳步推进以失信联合惩戒为方向的信用体系建设，构建社会共治格局，“不想”违法的自觉渐入人心。2017年，各地紧紧围绕构建“大稽查”目标，持续保持打假治劣高压态势，在专项稽查、能力建设、行刑衔接、区域协作、信息公开等方面持续发力，查办案件同比增长33%，案件数量和质量得到双提升。

会议强调，当前食品药品安全仍处于风险高发期、矛盾凸显期，稽查执法面临形势依然严峻，2018年全国食品药品稽查工作要坚持以案件查办为核心，坚持改革创新，努力创新开展食品药品的稽查工作，做到切实确保好人民群众的食品药品安全。一是落实属地责任，加强基础建设和队伍建设，提升装备保障水平，夯实稽查执法工作基础。二是加强组织领导，高度重视稽查工作，切实保护、激发稽查人员工作热情。三是聚焦案件查办主业，继续构建全国稽查“一盘棋”的大格局，加大案件协查力度。四是加强队伍建设，提升学习本领、创新本领、办案本领，打击犯罪震慑违法，满足人民群众对美好生活的需要。2018年要切实做到“一个聚焦，三个建设，四个到位”，即始终聚焦稽查办案；着力加强体系建设、能力建设、规范化建设；做到处罚到人落实到位、信息公开落实到位、指导协调落实到位、督办检查落实到位。

未来食品药品监管的方向将以重点区域、重点品种、重点项目和大型企业为核心目标，国家、省、市、县四级监管均突出靶向性原则，但各有侧重，特别要加大对农药兽药残留、重金属及环境污染等因素引起的食品安全问题和与人民群众紧密相关的餐饮食品的抽检力度和频次。探索食品安全评价性抽检。坚持抽检效能与质量并重原则，针对抽检工作质量、专项整治工作效果和区域食品安全状况等，探索组织开展食品安全评价性抽检工作。对于监管部门，要落实网格化管理责任，对辖区内食品药品生产经营企业的基本情况、风险程度、薄弱环节、群众举报等，要心中有数，把源头严防、过程严管、风险严控的“严”要求，落实到全过程中。

二、案例正文

病死猪肉都去哪儿了
——S 市特大制售病死猪肉事件透视

摘要：农产品是人类食品的重要来源，农产品质量安全关系着每一个公民的切身利益。频发的农产品质量安全事故，不仅严重损害了消费者的身心健康，而且严重影响了政府的公信力。一起农产品质量安全事件的发生，涉及整个生产、流通、销售和管理环节，牵涉到多方主体。本案例描述了 2014 年发生在 S 市的一起特大制售病死猪肉事件，采用反向思维方法，从特大农产品质量不安全事件发生的结果出发，分析了一起源于民间小作坊的病死猪肉回收贩卖窝点，如何进行收购、加工、分销，将病死猪肉以不同的产品形式销往多个省份，最终酿成了一起特大农产品质量不安全事件。通过对本案例的分析，旨在让学生认识到农产品质量安全监管上存在的突出问题，尝试发掘农产品质量安全问题产生的原因，深度思考如何切实有效保障农产品质量安全。

关键词：农产品质量安全；病死猪肉；治理

引言

2015 年年初，一则“公安部摧毁一特大制售病死猪犯罪网络”的新闻引发各大媒体争相报道。S 市特大制售病死猪肉事件的侦破，得到了时任国务院总理李克强同志的批示肯定。

该案件之大，波及湖南、河南、广西等十余个省市，随着案件调查的深入，专案组成员从 5 人增加至 60 余人，在湖南、广西、河南三个重点省共设 15 个行动大组和 27 个行动点，调查对象从最初的 1 人扩大至 100 余人。从一个小小的举报线索，延伸至背后一个庞大的犯罪网络，抓获涉案人员 110 人，58 名主要犯罪人员被处以行政拘留，警方共捣毁 31 个涉案黑窝点，摧毁了 10 余条犯罪网络链条，查获约万吨涉案病死猪肉，使用病死猪肉及废弃肉加工的“地沟油”48 吨、查证非法牟利金额逾亿元……

这起特大制售病死猪肉案的侦破，源于 S 市食品药品监督管理局收到的群众举报线索，对该收购、加工病死猪线索立案侦查，由此发现以亲属、同乡、朋友等关系为纽带的犯罪团伙。案件侦查过程也暴露出了食品安全无法得到有效确保的原因，保险公司保险员与犯罪嫌疑人相互勾结谋取好处、病死猪无害化处理不到位、动物检疫人员不负责等相关问题为病死猪在市场的畅通无阻推波助澜。

1. 举报：最初一个人，牵出一张网

“喂，您好，是食品药品监督管理局的同志吗？我要反映一个情况，S 市有人暗地进行收购加工病死猪已经很久了……”

2013 年 8 月的一天，S 市当地食品药品监督管理局接到了一个匿名的群众举报电话，这已经不是 S 市食品药品监督管理局第一次接到这样类似的举报了，有时候是举报信，有时候是举报电话，但都指向了同一个问题——制售病死猪肉。食药监觉得这个事情很有必要通知当地警方联合采取行动，于是，将电话转接到了 S 市警方。

小李是 S 市公安局办公室的一名警员，同一天他也接到了一通电话，电话是由该市食品药品监督管理局转来的群众举报电话。小李思前想后觉得似乎在之前有类似的群众举报信，放下电话立即去档案室寻找那一封类似的举报信。终于找到了一封 2013 年 7 月 22 日收到的群众匿名举报信。

“我举报 ×× 院冷库后边，铁路旁进去 50 米，三层楼房子，黄 ×× 专门长期收购病猪死猪……”

小李赶紧上报领导，这一通电话一封信，S 市警方高度重视，群众利益无小事，食品安全不可忽视。警方立即召开专项会议，设立了专案组，代号“10・24”。

S 市警方专案组准备从市食品药品监督管理局转来的这一封 2013 年 7 月 22 日的匿名举报信开始查起。S 市公安局治安支队副支队长夏 ×× 发现群众匿名信里面所说的“黄 ××”果然涉嫌制售病死猪肉，但当警方试图以黄 ×× 为线索开始查的时候，发现黄 ×× 已经不再做制售病死猪肉的生意了，而且嫌疑人黄 ×× 早已不知去向，线索难道就此断了吗？警方转而决定从与黄 ×× 曾经有生意关系的其他联系人中找线索，发现与黄 ×× 有生意往来的人中有一个叫危 ×× 的男子，行踪诡异，存在制售病死猪肉的嫌疑。经过了多方历时 3 个多月的明察暗访，终于确定了这起特大制售病死猪肉案的主要嫌疑人就是危 ××，危 ×× 从 2008 年就开始从事收购当地或周边的病死猪肉，自己再将收购来的病死猪进行清理、分类，这一处理成本再加上购买病死猪肉的价格，总计每公斤不超过 5 元。危 ×× 再把病死猪分不同的用途违法销售给其他下线人员。

孙 ×× 就是嫌疑人危 ×× 的主要客户之一，孙 ×× 在 S 市长期从事腊肉加工和卤菜制作的生意。腊肉加工和卤菜制作需要大量的猪肉、猪脚以及猪内脏，危 ×× 便将自己收购来的病死猪肉进行屠宰、切割，然后将病死猪的猪头、猪脚、猪内脏等部分以每公斤 8 元的价格卖给了孙 ××，而这个价格还不及市场价格的一半。孙 ×× 觉得这一买卖很值，自己不仅不吃亏，还能赚取一笔暴利，于是，他长期从危 ×× 那里购入病死猪肉，将其进行加工制作，做成卤菜和腊肉，一部分沿街流动售卖，一部分以批发形式二次贩卖给在农贸市场卖卤肉卤菜的小摊贩，一些小摊贩并不知情，而且还很乐意去孙 × × 那里批发低于市场价格的卤菜卤肉，以赚取差价。

除了菜市场以外，危 × × 也有一些单次交易就多达十几吨病死猪肉的“大客户”，这些“大客户”就是S市一些拥有正规营业执照的大型肉制品加工企业。危 × × 将收购来的病死猪以每公斤11元的价格批发给这些大型肉制品加工厂，例如S市当地的某A肉类加工厂，这家企业在当地本应属于营业证件齐全的正规肉制品加工企业，但在调查过程中发现该企业竟然也牵连在案件中，利用病死猪肉进行肉制品加工。该企业的生产负责人肖某向警方交代，他所负责的加工厂早在2013年就和危 × × 建立了稳定持续的“合作关系”，危 × × 源源不断地为某A肉类加工厂输送病死猪，某A肉类加工厂把病死猪加工好之后又卖给其他食品生产企业。这一过程中，虽然某A肉类加工厂能从中赚取的差价并不是很多，但是由于其“下家”都是一些要货量很大的正规食品生产企业，因此，肖某依然能从这一加工倒卖过程中获得暴利。而肖某的“下家”竟然是Z市当地所谓正规的食品生产企业，其中不仅包括Z市某B食品有限公司、Z市某C旅游食品开发有限责任公司，甚至还有被冠以Z市农业产业化龙头企业称号的某D绿色食品有限公司。这些食品生产公司生产的病死猪肉制品最终被贴上了“Z市特产”等标志，在H省一些重要的旅游景点销售，其购买者也多是来H省旅游的游客，游客购买了这些病死猪肉制成品，又转送给自己的亲朋好友，以至于病死猪肉制品即使发生问题，也难以被发现。

根据警方的调查结果显示，危 × × 病死猪肉销售渠道的最终目的地，不仅仅在于S市当地的菜市场，部分病死猪加工产品甚至远销到广东、河南、江西等省区，最后结果便是以各种肉制品的形式端上了老百姓的餐桌。

2. 来源：谁在源源不断地给嫌疑人提供病死猪?

嫌疑人危 × × 是在哪里获得的持续不断的、数量惊人的病死猪肉？是谁在暗中向其源源不断地提供病死猪?

经S市警方查明，自2008年至案件破获之前，在这段时间，除去一些非经常性的病死猪供应者以外，一共有10多个猪贩子长期向危 × × 提供病死猪，危YY便是危 × × 的一个稳定且持续的病死猪供应者。

经调查发现，生猪的市场价格基本上每公斤都在20元以上，而危YY等人专门从养殖户手中收购200—300斤的病死猪，以每公斤不到2元的价格买入，危YY购买一头病死猪仅需要不到300元的价格，然后将整猪以每公斤4元的价格倒卖给危 × ×，危 × ×

从危 YY 手里购买一头病死猪也仅需要不到 600 元的价格，这一环节危 YY 每卖一头病死猪就能赚 300 元的差价，危 YY 认为这是一桩只赚不赔且快速暴富的方法，利欲熏心的他开始在 S 市四处寻找病死猪，将此作为自己的“职业”，每天都跑到生猪养殖户家里去查看询问，还让养猪户一旦发现病死猪马上联系他。

随着危 ××“生意”的不断扩大，病死猪的需求越来越多，危 YY 觉得单靠自己每天去养殖户家里挨家挨户地询问，还是不能够收到足够多的病死猪，他想到了一个办法。依据我国相关法律明文规定，养殖户在养殖生猪期间需要对自家养殖的生猪进行投保，一旦养殖期间发生病死猪情况，保险公司会按照规定给予养殖户一定的经济补偿，并对病死猪依据国家规定进行无害化处理，因此，正常情况下养殖户发现病死猪第一时间应该通知保险公司。危 YY 找到了保险公司专门处理病死猪理赔的保险经办人员，跟一些经办人员达成了利益关系，也就是每当养殖户家出现了病死猪，养殖户联系了保险公司以后，负责处理病死猪理赔的保险经办人员就立即联系危 YY，保险经办人员负责去养殖户家拍照、签署理赔意见，危 YY 则随后就去养殖户家收走病死猪。保险经办人员之所以愿意向危 YY 透露病死猪的信息，全然不顾国家的相关法律规定，是因为危 YY 答应每收购一头病死猪就给予保险经办人员一定量的“信息好处费”。这样一来，保险公司的保险经办人员就被危 YY 的金钱所收买，长期向他提供生猪的“死亡信息”以收取相应的属于自己的“好处费”。

这么一来，既不用处理病死猪肉，还有好处费可以拿，个别保险公司的勘察员觉得有利可图，就和非法收猪人建立了稳定的“信息交易”关系。当养殖户发现病死猪，给保险公司打了电话，保险公司勘察员前脚来拍完照片，收猪人后脚就来了，到后来养殖户打了保险公司电话，等来的不是保险公司的勘察员，而是开着收猪车的危 YY，也就是说保险公司勘察员都不用亲自到现场，而是收猪人来替勘察员拍照，拍完照直接拉走病死猪。

保险公司的病死猪理赔能够正常发生，就是对养殖户损失的一种补偿，但是这样的补偿，却迟迟难以实现。

2010 年我国发布的《动物及其产品无害化处理制度》规定，当养殖场的畜禽发生疫病死亡时，必须坚持不杀宰，不贩运，不买卖，不丢弃，不食用，进行彻底无害化处理的“五不一处理”原则。为了落实相关规定的目标，国家为此还颁布了补贴政策：政策要求对按照规定进行了无公害处理的病死猪给予专项补助，每头猪的补贴在 80—800 元之间。但大多数现实情况下，这一专项资金经常会被以各种借口半途截留，养殖户收到的补助金远远低于损失。在专案组调查过程中，采访的一位养殖户说：“最近得到补贴都是几年前的事情了，后来就再也没收到过补贴，并且几年前补贴的金额平均下来一头猪只有 10 元钱。”这也就不难看出养殖户对病死猪做无公害化处理积极性不高的原因，同时也就造就了危 ×× 等源源不断的病死猪生意。

而按照 2016 年的毛猪价格行情来看，一头 200 斤的猪至少能卖 2000 元，生猪的毛利润约 600 元，一旦发生病死猪问题，没有投保的养猪户几乎拿不到任何的赔偿，投保的养猪户按照不同条件和情况，仅能获得不到 100 元的赔偿金，而卖给危 YY 却能拿到约 300 元的“补偿”。一些养猪户反映，如果病死一头约 200 斤的生猪，他们养猪户只能获得很少量的保险赔偿金，不仅如此，他们还需要进行无害化处理，用养猪户的话来说就是“本来就亏本，心里就难受，还要劳力气”。因此这种情况下，他们就会主动去联系收购病死猪的人，病死猪收购人上门收猪，给养猪户的钱比保险公司理赔金要多。对于发现了病死猪的养猪户来说，按照国家规定去处理病死猪肉又费时间又费钱，而以低价将病死猪卖给收猪人，不仅可以避免增加处理病死猪的成本，还能给自己挽回一点经济损失，因此，部分养猪户就成了危 YY 和危 ×× 另一个源源不断的病死猪肉供应者。

3. 监管：层层把守缘何“层层失守”？

按理来说，质量监督部门盯着猪肉的生产环节，食品药品监督管理部门守着猪肉进入消费者餐桌的环节，这样密切的层层监管，为什么到最后还是管不住病死猪肉？

村委会管不管病死猪？S 市兽医局副局长陈 ×× 回答记者采访时说道，按照国家现行的相关法律法规要求，每个乡镇的防疫站应该对生猪养殖散户进行指导，在养殖过程中，一旦发生病死猪情况，乡镇防疫站应该联合村委监督管理病死猪的无公害化处理过程。但调查发现，实际上不能做到每次发生病死猪情况，村委会和乡镇防疫站的相关人员都能按规定到场监督。一名养殖户坦言，在养殖生猪的过程中，不可能没有病死猪，因此，病死猪在村里不算大事，也不算常事，不能次次都通报村委会，村委会又去通报防疫站，往往情况是村委要处理的事情比较多，有时候即使他们主动联系了村委会的干部，但是由于没有固定的专门负责监督管理的人员，结果是“找了也白找”，要么是村委会的同志都在忙别的事情，不能抽身，要么是村委会的干部不以为然，草草应付了事，很少有主动前往养殖户家查明情况的，这么一来，养殖户也不会每次都主动上报村委会，村委会这一关就算病死猪肉先“闯关成功”了。

流通环节谁来管？案件发现负责对病死猪肉进行质量检查的部分监管检疫人员疏忽职守，阻止病死猪肉流入消费市场的另一道防线也相继失守了。我国相关法律法规要求生猪屠宰场和存储猪肉的冷库都需要派遣检疫员长期驻场，对屠宰场和储存猪肉的冷库进行相应的检查，而在这起特大制售病死猪肉案中，被警方采取强制措施控制的S市双清区畜牧水产蔬菜局的刘××就在这个关键的环节上给病死猪肉发放了“绿色通行证”。刘××是S市双清区畜牧水产蔬菜局的一名检疫人员，其主要工作就是负责检疫双清区肉联厂冷库进出的肉制品，然而，刘××经常擅自离开检疫工作岗位，甚至在自己离开工作岗位时任由他人填写《动物检疫合格证明》，一旦《动物检疫合格证明》由他人来填写，这就省去了任何的检疫检验，直接大笔一挥绿灯放行，到后来刘××甚至也想从这份工作中捞一笔“私钱”，竟然公开出售检疫检验票据，只要给钱他就把检疫检验票据卖给“肉贩子”，任由其随意填写，因此，一些拿到检疫检验票据的肉贩子就会提前写好票据，第二天进场的时候直接交给刘××。有时候即使刘××在工作岗位上，他对病死猪肉的检疫检验也不上心，大多情况都是通过肉眼辨别。一些检疫检验工作人员坦承自己所在岗位的检疫检验设备过于老旧，长期不见新设备的发放，甚至一些基层地方缺少检疫检验设备，在这种设备不全的情况下，检疫员也只能通过最简单也是最不具效力的肉眼观察和用手触摸的方式来检疫肉类是否存在问题。就算是肉眼观察和表面触摸，也存在人与人的差异和地方与地方的差异，因为进行专业的检疫检验工作不仅需要专业的知识储备，也需要科学先进的设备和认真耐心的态度，一些检疫员不愿意做这样的工作，也由于经验不足、设备缺失，往往检疫员敷衍了事，看一眼就给猪肉印上检验合格标签，甚至直接给猪肉开具“检验检疫合格证”。

而对于从外地来的猪肉，需要以产品入库的，检疫票证基本上就成了其进入本地市场的通行证。陈××副局长说：“外地来的猪肉产品，按规定带有检疫票证的，我们就直接给换证。因为在冷库我们没有条件设置检疫设备，逐一进行检疫。”这么一来，只要这一批猪肉在外地获得了检疫检验票证，就可以直接进入S市当地的冷库，那么在外地，这一批猪肉又是怎样获得检疫检验票证的？是依规定严格检验，层层把关？还是检疫人员草草一瞥随意一写的票据？有了外地的检疫票证，在进入当地市场之前换个证就能顺理成章的闯过这一环节了。

生产环节谁来查？S市质量监督局食品生产科的一名工作人员说，检测费用不菲、人员配置不足，也让监管者力不从心，按照H省对于食品药品监督管理的相关规定，每年食品药品监管局都要负责对当地的食品生产加工企业进行一次例行检查，巡查人员进驻食品生产厂家，对生产的各方面质量和安全情况进行监督检查。但调查发现，S市当地从事食品生产加工的企业大约有108家，而从事监管工作的巡查人员却只有2名，这也就意味着，这2名巡查人员需要在本年度的特定时间内集中对这108家食品生产企业进行质量监督检查。对于这仅有的 2 名巡查人员来说，如何在短期内保质保量地完成对 108 家食品生产企业的质量监督检查，是一个苦恼他们的大问题，完不成任务上级领导会指责，丢了工作丢了工资谁来养家糊口，完成任务却又存在着现实的困难。监管部门认为巨大的监督检查任务和仅有的人员配置分类，对于确保防止病死猪肉流入市场，成了一项很难完成的任务。

S 市食品药品监督管理局认为，病死猪肉应该在源头就要被遏制，被发现，被查禁，因为当病死猪肉一旦进入了流通环节，进入了加工环节，再去对其进行检查，从不计其数的肉制品成品中发现病死猪肉，就很难了。因为在查证病死猪肉时，其中必不可少的证据就是存在于这些病死猪肉中的生物毒素，但只要经过加工环节，病死猪肉被不良生产厂家添加和使用了大量的、名目繁杂的添加剂和加工技术，受到这些影响，生物毒素就很难被发现了。同时也不具备更高级的检疫检验设备和技术来发现这些生物毒素，以此来证明是病死猪肉。如果进行加工制作的企业缺乏行业自律和道德良心，那么仅仅依靠监督管理部门，就难以将病死猪肉及其制品阻断在消费环节之前。而偏偏就存在一些缺乏行业自律和道德良心的生产企业，明知是病死猪肉，但是禁不住巨额利润的诱惑，大量的从嫌疑人手中买入病死猪肉。另一些不知情的肉制品生产加工企业，对于自己所买入的猪肉生肉直接加工，而不是在加工之前送去专门的检疫检验机构，因为对一个批次的猪肉进行检验需要花费约 2000 元的检疫检验费，花费这一笔费用就会增加这一批次猪肉的生产成本，这也就压缩了生产加工企业的利润空间。因此，一些生产加工企业想来想去还是决定省去这一笔费用，跳过检疫检验环节。S 市政府一位负责人对此案件提出看法，根据现阶段国家的监管条件和监管程序来说，病死猪进入市场，归根结底是由于检疫失守引起的。为杜绝此类案件的再次发生，目前首要任务就是健全检疫制度、强化检疫力度，阻止病死猪肉进入市场，建立良好的市场秩序。

4. 尾声：如何给病死猪肉亮红灯？

黑心收猪人为赚取差价勾结保险经办人员疯狂收购病死猪，不法商贩低价购入病死猪肉加工零售批发混入市场，违规生产加工企业制售病死猪肉成品流通十余省，监管人员玩忽职守给病死猪肉一路绿灯畅行无阻。这一起规模庞大，涉案金额巨大，持续时间较长，危害深重的特大制售病死猪肉案的攻破，受到了全国人民的关注。

S 市公安局的民警小李看着网友的各类评论，不禁陷入了沉思：这一起特大制售病死猪肉案算是攻破了，还会有下一起吗？怎么样才能让人民群众吃上放心的猪肉？该怎么样才能给病死猪肉在端上消费者餐桌之前亮一盏红灯呢？

■ 思考题

1. 结合案例，你认为在该案中，病死猪肉一共“闯”过了哪些关？哪些人应该对病死猪肉流入市场负责？

2. 结合所学知识，分析农产品从田间地头到消费者餐桌，这一过程中会牵涉到哪些人（主体）？

3. 为什么普遍认为监管病死猪肉是政府部门的事情，与自己无关？如何改变这种认知？

4. 文末S市公安局民警小李所思考的问题，该如何解决？要从哪些方面做出努力？

三、案例说明

（一）课前准备

1. 每一位学生提前一至两周阅读案例材料。

2. 要求学生在课前预习“案例正文”，熟悉案例正文内容，对正文的关键信息作好记录和标注，对阅读过程中产生的疑问提前进行思考。

3. 要求学生课前了解国内外学术界对于“多元共治”的研究成果和动向，了解我国对于食用农产品和食品安全的相关政策法规，思考我国在“多元共治”中可借鉴的地方以及针对现实案例讨论目前有关法律存在的不足。

（二）教学目标

1. 结合“经济人”理论、市场经济等相关理论分析制售病死猪肉的不法商贩、玩忽职守的公务人员的行为动机，以求追根溯源找到有效对策。

2. 深入掌握治理理论的核心内容和深厚内涵，对于公共管理者来说，必须深刻认识到我国目前食品安全治理的复杂性、多变性，食品安全事件发生所造成的破坏性和对政府形象的损害，能够使用治理理论去分析政府管理部门在食品安全治理中的职责和任务，分析案例中政府公职人员在履行职责时的不作为行为，依据治理理论提出改进政府治理的对策。

3. 引导学生思考在食用农产品质量安全的治理中，如何调动多元主体参与治理的积极性、主动性，克服以往在农产品质量安全治理中以政府为主体和过度依赖政府力量所存在的客观不足和困难。结合国内外对于多元治理的研究理论成果，思考如何在食用农产品质量安全治理中构建以政府为主导的、多元主体共同参与的“农产品质量安全多元共治”格局。

4. 总结分析农产品质量安全事件的一般性特征和治理过程中存在的盲点，探讨农产品质量安全治理的一般性对策。

（三）案例讨论

1. 利用“经济人”理论分析违法行为背后的利益驱动。

2. 基于激励机制的相关理论，构建多元主体共治机制。

3. 在食品安全监管中，如何建立更加有效的多部门机制协作，防止食品安全监管“层层失守”？

4. 如何通过政策设计和激励机制，提高食品安全监管人员和企业的责任意识？

第二节　沉默的羔羊

——基于S市“毒大葱”事件的案例解析

一、案例背景

国内农药行业现状及发展趋势

甲拌磷是一种高毒的杀虫剂。甲拌磷是透明的、有轻微臭味的油状液体，属高毒类。遇明火、高热可燃。受热分解，释放出磷、硫的氧化物等毒性气体。其主要用途是通过吸食、接触、烟熏等方式消灭害虫。

甲拌磷的主要使用方法是以固体颗粒的形式与播种土壤进行混合处理或将固体稀释配成药液进行喷洒，大多用于棉花等农作物的除害工作。甲拌磷在农作物上的残效期为30~40天，甚至会更长，因此，它的残留毒性问题更值得引起人们注意。根据国家规定，甲拌磷这类高毒农药禁止使用在蔬菜、果树、茶树、中草药材可食用作物上。因为这种毒药会被植物根系吸收，虽然灭虫效果好，可一旦在蔬菜上使用，对人体是有害的。人体一旦食入甲拌磷，会抑制胆碱酯酶活性，容易造成神经系统功能紊乱，进而引发重大疾病。还有，甲拌磷在人体潜伏期长、不易发现，对人体健康会造成很大危害。

甲拌磷急性中毒症状：短时间内接触将导致患者出现头痛、恶心、呕吐、腹痛、腹泻等症状。严重时将会对患者心脏、肝脏、肾脏等器官造成伤害，甚至出现呼吸衰竭、神经衰弱等症状。甲拌磷慢性中毒症状：尚有争论。

至2016年，世界已注册的农药种类高达1500余种，为方便研究和使用，各国按照国际标准和本国情况对农药进行分类。我国划分的农药标准有三类，包括企业标准、行业标准以及国家标准。农药的每一个制药剂都有相应的标准，未达到标准的农药将不能进入市场。我国农药分类可分为四类：（1）按照毒性高低分为剧毒、高毒、中毒、低毒及微毒五类。（2）按主要用途，农药可分为除草剂、杀虫剂、杀菌剂等十余种，其中这三种药剂在市场中占主要成分。（3）按农药生产来源不同可分为化学合成农药和生物农药。化学合成农药一般是由各种药剂进行化学反应而形成，可根据成分进一步分为无机农药和有机农药；生物农药来源于生物及其基因产生或表达的各种生物活性成分。（4）按农药能否直接对农作物进行施用，可以分为原药和制剂。原药是以石油化工等矿物为原材料，通过各种方式或技术进行综合制造形成，一般要经过处理后才能对农作物进行施用。原药作为农药产品的有效成分，其核心技术为化合物合成技术。制剂是在农药原药基础上，加入适当的辅助剂（如溶剂、乳化剂、润湿剂、分散剂等），通过加工、生产制得的具有一定形态、组成及规格的产品，可销售给客户使用。制剂配方的合理性、助剂的应用和复配工艺过程的控制对药效有着重要影响。

根据2017年国家新增法律规定中禁用和限用的农药名录，禁止生产销售和使用的农药种类已有40余种，其中百草枯在2016年7月1日开始在国内停止销售和施用。随着国家对于农业发展愈加重视，农产品质量安全的提升也将更加受到关注，关于剧毒、高毒农药的生产、销售及施用将会出台更加细致明确的规定以应对社会发展的需要。

农药对于保障粮食安全而言是现阶段不可或缺的重要化工品。全球人口的持续生长、环境资源的破坏、耕地面积的不断缩减，这些都使得粮食紧张的趋势愈加明显，农药在提高粮食产量、保证粮食安全方面发挥了重要作用。而全球农药行业销售额减少的原因主要在于全球农产品库存过多，价格低，以致主要农作物种植面积和品种减少，因而农药使用量也随之减少。

据统计，新兴国家在农药市场上加大了发展力度，巴西、中国、阿根廷农药消费额增长迅速，2012年拉丁美洲和亚洲的农药销售额占全球49.3%，北美洲和欧洲为44.2%。发展中国家人口增长较快，粮食的稳定增长为农药市场的发展提供了有效保障。2016年，亚洲、拉丁美洲农用农药销售额分别为138.66亿美元和130.76亿美元，位列第一和第二位。

此外，欧洲、北美地区作为传统农药消费市场，农药市场需求趋于稳定，未来农药市场的增长主要集中在中国、印度、亚太地区和拉丁美洲的部分国家。

我国农药行业市场竞争比较激烈，企业数量众多，行业集中度较低。受到产品结构、工艺路线、管理水平以及经营规模等多种因素的影响，不同企业之间的利润率水平存在较大差异，并呈现两极分化的趋势。2008 年受金融危机影响，行业利润减少，2012 年到 2015 年由于环保政策的加强，利润有所回升。我国农药产业已经具有鲜明的出口导向型特征，2016 年，农药出口量高达 140 万吨，创下历史新高，在产能转移的背景下，未来五年我国农药出口仍将保持增长态势。

我国农药行业发展虽然取得了较大的进步，但产业水平落后、产能过剩、环境污染大等主要问题依然存在。随着国家政策的引导以及行业竞争加剧，我国农药行业正处于产业结构调整时期，一方面借助政策推动行业向集约化、规模化方向发展；另一方面借鉴国外发展经验，通过兼并重组、股份制改革等方式组建大型农药企业集团，推动技术创新、产业转型升级。我国将出现一批符合环保要求及产业政策，具备创新能力、产业结构合理的带头企业，形成一批具有核心竞争力的企业群体，提升我国农药企业及行业在全球市场中的竞争力。随着经济发展水平和模式的转变，全球环境保护意识和食品安全意识的不断增长，推动了各国对于环境治理的重视。我国紧跟时代步伐，发布及出台多项关于禁止及限用高毒农药的政策法规，加快淘汰剧毒、高毒、高残留农药，积极推动高效、低毒、低残留的新型环保农药的研发及生产。增加研发投入，进一步完善自主创新体系，使我国农药行业向新药创制和生产中高端产品的方向转变，带动我国农药行业的技术进步，提升行业竞争力。高效、安全、环境友好的农药产品的推广，将有效促进我国农药行业及产品结构的调整，在满足农业生产需求的同时，减少对环境的影响，构建富强和谐的农药行业。

二、案例正文

沉默的羔羊
——基于 S 市“毒大葱”事件的案例解析

摘要：农产品质量安全是食品质量安全的屏障。2017 年 8 月 24 日，发生在 S 市的“毒大葱”事件再一次将农产品质量安全问题推上了风口浪尖。2017 年国庆长假期间，我们的调研团队在事发地进行了实地走访，对 S 市“毒大葱”事件的始末进行了较为详细的了解，对事件中的生产者、监管部门、检测机关等各方表现进行还原和分析，尝试从严把控好农产品生产、流通、消费等各个环节的安全，同时对强化政府部门及监管人员的责任意识，加强检测机构的检测能力和水平，减少对因农药施用问题引发的安全事故等方面提出深度思考，以切实有效保障农产品质量安全。

关键词：农产品质量安全；“毒大葱”；治理

引言

“民以食为天，食以安为先。”从吃饱转向吃好，从有得吃到吃得健康，人们越来越注重食品的安全，对食品质量安全问题也越来越关注。农产品是食物的来源，农产品质量安全是食品质量安全的屏障，所以农产品质量安全问题成为我们关注的重中之重。习近平总书记在2016年12月19日召开的中央农村工作会议上指出：推进农业供给侧结构性改革，要把增加绿色优质农产品供给放在突出位置。要在确保国家粮食安全的基础上，紧紧围绕市场需求化，以增加农民收入、保障有效供给为主要目标，以提高农业供给质量为主攻方向，以体制改革和机制创新为根本途径，优化农业产业体系、生产体系、经营体系，提高土地产出率、资源利用率、劳动生产率，促进农业农村发展由过度依赖资源消耗、主要满足“量”的需求，向追求绿色生态可持续、更加注重满足“质”的需求转变。

20世纪日本频发农产品质量安全事件，1931年富山县水稻使用被镉污染的废水进行灌溉引发了“疼痛病”事件；1953年水俣镇一家醋酸合成厂使用含汞的物质作为催化剂，然后汞随废水排入大海，同时日本农业大量使用含汞的杀螨农药，这些农药也随河流汇入附近大海，废水污染了海湾的海洋生物，当地人食用附近的鱼类后，引发大规模汞中毒；2008年连续爆发了多起农产品质量安全事件，东京大学农学生命研究附属农场“出售使用违禁（含水银）农药生产大米事件”、大阪市三笠食品公司将限用于工业用途的发霉或残留农药超标的“问题大米”，伪装成食用大米进行转卖牟利。为提高农产品质量安全、保障消费者权益，日本不断修改及完善有关农产品质量安全的管理制度。20世纪70年代，由于养殖业和种植业大规模使用农药化肥，随即启动修改宪法程序，针对多种农药的使用制定了严格的残留标准；1995年以来，日本对《食品安全法》先后进行了数十次修改，目前，与农业相关的法律法规高达十余部。同时采用三方协同制衡的方式对农产品质量安全实施监管，建立了系统的农产品质量安全认证体系、全程化的风险管理机制、食品标签制度。设立了多个食品检测机构，负责农产品进出口过程的监测评估工作，按照法律法规对农产品生产经营的整个过程进行翔实的记录与追溯，对问题农产品进行溯回。加拿大是世界上重要的农产品进出口大国，为确保高质量的农产品安全，首先确立了分级合作广泛参与的管理模式，以联邦层面和农业部门为主，实行联邦、省、市三级联动的管理模式；其次建立了完备的法律法规体系及严格有效的检验、风险评估体系；最后设立了全程化的农产品高效溯回保障制度，加强对农产品质量安全的应急管理。现阶段，我国正加大力度治理农产品质量安全事件，保障消费者合法权益。

1. 农产品质量安全提上议程

2017 年 1 月 3 日召开的国务院食品安全委员会第四次全体会议上，习近平总书记强调：各级党委和政府及有关部门要全面做好食品安全工作，坚持最严谨的标准、最严格的监管、最严厉的处罚、最严肃的问责，增强食品安全监管统一性和专业性，切实提高食品安全监管水平和能力。要加强食品安全依法治理，加强基层基础工作，建设职业化检查员队伍，提高餐饮业质量安全水平，加强从“农田到餐桌”全过程食品安全工作，严防、严管、严控食品安全风险，保证广大人民群众吃得放心、安心。

2017 年 3 月 2 日，农业部部长韩 ×× 主持召开农业部常务会议，研究推进落实《全国农产品质量安全提升规划（2016—2020 年）》。会议强调“要切实提高思想认识，按照中央关于深入推进农业供给侧结构性改革的要求，把农产品质量安全工作摆上突出位置，作为重要措施，进一步强化责任，明确目标任务，推动农产品质量安全工作迈上新台阶。”

会议指出：农产品质量安全是事关广大老百姓吃得安全、吃得放心、吃得健康的重大民生工程，习近平总书记和李克强总理高度重视。要深刻认识做好农产品质量安全工作的重要性，把这项工作作为推动农业发展的重点任务，加大工作力度，增加力量投入，狠抓农产品标准化生产，强化农产品质量安全全程监管，把党中央、国务院各项部署要求落到实处。

会议强调：农业供给侧结构性改革，既要推进结构调整，解决“多”和“少”的问题，还要抓好农产品质量安全，解决“好”和“差”的问题。要大力推进质量兴农和品牌农业建设，把绿色生态农产品的监管摆在突出位置；要突出问题导向，切实抓好农兽药等投入品监管；要强化属地责任，指导和督促地方农业部门将农产品质量纳入当地的农业农村经济发展规划予以统筹推进；要把新型经营主体和适度规模经营作为抓手，加大支持力度，发挥示范引领作用。

会议最后强调：农产品质量安全是一项系统工程，是种出来的、养出来的、管出来的，各司局单位要协调配合，整合力量，形成推进合力，坚决防止系统性、区域性的农产品质量安全事件发生。

2017 年 3 月 16 日，根据中央农村工作会议、全国农业工作会议和国务院食品安全委员会第四次全体会议精神，按照 2017 年重点工作部署，农业部在贯彻落实现有的农产品质量安全整治的成就上，继续推广农产品质量安全大规模整治活动，严厉打击各类农产品质量安全违法违规行为，为确保增加绿色优质农产品供给提供有力支撑，扎实推进质量兴农，发布了《2017 年农产品质量安全专项整治方案》。方案要求严格按照《农产品质量安全法》等有关法律法规和相关司法解释，聚焦农兽药残留、非法添加、违禁使用、私屠滥宰及注水和注入其他物质、制假售假等突出问题，开展专项治理行动。针对重点时段、重点区域、重点产品和薄弱环节，坚持问题导向，加大巡查检查和监督抽查力度，实行最严格的监管、最严厉的处罚，严厉打击农产品质量安全领域的违法违规行为，严防、严管、严控农产品质量安全风险，切实解决存在的风险隐患。推动农产品质量安全水平稳中有升，努力确保不发生重大农产品质量安全事件，为增加绿色优质农产品供给提供有力保障。

2017 年 12 月 28 日至 29 日在北京召开的中央农村工作会议，习近平总书记指出：必须深化农业供给侧结构性改革，走质量兴农之路。坚持质量兴农、绿色兴农，实施质量兴农战略，加快推进农业由增产导向转向提质导向，夯实农业生产能力基础，确保国家粮食安全，构建农村一、二、三产业融合发展体系，积极培育新型农业经营主体，促进小农户和现代农业发展有机衔接，推进“互联网 + 现代农业”，加快构建现代农业产业体系、生产体系、经营体系，不断提高农业创新力、竞争力和全要素生产率，加快实现由农业大国向农业强国转变。

2018 年年初，农业部门为深入贯彻党的十九大关于发展农业精神、中央农村工作会议中增加绿色优质农产品等新精神，围绕实施食品安全战略和乡村振兴战略，各方面把握落实我国农产品质量安全现状，稳定落实农产品质量安全监管的不足之处，提出细致的整改方案。农业部门根据国家近年来对于农业发展的相关法律规定，印发了《2018 年国家农产品质量安全例行监测（风险监测）计划》，作为 2018 年农业部“农业质量年”活动的重要措施启动实施。

2018 年国家农产品质量安全例行监测（风险监测）工作将继续坚持“六项制度”。一是异地抽检制度。承担例行监测（风险监测）任务的各部级质检机构均不承担所在省（区、市）的抽样检测任务，全部实行异地抽检，确保监测工作的公正性。二是复检制度。统一指定承担复检工作的技术单位，每次例行监测（风险监测）工作结束后，随机选择例行监测（风险监测）任务承担单位开展复检，确保检测结果的准确性。三是能力验证制度。每年定时组织进行各地区的检测技术能力验证工作，要求所有负责农业部农产品质量安全例行监测任务的部级质检机构，必须参加与承担任务相关的能力验证项目，不合格的将取消承担任务资格，确保检测机构规范管理。四是会商制度。针对每次例行监测（风险监测）

结果，邀请有关专家和一线监管人员进行会商，深入分析监测中发现的重大问题，查找原因，确保监管措施整改到位。五是结果通报制度。及时将每季度国家农产品质量安全例行监测（风险监测）结果通报有关部门和地方农业行政主管部门，针对突出问题较多的地区，发函督办，确保采取有效措施加强整改。六是检打联动制度。根据部省两级农产品质量安全例行监测（风险监测）结果以及日常监管发现的突出问题，督促问题多的地区及时跟进开展监督抽查，加大执法查处力度，严厉打击各种违法违规行为，确保依法处罚的力度。

为贯彻落实十九大报告中关于农业发展的政策方针，在“农业质量年”的启动会议上，农业部部长再次提出了五大主要发展观念。第一，实施“农业质量年”行动是落实中央决策部署、推进农业转型升级的重要举措。在十九大报告中，习近平总书记多次指出，我国经济发展的阶段特征是由高速增长阶段向高质量发展阶段转变，方向路径必须坚持质量第一、效益优先、以供给侧结构性改革为主线，主要任务就是推动经济发展质量变革、效率变革、动力变革，提高全要素生产率。在2017年的中央经济工作会议和中央农村工作会议上，习近平总书记提出坚持农业供给侧改革，走质量兴农、绿色兴农之路，实施质量兴农战略，进一步指出了农村经济发展的方向。第二，会议指出我国农业农村经济已到了推进高质量发展的新阶段。强调了推进农业高质量发展是当前形势所迫。首先是农业资源环境压力过大，农业的增长大多是由于资源的过度消耗换来的，土地的肥沃力下降、水资源浪费严重、过度捕捞海洋生物这些原因都迫使农业进行改革；消费者的需求不断增加，人们的收入逐渐提高，消费结构的改变，消费者越来越追求高质量、多样化的农产品和空气清新的生态环境；国际竞争环境日益激烈，我国稻米、大豆、菜籽类的进口数量持续增长，农产品出口缺乏竞争性，进口依赖性强。这些原因更要求我国农业朝着高质量方向快速发展，满足现阶段我国农业发展的自身需要。第三，确保加快产业全面转型升级。确保高质量的产品，大幅度提升绿色优质的农产品生产与供给，丰富农产品的种类，既做到产品的多样化又做到产品的高质量；实现产业的高效益。做到确保农业经营者的收入与从事第二、三产业的工作者收入大体一致，大力构建现代农业产业体系、生产体系、经营体系，推动农业的多功能发展；确保生产的高效率。增强科技创新与农业的融合，发挥科技的推动作用，加速转变资源利用方式，聚焦农业绿色低碳发展；吸引高素质的经营者。培育职业型农民，改变传统的农民形象，从事农业的是高素质、懂技术的新时代农民，吸引年轻人从事农业生产活动，发展多样化经营；提升国际竞争力。我国的农产品在同样的价格下与国外相比要做到质量更高，服务更好，为此，要对大宗农产品进行加大种植规模的同时降低种植成本，对特色农产品要增加优势品种，提高质量；提升农民收入。既要让新型经营主体收入增加，也要让小农户共享农业高质量发展的成果。发挥新型主体的带头作用，带动小农户共同发展高质量农业。第四，推动农业高质量发展从思想、政策、工作、考核等各方面的转变。思想观念要从以数量为先向质量为先转变，牢固树立质量优先的思想意识，农业发展的任何方面都要从提升质量来考虑。政策扶持要从增产向提质转变，过去提倡农业增收的方针转变为提升质量、提高效益的方针。工作方法从传统的政府行政引导转向以市场引导为主，创新工作方法，利用市场机制推动农业变革，加快互联网、大数据与农业的深度融合。考核方式从注重总量转向质量，改变只注重产量的单一考核方式，构建以质量为主、绿色发展、质量安全等参考标准，共同聚焦质量兴农。第五，推进农业高质量发展需要各方共同参与。推进质量兴农不仅依靠各级农业部门，更要积极与发展改革委员会、财政部门、卫生部门、质检部门、食药部门、科技部门、教育部门进行沟通，争取支持，同时吸收各界金融资本、工商资本、民间资本的参与；广泛调动社会各层面的积极性，吸取媒体、专家、公众、民间组织的意见和建议。加速构建与质量兴农、绿色兴农相配套的标准体系、监管体系、检测体系、认证体系、品牌体系，加快构建追溯体系，确保农产品生产过程可控制、问题产品可溯回。

2. L 省、S 省关于提升农产品质量

2011 年《L 省农产品质量安全管理办法》颁布并施行。其第十四条规定在农产品生产过程中禁止下列行为：禁止使用国家已经明文规定禁用的农业投入品；禁止使用超出规定范围、超出规定标准的农业投入品；禁止使用有毒有害物质生产、处理农产品；禁止收获未达到国家规定的农业投入品使用安全间隔期的农产品；禁止农产品相关人员进行法律法规、规章所禁止的其他行为。关于农业投入品第十八条规定：农业投入品经营者应当建立农业投入品购销台账与经营档案，记载投入品相关名称、进货来源、进货日期、投入品生产企业、投入品销售时间、销售对象、销售数量、经手人，并且相关档案资料保存 2 年以上。

L 省于 2017 年 3 月 24 日召开了全省农产品质量安全工作会议，贯彻落实推进质量兴农的会议精神，总结了 2016 年的农产品质量安全工作以及制定了 2017 年的工作任务。指出农业标准化水平稳步提升，绿色食品认证个数和生产面积创历史新高；实行问题导向与源头治理，对禁限用农药进行专项整治；不断完善检验检测体系，大力建设检测评估体系。为增加绿色优质农产品生产供给，L 省提出了五项主要措施：一是大力推动绿色标准化生产，实现绿色产品生产全过程有标准可依；二是继续强化农产品质量安全监管，从产品生产地环境治理、投入过程监管、增强执法的日常性等方面实现化肥农药零增长，建立健全信用机制、深化专项整治；三是深入开展风险监测及评估工作，对农药残留超标、生产地环境受污染等进行重点检测，制定针对性解决方案；四是推进农产品质量安全信息化建设，利用大数据建立信息共享机制，提高监管能力；五是严格执行农产品产地准出制度，对可食用农产品做到有证上市，同时建立可追溯制度，确保“从农田到餐桌”全程可控，强化农产品生产经营者的责任意识。

2014年S省颁布并施行了《S省农产品质量安全监督管理规定》。其中第十条规定：对剧毒、高毒农药实行限制区域销售、使用制度。在蔬菜、瓜果、茶叶、中草药材等特色农产品生产区域和饮用水源地保护区、风景名胜区、自然保护区、野生动物集中栖息地以及当地人民政府确定的其他重要区域内，禁止销售、使用剧毒、高毒农药。第十三条规定：对剧毒、高毒农药的购买实行实名制度。购买者进行剧毒、高毒农药消费时，必须向经营者出示个人身份证或者其他有效证件证明，说明农药具体使用用途；剧毒、高毒农药经营者应当向购买者确切说明农药投入品用途、使用方法、意外中毒急救措施和相关注意事项等，建立销售台账，并要求购买者在使用后退回剧毒、高毒农药相关的容器和包装物。第二十九条规定：不按照相关规定，违反国家、省有关规定经营和使用农药、兽药、饲料、饲料添加剂，销售不合格农产品或者有其他违法行为的，由县级以上人民政府农产品质量安全监督管理部门或者有关部门依法予以处罚；情节严重构成犯罪的，将依法追究相关责任人刑事责任。

2017年4月S省召开了全省推进质量兴农工作会议。会议强调增加绿色优质农产品供给，抓紧生产、监管两个方面，推进质量兴农。指出要从五个方面补齐短板：一要加快建立健全绿色农业标准体系，严格标准实施；二要抓好执法监管，继续强化日常执法，加强执法部门危机处置能力；三要加强质量安全县创建，增加试点创建；四要完善追溯管理，确保国家和省市平台互通；五要加强监管能力，提高执法效率，完善监管制度。按照“四个最严”要求，健全监管体系、检测体系、追溯体系，贯彻落实质量兴农的会议精神。

S省和L省都是我国的农产品生产大省，两省都先后根据国家农产品质量安全法出台了各省的农产品质量安全管理条例，对农产品生产者、投入品、监管人员等都进行了相关规定，并得到广泛的执行。

3. S市“毒大葱”事件始末

2017年对于S市刘××家来说是不太顺利的一年。一场突如其来的横祸让家庭幸福的生活蒙上了一层阴影。刘家本是S市普普通通的一个养殖户。10年前，刘家夫妇刘××和王××运用早年搞蔬菜运输赚来的钱，在村子里自家的土地上盖起了养羊场。羊养殖得好的时候，一年收入会有25万多，一家人日子过得富足且开心。但是8月猝不及防的意外，让夫妻俩多年辛苦劳作积累下来的资本几乎毁于一旦。“养了一辈子羊，头一回遇到这样的事儿，看着它们一只只倒在地上，真的是太心疼了，有眼泪也只能往肚子里咽。”王 ×× 说道。24 日早上 7 点多，王 ×× 和往常一样给羊圈的食槽里装满了大葱叶。9 点多突然发现家里许多羊出现了抽搐、口吐白沫的情况，多年的养殖经验告诉他们，羊应该是吃了有毒的东西。他们立刻到 S 市的兽医店买来了解毒药，叫上周围的亲戚朋友给羊打针，对羊进行抢救。“有的羊，还没来得及用药就死了，当时心里难受极了。”

在经过一系列的打针抢救后，仍然死了 80 只，而且死亡的大多是家里最好的种羊和怀孕的母羊，不少母羊刚好在哺乳期或者已经怀上了小羊。经过这次伤害后，很多刚生下来不久的小羊都没有办法进行母乳喂养了。据王 ×× 初步统计，家里的损失在 15 万元左右。除了王 ×× 家，24 日上午，S 市另一户刘姓养羊户家也死亡了 47 只羊，羊临死前出现的症状与王 ×× 家的羊几乎一样。下午 1 点钟一段拍摄于王家的视频显示，多只死去的羊躺在羊圈里，一只羊的嘴上和它倒下的位置上还残留着白沫。部分经过抢救的羊身上都被标注了红色印记。

面对我们调研团队的访谈，刘 ×× 说：“我们家一共养了 298 只羊，这次一共死了 80 只，都是最好的种羊和怀孕的母羊，它们吃的多，所以中毒也最厉害。”

S 市被称为中国的“蔬菜之乡”，这里生产的农产品经过检验后大多会进行出口或贩卖到外省，也就意味着有很多外地运来的蔬菜在这里进行初步的加工，因此，这附近存在大批量的预冷库用来对加工好的蔬菜进行降温处理，经过降温处理后蔬菜将通过长途运输销往全国各地。刘 ×× 家的不远处，有几座对大葱进行降温的预冷库。

调研获悉，王 ×× 和丈夫就经常去这些预冷库收集大葱叶，用来喂羊。她说大葱是比较“辣”的植物，羊吃了之后身体好，不容易得病。

在 S 市当地有许多收购大葱的菜贩，他们收购的大葱大多产自本地，但也有一部分是外地运来的。外地送来的大葱在进入预冷库前，首先会将最外面的叶子剥掉，然后捆成一捆，再用机器将大葱的顶端切齐。

另一户刘姓养羊户家捡走的就是被剥掉的最外面一层的葱叶，而王 ×× 捡来的大葱叶，是被切除扔掉的葱叶顶端。这两类葱叶都属于运往销售地前被舍弃的废叶。

王 ×× 告诉我们调研团队，说每年 5 月份到第二年的 2 月份，她都会给羊喂大葱叶，掺着买来的草料或洋葱一起喂，这样可以在饲料这块省下很大一部分成本。这两年羊肉价格不好，很多养羊户都不干了，说她就是靠着这个大葱叶才维持下来的。

因为时间久了，王 ×× 两口子和预冷库的工人关系都不错，他们也希望有人能够处理这批作为“下脚料”的葱叶。一旦预冷库准备入库一批大葱，就会电话通知他们。工人加工大葱的时候，王 ×× 和刘 ×× 就捡走被舍弃的葱叶带回家去。

刘 ×× 告诉我们调研团队，说他们那天早晨给羊喂的就是前一天晚上从预冷库门口拉回来的大葱叶。当时拉了一车，早晨 7 点给羊喂了葱叶，两个小时之后就出现了问题。

王 ×× 说当天中午，S 市工业区派出所的民警接警后赶到了她家。紧接着，S 市当地卫生检疫站的工作人员也来到了现场。他们对死羊进行了统计，并当场对部分死羊进行解剖，带走了死羊的血液、肝脏、胃等多个样本，同时还带走了羊在死亡前吃过的大葱叶。随后，工作人员对死去的羊进行了清点并进行无害化处理，而被王 ×× 和爱人拉回家里喂羊的那些大葱叶，也全部进行了焚烧处理。

同时，S 市第一时间成立由市长任组长、分管副市长任副组长的应急处置工作小组，对相关工作进行了安排部署，并迅速将相关情况上报至上级有关部门。

经调查，确认问题大葱由 S 市批发商董某从 L 省 Y 市购进，总量 5.2 万斤。2017 年 8 月 23 日，大葱储存业主对大葱进行去根、去烂叶初加工后存于冷库中。2017 年 8 月 24 日，S 市卫生检疫站工作人员在喂羊的大葱中发现了甲拌磷、毒死蜱等剧毒农药成分，市场监管部门对涉案的 5.2 万斤问题大葱全部进行了封存。公安部门迅速成立专案组前往大葱种植地进行追查。8 月 25 日，对未流入市场，在 S 市进行初加工储存的外地大葱进行了全面排查、抽检，未发现农残产品超标的问题。8 月 27 日，专案组将犯罪嫌疑人孟某抓获，并于 28 日凌晨押解回 S 市，羁押于 S 市看守所。据孟某交待，其在 L 省 Y 市承包 200 余亩土地种植大葱，8 月初向大葱喷洒了甲拌磷农药，8 月 22 日将 5.2 万斤大葱销给 S 市批发商董某。根据调查结果显示，该批次大葱含有国家蔬菜禁用农药甲拌磷。8 月 30 日，Y 市农业主管部门与该区相关部门紧急行动，安排部署本次事件调查工作。8 月 31 日上午，对封存的问题大葱进行了无公害销毁。

事件发生后，我们调研团队在事件发生地附近进行走访。在村子里，我们随机对一片大葱进行了农药快速试纸检测，发现试纸变蓝，初步证明农药残留没有超标。种植户在我们走访过程中也谈到大葱的除虫一般使用毒死蜱等，随后通过部分试纸检测及农资市场调研发现，Y 市当地对于禁止使用的高毒农药监管较松，部分农药经营者与生产者在追求经济效益的情况下会违背相关法律。

我们调研团队以暗访的形式对当地一些农资经营店进行了调查，在第一家店里，老板在听到我们说要解决大葱问题时拿出了甲拌磷并告诉了用量方法，并提到自己一年能卖五百多吨，我们要求老板开收据时老板还担心我们是“钓鱼执法”。我们调研团队在随后的暗访过程中发现除了少数几家不卖甲拌磷之外，其他商家都在进行现场销售。在购买中，商家没有提醒我们甲拌磷禁止在蔬菜上使用，也没有按照规定要求我们出示、登记相关证件和做销售记录。

此外，我们调研团队还在网络上搜索了网民们对此事的讨论。

“相对而言，假设这些大葱流入市场，被人买来吃到还要好几天，就相当于给农药一个降解的时间，而且在烹饪过程中，农药会降解很多。”中国农业大学食品科学与营养工程学院副教授朱 ×× 表示，虽然人吃农药超标大葱而中毒的情况并不容易发生，但是违禁高毒农药残留的健康风险，一样不容忽视。“甲拌磷属于高毒农药，有导致胆碱酯酶活性降低及损伤神经系统的健康风险。”

@ 凤凰网大风号转载 @ 乔志峰文章：吃死羊的“毒大葱”，人吃了会怎样？如果没有养殖户拿葱叶喂羊、导致羊被毒死，这些大葱是否真的会“被运往全国各地”？无良种植户是否还会继续使用违禁农药？问题因偶然因素得以暴露，折射出日常监管的漏洞。面对产业规模较小的农业生产和千家万户分散生产经营的农民，监管确实十分困难，但这不是监管不力的借口。查漏补缺、严格源头把控刻不容缓，需要拿出更坚决的态度和更大的力度来。同时，需要反思的还有农药残留的标准问题。

@ 无应答：违禁农药为什么在市场上仍能找得到？是否对这些生产厂商、经销商及购买农户调查一次，处理一批？

@ 何小仙女：这群天使小羊救了人类的命。

@ 青山绿水：羊吃了叶子毒死了百余只羊，如果是你、我、他发生中毒事件，质监部门该从何查起呢？

@ 淡博明志：全国各地监管单位，要警钟长鸣。民以食为天！执行心系黎民百姓的新常态。

@ 段郎说事：出了问题排查，再出问题再排查，周而复始，循环往复，难道平时就不好好查么？如此机械重复，是否说明我们的工作太敷衍太小儿科？

@me 宝宝 love：食品安全，人命关天，希望政府真正重视起来！

@ 西门郊外：监管不力，违法成本太低。

也有网友给地方领导留言板留言：由于“毒大葱”事件的舆论扩展，导致大葱的销售困难，使葱农收益受损，同时建议 Y 市有关部门公布事件调查结果、检测结果及检测报告，召开舆情分析会。事后，市委督察室对相关留言进行了回复，申明已召开三次舆情分析会，两次发布通稿，积极回应了“毒大葱”的舆情。

■ **结束语**

在“毒大葱”事件发生之后，S 市政府作出的一系列应对措施，得到了社会的肯定，但在一片为 S 市政府执行力叫好声中也有质疑的声音，人们对于剩余大葱和死亡的羊的去处仍表示怀疑。对于整个案例，人们会问：为什么违禁农药在市场上销售？面对政府的层层监管，为什么“毒大葱”仍能“逃脱”而流入市场？为什么政府部门在出事之后才会“亡羊补牢”？如何将政府的事后处理转变成事前预防？政府部门该如何履行职责？面对突出的农产品质量安全问题，政府部门要秉承为人民服务的宗旨，以坚定的责任意识，用有效的手段解决农产品质量安全问题。那么，通过分析“毒大葱”这一案例，我们需要思考：为什么农产品质量安全问题屡禁不止？其产生的原因有哪些？政府在确保农产品质量的监管方面存在哪些问题？下一阶段政府部门该采取怎样的对策积极应对农产品质量安全治理问题呢？如何保障农产品质量安全，把好食品安全的第一道防线？如何提升政府对农产品质量安全的治理能力，构建多元治理格局？

■ **思考题**

1. 为什么面对处罚，农产品生产者进行农作物种植时依旧还要使用高毒农药？

2. 在整个事件中，如何评价或看待市政府及其相关部门的工作？

3. 面对市场流通中屡次出现的农产品安全问题，政府该如何进行干预？这些干预措施该由哪些主体共同配合？

4. 在科技日益发展的时代，农产品也将与科技相融合，面对高科技对农业带来的影响，我们该如何应对？

三、案例说明

（一）课前准备

1. 要求学生课前一周预习“案例正文”，对案例中的关键信息做好记录，独立完成思考题，同时标出自己有疑问的地方做好上课提问的准备。

2. 根据上课人数进行分组，每组选出组长，组长负责组织课堂小组讨论，分配各成员收集有关案例的信息，做好记录，并对讨论结果进行总结，在课堂上综合汇报。

（二）教学目标

1. 使学生了解随着社会的发展，人们物质生活水平的提高，农产品质量安全问题越来越引起社会大众的重视；了解农产品质量安全问题治理改革的程度；能够运用政府治理理论分析改革的难处。

2. 探索政府对农产品质量安全的治理体系的构建。通过对 S 市事件的介绍，能够引起学习者对政府在农产品质量安全事件发生后的有效应对机制构建的重视，并促使国家对于农产品质量安全问题建立健全相关法律体系，明确责任。

3. 深入掌握治理理论的核心内容。对于政府部门及公共管理部门，应当认识到当前农产品质量安全问题所具有的复杂性，需要运用治理理论的方法对社会问题进行解决，联合问题中的各方主体，强化公民参与意识，构建多主体治理机制，有效解决农产品问题。

4. 通过案例学习，分析事件中各主体所存在的不足之处，分析其原因并加以总结，提出有效的应对措施，为今后解决此类问题提供借鉴。

（三）案例讨论

面对国民生活质量水平的显著提升，政府有责任对层出不穷的农产品质量安全问题做出有效治理，避免群众因为频发的农产品安全事件而陷入恐慌。那么该由谁出面进行治理，如何治理，治理的主要对象是什么？这些问题应该是政府所要思考的重要问题。

S 市“毒大葱”事件的发生，让政府部门的公信力再一次受到了质疑。它所表现出来的问题主要在四个方面。一是农产品生产者专业素质未提高；二是政府部门工作不到位；三是农药售卖机制的不完善；四是执法过程不连续。

1. 通过治理理论概述及特点，针对我国 21 世纪初提出的国家治理、政府治理、社会治理三个理念分析它们的含义及联系。

2. 农产品生产者专业素质未提高，为什么在国家对农产品质量安全问题越来越重视，惩罚力度越来越大的时候，依然有部分农产品生产者铤而走险，在农产品种植过程中施用高毒农药？

3. 政府部门工作不到位，此案例被发现存在偶然性，因一百多只羊食用了被施过高毒农药的大葱叶死亡被社会所关注，因此也引发了社会的质疑，如果没有这一百多只羊的死亡，这批有毒大葱也会进入人们的餐桌，那么同一土地上种植的大葱是否也施用过高毒农药？政府检测部门在此之前是否对市场上流通的农产品进行过抽检？从此案例中政府部门的做法又能看出什么？

4. 农药售卖机制不完善，案例中的高毒农药甲拌磷在 2002 年农业部第 199 号公告中明确规定禁止使用在蔬菜、瓜果和中草药种植上。为什么明文规定禁止使用的农药会出现在大葱上，事发后也依旧在市场上流通？

5. 执法过程不连续，网民们“问题排查，再出问题再排查，周而复始，循环往复，难道平时就不好好查么？如此机械重复，是否说明我们的工作太敷衍太小儿科？”的评论说明了什么？

6. 科技发展对农业的影响有哪些？

第三节　内外有别

——基于W市“毒生姜”事件的案例解析

一、案例背景

《中华人民共和国农产品质量安全法》（部分）

第三十三条　有下列情形之一的农产品，不得销售：

（一）含有国家禁止使用的农药、兽药或者其他化学物质的；

（二）农药、兽药等化学物质残留或者含有的重金属等有毒有害物质不符合农产品质量安全标准的。

第四十九条规定有本法第三十三条第四项规定情形，使用的保鲜剂、防腐剂、添加剂等材料不符合国家有关强制性的技术规范的，责令停止销售，对被污染的农产品进行无害化处理，对不能进行无害化处理的予以监督销毁；没收违法所得，并处2000元以上20000元以下罚款。

第三十七条　农产品批发市场应当设立或者委托农产品质量安全检测机构，对进场销售的农产品质量安全状况进行抽查检测；发现不符合农产品质量安全标准的，应当要求销售者立即停止销售，并向农业行政主管部门报告。

农产品销售企业对其销售的农产品，应当建立健全进货检查验收制度；经查验不符合农产品质量安全标准的，不得销售。

第三十八条　国家鼓励单位和个人对农产品质量安全进行社会监督。任何单位和个人都有权对违反本法的行为进行检举、揭发和控告。有关部门收到相关的检举、揭发和控告后，应当及时处理。

第四十条　发生农产品质量安全事故时，有关单位和个人应当采取控制措施，及时向所在地乡级人民政府和县级人民政府农业行政主管部门报告；收到报告的机关应当及时处理并报上一级人民政府和有关部门。发生重大农产品质量安全事故时，农业行政主管部门应当及时通报同级食品药品监督管理部门。

第四十一条　县级以上人民政府农业行政主管部门在农产品质量安全监督管理中，发现有本法第三十三条所列情形之一的农产品，应当按照农产品质量安全责任追究制度的要求，查明责任人，依法予以处理或者提出处理建议。

二、案例正文

内外有别
——基于 W 市“毒生姜”事件的案例解析

摘要：近年来，我国农产品质量安全事件频繁发生。S 省 W 市农户滥用剧毒农药“神农丹”种植生姜，且种植出来的剧毒生姜仅供国内销售，绝不对外出口。这一事件引起了社会各界对我国内销农产品质量安全的强烈担忧，体现了我国内销农产品质量安全监管存在的突出问题。课题组成员经过实地调研发现，我国农资销售者违法出售剧毒农药、农产品生产者长期滥用剧毒农药、监管者不作为甚至乱作为的现象较为普遍。通过对该典型案例的分析，旨在引导学生了解我国农产品质量安全事件发生的经过，思考农产品质量安全问题频发的深层次原因，探寻农产品质量安全多元主体协同治理的新理念、新体制和新机制。

关键词：农产品质量安全；毒生姜；政府监管

引言

“民以食为天，食以安为先。”近年来，我国农产品质量的合格率大体呈现不断上升的趋势，这种态势是很好的。然而，从“毒大米”到“毒大葱”，从农药火腿到瘦肉精，农产品质量安全黑幕不断被媒体曝光。农产品质量安全危机四伏，公众饱受“舌尖上安全”的困扰。这次发生的 W 市剧毒生姜案再一次刺激了公众对农产品质量安全的信心。W 市政府在第一时间就迅速组织了多个部门成立工作组，深入事发地展开细致调查。政府采取了多种措施查处、销毁有毒生姜，涉事的药店经理已经被拘捕，并启动了问责程序。这起剧毒生姜案背后牵扯到了各行各业都普遍存在的“怪圈”——内外有别。剧毒生姜不对外出口，一概销往国内各个市场成为国内“特供”的农产品。同样是经由这些部门的监管，对外供给的农产品质量却从未发生质量安全问题。这种国内外的双重标准，反倒让国人来买单，确实有损公众对我国农产品质量安全的信心。为什么内外有别、两重标准的现象就屡禁不止呢？为什么有毒农产品轻而易举就能流入国内市场呢？原因是多方面的，比如说政府内销监管的不到位，我国法律制度的漏洞，经济利益的盲目驱使等等。保障农产品质量安全是条漫漫长路，并非易事。要想真正解决农产品质量安全问题，仅靠当地政府的一己之力是绝无可能的，这需要社会各界的共同努力。

1. 案例回顾

课题组主要成员小肖 2013 年五一长假来到 W 市进行实地调查。这时正是种植生姜的季节，小肖经过生姜田地时，远远看到生姜田地间遗留有不少已被使用过的蓝色包装袋。小肖走近拾起，发现这是一种名为“神农丹”的剧毒农药（学名为 5% 涕灭威颗粒剂），包装袋正面印有“严禁用于蔬菜瓜果”八个大字，背面印有显眼的“剧毒”红色字样。

小肖看见一个姜农正拿着这种蓝色包装袋，该姜农将此剧毒农药混合着化肥直接播撒在了生姜田地里。小肖感到非常不解，当地姜农这么明目张胆的使用剧毒农药神农丹，他们是否了解神农丹的剧毒药性？他们难道不知道滥用剧毒农药会对食用者的人体健康带来损害？抱着诸多疑问，小肖找到了一位正在田间耕种的农户，开始试探性地询问对方：“大爷，打扰一下。这农药包装袋上明明印有‘剧毒’两个大字，为啥我看你们都用这药？就不担心出啥问题吗？”农户回答：“大家伙都用这药，不用没办法。虫害一旦来临了，咱生姜产量无法保证，现在种姜利润本来就不高咯。这药在生姜生长初期的杀虫效果可好了，咱们可全凭这农药挣钱呐。”“这样啊，那这种洒了剧毒农药神农丹的生姜，你们自己也吃的吗？”姜农有些不好意思地嘀咕：“咱自己吃的生姜可不用这药，是要分开的……”原来当地姜农很清楚神农丹种植出来的生姜对人体有害。据悉，在这片地方，姜农种的生姜被人为地划分成了两个部分，一部分是自己吃或对外出口，另一部分销往国内各个市场。自己吃的生姜、出口的生姜不会使用或者是很少使用化学农药，内销的生姜则另当别论。

小肖对“神农丹”三字隐约感到畏惧，便迅速拿出手机上网查询与神农丹有关的资料信息。“神农丹作为一种剧毒农药，毒性极大，50 毫克便能导致一个 50 公斤重的人死亡，所以不能用于蔬菜瓜果上”小肖明白了，神农丹这种农药毒性极强，本身是不被允许在种植生姜时使用的。也就是说，当地姜农擅自使用神农丹违反了有关法律规定。为何被国家明令禁止用于蔬菜、瓜果的剧毒农药神农丹能被当地姜农轻而易举购买，并随意使用？根据当地知情人士提供的有效信息，小肖在该区附近镇上找到了一家农资商店。商店门外贴有联系方式，小肖随即拨通了农资商店负责人周 ×× 的电话号码。

“喂，请问是 ××× 农资店的负责人吗？”

“嗯，这里是 ××× 农资店。”

“听大家伙说神农丹的杀虫效果很好，我想购买五箱神农丹来试试效果。您这神农丹还有库存吗？”

“嗯？”这位农资店老板显然有一些顾忌，经过小肖的再三请求，农资店老板最终答应出售五箱神农丹。挂断电话后，小肖发现神农丹这种剧毒农药的确可以被轻而易举购买到，卖家不会过问用途，不会做任何购买者的身份信息登记，更没有向购买者详细嘱咐神农丹的剧毒药性，后期神农丹的实际使用情况也少有人监督管理。当地村民还告诉小肖，由于杀虫效果显著，神农丹的销量一直特别好。另外，剧毒农药神农丹的使用量和施用次数都是因人而异，每家每户都不尽相同。可以这样说，绝大部分的农药购买者都是任意使用神农丹。而接下来的调查更让小肖感到阵阵担忧。

小肖接着询问当地农户：“生姜流入市场需要农药残留检测报告，该报告的获得必须经过有关部门的质量抽检，这类问题生姜能通过机器的质量检测吗？你们难道不担心会被检测到剧毒农药的有害残留成分吗？”村户笑着回答说：“合格的检测报告并非难事。内销姜的管理没出口姜管得那么严，一年下来抽查不了几次。自行挑选几斤合格的生姜去监管部门检测，一般来说都能取得合格的检测报告。”

实际上，W 市当地生产两类生姜，一是出口姜，二是内销姜。两类生姜，执行的却是两种截然不同的检测标准。A 市按照国际标准，对各类农药的管理极其严格，并在各个镇、街道、社区和村都设立了农药监管员，以实现对农药的无缝性监管，有效保障了出口姜的质量安全。S 区按照内销农产品的标准来管理，对内销姜质量、农药残留的监测往往采取的是随机抽检的方式，质量检测标准远低于国际标准。正如当地姜农所说的那样，只需要选取部分合格的、优质的生姜样本送检便能顺利地流入国内农蔬市场。由于缺少严格的监管兜底，无论是姜农，还是农产品经销商对于这类抽查显得丝毫不够重视。

为了更加深入透彻地了解案情、剖析案件，小肖思考再三，拨打了以下几通电话。（拨通对象分别为 W 市农科院蔬菜研究所；W 市出入境检验检疫局技术中心；中国农业大学周 ×× 教授；W 市 S 区农林水利局局长辛 ××）。

1.1　W 市农科院蔬菜研究所

小肖：“您好，请问是 W 市农科院蔬菜研究所吗？”

研究所：“您好，这里是农科院蔬菜研究所。”

小肖：“我是 ×× 大学农产品质量安全治理课题组调研员，有相关的专业问题想咨询一下您。前几日我在S区调查走访时，发现有不少姜农种植生姜时使用剧毒农药神农丹，据我了解，神农丹是不被允许施用在生姜上的。可是当地姜农告知我，不使用神农丹难以抵挡病虫害的侵扰。难道生姜的种植只能通过神农丹来‘抵御虫害’吗？剧毒农药神农丹真的是姜农唯一的选择吗？就没有其他可以替代神农丹的低毒农药？”

研究所：“您好！神农丹的杀虫药性极佳，姜农的确可以借助神农丹的药性来抵御病虫害。但是神农丹不是姜农的唯一选择，阿维菌素便是神农丹的一种可替代农药，兼具有低毒低残留的特性。”

小肖：“农户们既然对神农丹的剧毒药性心知肚明，并且现实生活中存在更环保更健康的农药阿维菌素，那为什么姜农们还会使用神农丹呢？”

研究所：“虽然我们极力推荐农户使用高效低毒的阿维菌素，宣传高毒、高残留农药的危害性，但实际上神农丹的销量远超于阿维菌素。市面上，阿维菌素的价格大约为500元/kg，神农丹的价格却低于100元/kg。神农丹价格低，杀虫效果又好，出于成本和收益的双重考虑，绝大部分农户会选择购买神农丹这种剧毒农药。”

小肖：“原来是这样，我明白了，谢谢。”

1.2 W市出入境检验检疫局技术中心

小肖：“您好，请问是W市出入境检验检疫局技术中心吗？”

检疫局：“您好。这里是W市出入境检验检疫局技术中心。”

小肖：“我是××大学农产品质量安全治理课题组调研员，有一些问题想咨询一下您。不久前，我在W市S区调查走访，数日走访下来，我发现有不少姜农种植生姜时使用剧毒农药神农丹。令人吃惊之处在于除了剧毒农药的出现，还存在着剧毒姜和无毒姜生产、供应的内外有别现象。出口的农产品质量检测严格，内销的农产品质量检测较为宽松。为什么会出现这样两种截然不同的检测标准？”

检疫局：“您好！关于农产品质量安全检测标准的内外有别，是这样一回事。假设从我国出口销售出去的农产品，例如生姜，被进口国发现存在任何的质量安全问题，便会全部退回，损失会相当惨重。考虑到这一点，对于出口姜的管理我们技术中心是严格把关，每一批次都会进行细致的检测，并且根据国家规定，是免收检验费的。”

小肖：“相比之下，内销生姜的检测就没那么严格细致了。”

检疫局：“的确存在这样的情况。……内销生姜每个生姜样本的检验费是600元。”

小肖：“检验费居然这么高？”

检疫局：“是的，由于检验费相对比较高，所以在平时的日常工作中对内销农产品的检测往往采取的是抽检方式。”

1.3　中国农业大学理学院院长周××教授

小肖：“周教授您好，我是××大学农产品质量安全治理课题组调研员，我们有一些专业性的问题想咨询一下您。”

周教授：“你好。”

小肖：“W市有不少姜农种植生姜时滥用剧毒农药神农丹。周教授您怎么看待剧毒农药神农丹的危害性？危害性体现在哪些方面？”

周教授：“姜农在种姜的时候施用神农丹，危害性是极大的。从农产品质量安全上来说，施用剧毒农药神农丹，会残留有害物质于农作物上，造成农药残留超标，给食用者的健康带来了隐患。从宏观上的生态环境来说，由于神农丹具有水溶性，未被吸收的农药成分会通过日常的浇水灌溉渗透到附近的土壤、地下水中。这样一来，不但导致土壤贡献率下降，也会造成水体污染。我国作为世界上最大的农药生产国和消费国，每年农药的使用量居高不下，农药的有效利用率与发达国家相比仍然较低。我国农业生产过程中，长期滥用、乱用农药，尤其是高毒高残留农药导致了一系列生态环境问题。剧毒农药的危害性不容小觑。”

小肖：“感谢您的回答，谢谢！”

1.4　W市S区农林水利局局长辛××

小肖：“辛局长，您好！我是××大学农产品质量安全治理课题组调研员。关于W市剧毒生姜，我们有一些问题想咨询一下您。”

辛局长：“您好！我了解到了W市剧毒生姜的大致情况。现在W市公安、农业、食安办、环保、街道等多个部门已开始对全市剧毒农药神农丹的使用状况以及销售渠道展开彻底排查。另外，针对区级地区，我们加强了区级农业执法大队的执法力度。对于街道地区，我们提高了农业执法中队的执法水平。针对村级地区，我们正尽快配齐农产品质量安全监督员。”

小肖挂下电话后，再次回想起在W市的所见所闻——姜田间到处散落的蓝色包装袋；神农丹的剧毒药性；姜农使用神农丹的随意性；农产品质量安全监管的不少漏洞。小肖的心中不仅有担忧，有思考，还有些许期盼。

2. 对我国农药污染的担忧

2.1 担忧一：农药污染，生态环境亮起了红灯

姜农所施用的剧毒农药神农丹虽然防治害虫的效果明显，但其毒性大，渗透力极强且具有水溶性，浇水灌溉后神农丹的有害成分能够渗透到农作物的根茎。在被作物根部完全吸收后，进一步溶解于土壤、地下水中，最终造成农田土壤污染、水体污染，给生态环境造成不可逆的破坏性影响。

中国作为世界上最大的农药生产国和消费国，每年农药的使用量居高不下，但农药的有效利用率与发达国家相比仍然较低。我国在农业生产过程中，存在滥用、乱用农药的情况，尤其是高毒高残留农药导致生态环境问题日益严重。农药污染问题，已成为阻滞我国农业可持续发展的瓶颈问题。具体表现为：一方面，未被利用吸收的农药会残留于田地中，破坏土壤的内在结构，导致农业生产中的土壤贡献率下降，土壤的质量水平下降。另一方面，滥用农药不仅会使害虫产生耐药性，有害物质也会扩散至地表水和地下水，造成水体污染。

2.2 担忧二：农药对农产品质量安全的直接影响

“毒生姜”事件中，神农丹属于高毒农药。神农丹特性之一是毒性大，用神农丹防治害虫的效果明显。特性之二是渗透力强，可渗透到农作物的根茎，随即到达所结果实，最终将被农作物全部吸收。特性之三是具有水溶性，栽培生姜过程中，农户浇水灌溉姜田，有毒农药成分将溶解于地下水中。早在 2002 年农业部第 199 号公告中，剧毒农药神农丹就已被明令禁止使用于蔬菜，仅限用于棉花、烟草、月季、花生、甘薯中，并严格规定了其用量、使用次数、施药方法。本案中，姜农们将明文规定置之度外，违反法律规定擅自使用剧毒农药“神农丹”，盲目加大用量和施用次数，并缩短了安全间隔期。一方面，药量过多易造成生姜中农药残留超标，引起药害，影响生姜的产量和质量。另一方面，滥用神农丹或将造成消费者食物中毒，甚至引发死亡。姜农们担心食用被剧毒农药污染后的生姜会影响自己的健康，便不吃自家种的毒生姜，全数销往国内市场。可想而知，神农丹在生姜里的残留风险有多大。

农产品的质量安全与农药有着密切的联系。高毒高残留农药，不仅扰乱生态平衡，而且影响食用农产品的质量安全，成为农产品质量安全问题的污染源。我国作为世界上最大的农药生产国和消费国，农产品受到农药污染的风险程度显而易见。农药施用过程中，有毒污染物会残留于农产品中。当农药残留量超过国家限定的安全标准时就会降低农产品品质

量，损害摄入者的身体健康。食用受农药污染的农产品可能会引起急性中毒，出现呕吐、抽搐等现象。有害农药成分如果长期蓄积在人体内，会逐渐损伤人体的内脏机能，造成慢性危害。

3. 对我国内销农业管理严重缺失的思考

3.1　内外有别的困惑

“内外有别”在本文研究中指的是国内、国外对同类产品的检测标准不同，同类产品最终的质量水平不同。内外有别的现象普遍存在于各行各业中，令国人十分不解。在W市剧毒生姜案中，剧毒生姜专供国内销售，绝对不对外出口。出口生姜的质量和监管程度远高于内销的生姜。

两重标准，让国人来买单，令人扼腕，值得我们深入思考。

3.2　农产品内销监管，形同虚设

按照法律规定，农作物在流入农蔬市场前须经质量监督机关的严格检测。市场监管人员本应当遵守职业道德，确保检测严谨且公正，可部分人员却将自己手中的权力当作“摇钱树”，违背职业道德，检测流程敷衍了事，直接导致剧毒生姜流入市场，给消费者的身体带来了健康隐患。正如姜农们所述，他们只需要挑选符合检验标准的优质样品送至政府监管部门就可以轻松拿到市场“通行证”。偷梁换柱的过程映射了执法人员的权力寻租、形同虚设的内销监管。“监管缺位、权力寻租”是农药监管、农产品治理中的最大困境。

3.3　农村基层监管能力薄弱

由于小规模、分散化农业生产的局限性，部分农村地区始终是农产品质量安全监管的盲区。在我国，耕地资源有限，大多以一家一户式的家庭农业生产为主。在传统的农业生产经营模式下，不少农户仍在沿用传统落后的生产工具，生产效率低下，生产质量无法保障。成千上万分散化的“小农户”，生产经营者众多，政府难以有效监管分散的生产主体，极大地降低了监管的效果，让不法分子有机可乘。有分散的千家万户，就有形形色色的施药习惯、种植行为，责任认定和责任追究短期内难以落实，卫生、安全性监管难度可想而知。

3.4　剧毒农药监管把关不严

小肖在调查中发现，目前剧毒农药的安全问题已从农药的生产环节转移到了使用环节。千家万户分散化的生产种植，不少姜农们在市面上能轻易购买到神农丹，违规使用违禁农药神农丹，主观上随意地使用神农丹。农村农药监管一直是农业管理中的一个突出难点。

法律明文禁止神农丹用于蔬菜，镇上农资店竟不事先询问买方农药用途便回应“有货”。神农丹作为被农业部明令禁止使用在蔬菜作物上的剧毒农药，当地姜农们可以轻易购买并且购买数量不受限制，农资店既没有对购买者做任何的身份证明登记，也没有向购买者翔实交代剧毒农药的使用方法、注意事项。尤其是农药的实际使用情况，后期也没有人员跟踪监管。可见，在售卖剧毒农药、监督管理等环节都存在诸多漏洞，切实加强剧毒农药的监督管理刻不容缓。

■ **思考题**

1. 有人指出，此次剧毒生姜案之所以会受到公众的深切关注，主要原因在于剧毒生姜专供国内销售，采取内外有别的双重标准。针对这类现象，你认为“内外有别”现象普遍存在、屡禁不止的原因是什么？

2. 有专家认为，剧毒生姜案充分暴露了监管部门的失职，请联系本案例，谈谈监管部门的失职体现在哪些方面？基于政府层面，谈谈如何权衡个人私利与公共利益之间的关系，从而确保监管到位。

3. 联系所学的理论知识，谈谈 W 市剧毒生姜案发生的原因。

4. 我国农产品质量安全仅靠政府一己之力难以得到保障。请你基于多元主体社会共治的思考，谈谈如何有效防止类似事件再次发生。

三、案例说明

（一）课前准备

1. 提前一周将案例的相关资料发送到 QQ 群、微信群，以便学生阅读理解案例内容，思考案例中提出的问题，并对案例中的关键信息做好标注。

2. 根据实际情况，学生自由分组，每组不超过 6 人。

3. 要求学生课前了解农产品质量安全的相关事件，查阅相关资料，以便更深入理解案例。并提前预习政府治理理论，在脑海中形成大概的理论框架。

（二）教学目标

希望通过这个典型案例，达到以下几个教学目标：

1. 探索政府监管与农产品质量安全事件频繁发生的内在联系。通过对 W 市剧毒生姜案例的介绍，能够引起学生对农产品质量安全的重视，进而找出事件中政府监管方面存在的问题，分析问题产生的原因，掌握有关农产品质量安全的社会治理理论。

2. 反思政府内销监管中存在的不作为甚至是乱作为的现象，为我国日后完善监督体系提供有益借鉴。

3. 推动学生意识到目前绝大多数的农产品质量安全问题都带有复杂性，仅仅停留于书本知识不可取，一方面要利用课余时间多去关注社会问题，另一方面需要学会主动运用不同学科书本中的理论与方法去解决社会问题。

4. 自学相关理论：信息不对称理论；经济活动的外部性；政府监管理论；社会共治与公共治理理论。

（三）案例讨论

1. 讨论如何从政府层面通过法律、政策和执行机制的完善，确保内外农产品在监管上执行统一标准，避免案例中类似现象的出现。

2. 案例中提到基层监管能力薄弱，执法人员配备不足，导致毒生姜事件的发生。讨论如何通过加强农村基层监管部门的执法资源和能力建设，完善监督和执法机制，提升农产品质量安全监管的有效性？

3. 如何平衡农产品利润与农产品质量安全，避免农户使用剧毒农药？

4. 如何构建多元主体共同参与的农产品质量安全治理体系？

第八章　社会基层治理

第一节　富豪别墅赠乡亲，缘何搁浅心酸中

一、案例背景

《中共中央、国务院关于实施乡村振兴战略的意见》有关表述

坚持党管农村工作。毫不动摇地坚持和加强党对农村工作的领导，健全党管农村工作领导体制机制和党内法规，确保党在农村工作中始终总揽全局、协调各方，为乡村振兴提供坚强有力的政治保障。

坚持农民主体地位。充分尊重农民意愿，切实发挥农民在乡村振兴中的主体作用，调动亿万农民的积极性、主动性、创造性，把维护农民群众根本利益、促进农民共同富裕作为出发点和落脚点，促进农民持续增收，不断提升农民的获得感、幸福感、安全感。

坚持乡村全面振兴。准确把握乡村振兴的科学内涵，挖掘乡村多种功能和价值，统筹谋划农村经济建设、政治建设、文化建设、社会建设、生态文明建设和党的建设，注重协同性、关联性，整体部署，协调推进。

加强农村基层党组织建设。扎实推进抓党建促乡村振兴，突出政治功能，提升组织力，抓乡促村，把农村基层党组织建成坚强战斗堡垒。强化农村基层党组织领导核心地位，创新组织设置和活动方式，持续整顿软弱涣散村党组织，稳妥有序开展不合格党员处置工作，着力引导农村党员发挥先锋模范作用。建立选派第一书记工作长效机制，全面向贫困村、软弱涣散村和集体经济薄弱村党组织派出第一书记。实施农村带头人队伍整体优化提升行动，注重吸引高校毕业生、农民工、机关企事业单位优秀党员干部到村任职，选优配强村党组织书记。健全从优秀村党组织书记中选拔乡镇领导干部、考录乡镇机关公务员、招聘乡镇事业编制人员制度。加大在优秀青年农民中发展党员力度。建立农村党员定期培训制度。全面落实村级组织运转经费保障政策。推行村级小微权力清单制度，加大基层小微权

力腐败惩处力度。严厉整治惠农补贴、集体资产管理、土地征收等领域侵害农民利益的不正之风和腐败问题。

深化村民自治实践。坚持自治为基，加强农村群众性自治组织建设，健全和创新村党组织领导的充满活力的村民自治机制。推动村党组织书记通过选举担任村委会主任。发挥自治章程、村规民约的积极作用。全面建立健全村务监督委员会，推行村级事务阳光工程。依托村民会议、村民代表会议、村民议事会、村民理事会、村民监事会等，形成民事民议、民事民办、民事民管的多层次基层协商格局。积极发挥新乡贤作用。推动乡村治理重心下移，尽可能把资源、服务、管理下放到基层。继续开展以村民小组或自然村为基本单元的村民自治试点工作。加强农村社区治理创新。创新基层管理体制机制，整合优化公共服务和行政审批职责，打造“一门式办理”“一站式服务”的综合服务平台。在村庄普遍建立网上服务站点，逐步形成完善的乡村便民服务体系。大力培育服务性、公益性、互助性农村社会组织，积极发展农村社会工作和志愿服务。集中清理上级对村级组织考核评比多、创建达标多、检查督察多等突出问题。维护村民委员会、农村集体经济组织、农村合作经济组织的特别法人地位和权利。

激发贫困人口内生动力。把扶贫同扶志、扶智结合起来，把救急纾困和内生脱贫结合起来，提升贫困群众发展生产和务工经商的基本技能，实现可持续稳固脱贫。引导贫困群众克服等靠要思想，逐步消除精神贫困。要打破贫困均衡，促进形成自强自立、争先脱贫的精神风貌。改进帮扶方式方法，更多采用生产奖补、劳务补助、以工代赈等机制，推动贫困群众通过自己的辛勤劳动脱贫致富。

鼓励社会各界投身乡村建设。建立有效激励机制，以乡情乡愁为纽带，吸引支持企业家、党政干部、专家学者、医生教师、规划师、建筑师、律师、技能人才等，通过下乡担任志愿者、投资兴业、包村包项目、行医办学、捐资捐物、法律服务等方式服务乡村振兴事业。研究制定管理办法，允许符合要求的公职人员回乡任职。吸引更多人才投身现代农业，培养造就新农民。加快制定鼓励引导工商资本参与乡村振兴的指导意见，落实和完善融资贷款、配套设施建设补助、税费减免、用地等扶持政策，明确政策边界，保护好农民利益。发挥工会、共青团、妇联、科协、残联等群团组织的优势和力量，发挥各民主党派、工商联、无党派人士等积极作用，支持农村产业发展、生态环境保护、乡风文明建设、农村弱势群体关爱等。实施乡村振兴“巾帼行动”。加强对下乡组织和人员的管理服务，使之成为乡村振兴的建设性力量。

二、案例正文

富豪别墅赠乡亲，缘何搁浅心酸中

摘要：乡贤回报乡里是扶贫脱贫的重要实现方式，是“先富帮后富”的生动实践。企业家陈 ×× 为了帮助提高 G 村村民的生活水平，捐资 2 亿多元筹建 258 套别墅无偿赠送给村民，却因村民诉求各异导致别墅分配“搁浅”。有网友指责村民“人心不足蛇吞象”，但其背后更深层次的原因却是基层治理遭遇困境。2013 年，党的十八届三中全会将“完善和发展中国特色社会主义制度，推进国家治理体系和治理能力现代化”作为全面深化改革的总目标。基层治理作为国家治理的基石，在国家治理体系中发挥着基础性作用。传统的基层治理模式已经失效，构建以协商民主为中心的多元协同治理体系是破解当下基层治理困境的必然选择。本案例有助于加深学生对政府责任和基层治理的理解，提升学生解决基层治理难题的能力和水平。

关键词：扶贫脱贫；公益别墅；基层治理；协商民主

引言

“我都不明白你们这些神通广大的记者，从哪里得到我的电话的。”G 村村委会办公室里支部书记何 ×× 的电话一直响不停。有村民打电话来咨询的，“听说那房子要分下来了，到底是什么分法？”有镇上领导打电话来要求“落实分房计划”的，也有各地媒体记者打电话来“寻求采访”的。

G 村最近有点热闹，一夜之间成了大江南北都知晓的“网红村”。怎么回事？原来，该村有个企业家回报乡里，捐了 2 亿多元筹建 129 栋共 258 套别墅，准备无偿赠送给村民使用。但令人始料未及的是，在一期项目即将竣工交付之时，房子却分不下去……

1. 缘何而来——乡贤助力扶贫的案例背景

1.1 经济繁荣与不平衡的发展

改革开放以来，我国的经济建设取得了举世瞩目的成就。G 省作为改革开放的“前哨”，凭借其地理区位优势和国家政策的支持，更是取得了骄人的成绩。根据国家统计局的公布数据，G 省 2016 年地区生产总值为 80854.91 亿元，在全国各省市中居于首位。经济繁荣下，一大群富豪横空出世。据《2017 胡润财富报告》的数据，大陆每 940 人中有 1 人是千万富豪，每 1.4 万人中有 1 人是亿万富豪[①]。然而，在富豪林立的同时，也出现了经济发展不平衡、

[①] 胡润研究院 .2017 胡润财富报告 [EB/OL]. https://cj.sina.com.cn/article/detail/2678927085/389512

贫富差距较大的状况。2015年的数据，G省仍有176.5万贫困人口，可以说，即便是G省，也依然面临着较为严峻的脱贫任务。

1.2　扶贫济困与“先富帮后富”

党的十八大以来，脱贫攻坚成为党和政府的一项重要工作，五年来取得了决定性进展，贫困人口减少6800多万，贫困发生率由10.2%下降到3.1%。[①] 在政府政策的倡导下，大批民营企业家回报家乡、助力扶贫。汪洋在“万企帮万村”精准扶贫行动现场会上强调，民营企业开展“万企帮万村”精准扶贫行动是先富帮后富、实现共同富裕的生动实践，要深入贯彻中央扶贫开发工作会议精神，紧紧围绕精准扶贫、精准脱贫，坚持市场导向，创新利益联结机制，确保“万企帮万村”行动落到实处、取得实效。[②]

G村曾一度被列为省级贫困村。经过企业家陈××回乡兴办产业、扶贫济困，2014年G村已经脱离了“贫困村”。2011年，陈××看到村民的房子普遍比较破旧，便萌生了帮助乡亲修房的想法。2014年，G村别墅建造正式破土动工。此外，湛江市杨赤里村、茂名市笔亭村、梅州市小留村的别墅捐建项目，也是“先富帮后富”的生动实践。

1.3　国家治理现代化与基层治理困境

党的十九大报告指出，必须坚持和完善中国特色社会主义制度，不断推进国家治理体系和治理能力现代化。而基层治理在国家治理当中占据着基础和关键地位，基层治理现代化无疑是国家治理现代化的基石和重点。[③] 然而，随着村两委矛盾凸显、“最后一公里”困境难以解决、农村公共产品供给匮乏、基层政权功能性退化、规则混乱和共识消解、行政管理体制错位等现象的大量出现，基层治理中的矛盾和冲突时有发生，许多地方的基层治理困境逐渐浮现。本文所说基层治理困境，是指由于缺乏基层政府的主动引导，公共事务难以开展、干群关系紧张加剧、基层自治功能弱化、公众缺乏广泛参与、群众普遍采用“闹”的方式表达诉求等现象频发的状况。

1.4　粤商精神对粤商行为选择的影响

2017年9月19日，在广州举行的2017粤商大会上，马化腾首次提出自己对于粤商精神的理解。他认为当代粤商普遍具有4个特质：务实的作风、创新的精神、开放的胸怀、常怀感恩的心。案例中的陈××作为粤商的一员，也具有粤商的特质，怀有感恩的心，

---

① 中国政府网.2018年政府工作报告[EB/OL]. http://www.gov.cn/zhuanti/2018lh/2018zfgzbg/zfgzbg.htm

② 中国政府网.汪洋：深入开展“万企帮万村”行动促进先富帮后富实现共同富裕[EB/OL].https://www.gov.cn/guowuyuan/2016-10/13/content_5118695.htm

③ 周少来.“上访管控困境”与农村基层治理结构转型[J].江苏师范大学学报（社会科学版），2017（4）.

在功成名就之后，想要回报曾凑路费给自己去上大学的乡里，为村民修建别墅。

2017 年 9 月 15 日，《南方日报》一篇名为《新时期粤商精神的生命力和认同感是什么？》的文章中讲到了新时期的粤商精神。对内讲“和气生财”，对外“和平友好”，这是传统儒家文化所强调的，中国传统商业文化是“合和”文化，即由集合、汇合、混合、结合、合作到和谐、和睦、和顺、和悦、和平共处的文化。中国传统儒家文化中的和谐精神与西方文化中竞争、开拓精神相结合成为一种重要的文化特质，对粤商精神产生了重大影响。新时期的粤商传承了旧粤商不忘国忧、关爱民生的传统美德，顾大局、讲奉献、做慈善，他们用实际行动为国家分忧，为社会解困，为民众积福。更是在抗洪救灾、扶贫助弱、新农村建设等社会事业中积极捐资捐款，充分展现了新时期粤商的家国情怀和高尚风貌。陈 ×× 用他的行动表明，他无疑也是新时期粤商精神的传承者和发扬者。

2. 分配搁浅——G 村面临的扶贫困局

2018 年 3 月 26 日，《南方日报》发布了一则题为《湛江富豪捐 2 亿建 258 套别墅赠乡亲，房子却送不出去！》的消息，此后该消息被新华社、凤凰网、《人民日报》、澎湃新闻等媒体相继报道。消息迅速刷屏，仿佛“一石激起千层浪”，G 村在一夜之间处在了舆论的“风口浪尖”之上。

2.1　陈 ××：我知道穷的滋味

2011 年，“北大猪肉王子”、天地壹号的创始人、广东天地食品集团总裁陈 ×× 看到村民的房子普遍是砖瓦结构，大部分比较破旧，便萌生了帮助乡亲修房的想法。在和当时村委会成员商量后，陈 ×× 提出要为村里的常住人口修建别墅。

为了摸清具体户数，村委会干部于 2013 年前后进行调查、统计，共有 190 多户常住村民拿户口本进行了登记。预留一定的变动后，由村集体提供土地，陈 ×× 计划出资 2 亿元，分两期修建 129 栋共 258 套别墅、2 栋农村公寓、1 栋村委办公楼、1 个幼儿园、1 个敬老院等，其中仅设计费就花了几百万元。第一期别墅共 69 栋 138 户，建在村集体的荒地上，完成内部装修、配套绿化、优化排水、铺设地下电缆后，于 2017 年底基本可以交付使用。2014 年 12 月 19 日，G 村别墅修建工程动土开工。

“我们这代人是从计划经济年代过来的，知道穷的滋味。我就读北京大学时，当时的政策是让一部分人先富起来，至今，村里富起来的也就七八户人家。我感到我该干点事，虽然改变不了很多，但有能力改变一个村子。农民面临太多的现实问题，归结起来就是贫困。在农村，一场病会毁掉一个家庭；建一幢房子便会耗费半生的积蓄。”

陈 ×× 为 G 村做出的回报不仅于此。据了解，为了实现共同富裕，陈 ×× 在 G 村开设了大规模的生态养猪场，为村里 100 多户村民提供了就业机会。猪苗、饲料、疫苗由公司统一提供，按标准出栏后统一收购，按每人每年饲养 500 头计算，一人一年的收入可达到 10 万元左右。由于担心村民收入不够，陈 ×× 还出钱收回了村里早前出租的山地，统一种植荔枝树，每户村民可以分配到 5 亩荔枝林。这些投资使 G 村摘去了“贫困村”的帽子。

G 村现任村主任陈 × 强说：“老板（陈 ××）致富后一直没有忘记家乡，G 村老老少少都对他充满感恩之情。”

2.2　村民：诉求各异

然而，在一期项目即将竣工交付之时，房子怎么分配却成了问题。别墅楼基本竣工后，却因村民的种种想法出现了矛盾，别墅能否按原计划分配也成了问题。

57 岁的村民陈某山表示两个儿子早前已结婚成家，希望多分配到一套房子，或者不拆除旧房；62 岁的陈某善表示别墅只有一个灶台，两个儿子成家后住一套房子煮饭不方便；38 岁的陈某波则希望别墅能尽快分下来。据在镇上教育部门工作的陈某武透露，在前不久召开的一次村民代表会议中，有近一半的村民代表提出，如果公司要拆除他们的旧房子，除了给他们分配别墅以外，还需要支付一定的赔偿。

“村民们大多还住在旧村庄的老房子里，很快要到台风季节了，大家都希望早点搬进别墅。”村民陈 × 生如是说。

“两个儿子都结婚成家了，如果分一套房子，是肯定住不了啊！”陈 × 清有点激动地说。

作为现场施工方的负责人，魏 ×× 表示最近很是烦恼。原本可以交付的别墅，在 3 月初连续几天遭人恶意破坏。十多个窗子被石头砸坏，又要重新修复。村委会称是其他村的村民破坏的。对此，魏 ×× 已无从查究，只能增派人力看管，抓紧维修。

“一些户口早已迁出的原 G 村人还集体写信，希望也能分配到别墅。”魏 ×× 表示，“很多村民更是直接联系到了陈 ×× 那边。但这些不符合实际、超出了原本计划的要求，都被我们拒绝了。”

这些村民的想法和要求已经使得陈 ×× 连续两年不愿回乡过年了。“一回去，每个人都提出各种问题和要求，所以我干脆就不回去了。”陈 ×× 无奈地表示。

2.3　村委会：这都不是问题

据悉，从陈 ×× 提出要为村民修建别墅以来，村委会付出了大量的精力和时间进行协助和协调。2013 年前后，村委会干部就村里户数进行了调查统计。在修建新戏台时，需要拆除原地的一排废旧猪栏，而物主并不愿意自行拆除，并以此为筹码要求多分两套房子，村委会就此做了一年多的工作。

对于村民的各种想法，G 村党支部书记何 ×× 表示："这都不是问题。当初陈 ×× 和村里在规划的时候，就已经预见到这个问题，当时实际登记的全村户数是 171 户（不含五保户），考虑到户数增加，就规划了 258 套房，而这多出来的 87 套房就是考虑到增长户数的。"他还表示，现已计划在村里重新规划出一片土地，提供给之后新成家的村民自建房屋，解决村民住房的后顾之忧。

G 村村委会表示，近日他们将召开全体村民大会收集村民的意见，商讨房子的分配方式。村主任陈 × 强直言："有村民有不同的诉求，相信在党委、政府的重视下很快就能达成一致，到时请大家来我们村看看我们的新农村新生活。"

2.4　各级政府：高度重视

据了解，媒体报道了 G 村别墅分配搁浅的消息以后，Z 市的各级党委、政府在第一时间予以高度关注。

网上传出别墅分配出现问题后，Z 市委书记郑 ×× 高度重视，指示县里要协调好，把正气和道德风尚树立起来。县委书记余 ×× 表示，此前企业筹建捐赠别墅是自发公益行为，是乡贤情系乡里、回报家乡的结果，并无与县镇两级进行沟通，村委会也没上报相关情况。镇党委书记陈 ×× 表示，企业筹建捐赠别墅是自发公益行为，值得宣传、肯定，镇委、镇政府诚恳接受舆论监督，将继续加强与村民、企业的沟通，将好事办好，让公益行为圆满落地。

3 月 27 日，县、镇两级政府派出工作组，到 G 村召开村民代表会议，听取村民的意见和看法。工作组现已开展了连续两天的进村入户走访调查，与 G 村村委会、村民小组代表进行了多次沟通协调，《G 村新农村建设第一期别墅型新民居赠送方案》初稿已经出炉。

镇党委副书记林 ×× 说："目前我们已经成立了专门的工作组，协调 G 村的别墅分配工作，在未来一个月里，工作组将通过走访的方式，收集每一户村民的意见。同时和企业家沟通，尊重其意见完善分配方案。最终争取在一个月内确定方案，把现有的别墅分下去，让公益行为圆满落地。""村里已第一时间把方案初稿交给陈 ××，征求他的意见，完善后交由村民大会共议。通过后进行公示，没有异议再组织实施，一定给陈 ×× 和广大村民一个满意的答复。”

3. 追根溯源——别墅分配搁浅只因“人心不足蛇吞象”？

原本是利国利民的惠民好事，却为何不能圆满落地？是乡土逻辑导致个人扶贫遭困，还是存在别的更深层次的原因呢？

据调查，各大媒体对这件事情的报道在网上掀起了轩然大波，对此，网友们几乎是“一边倒”地指责村民们“人心不足蛇吞象”、不懂感恩、贪得无厌……认为这是“升米恩，斗米仇”、慈善的悲剧、人性的贪婪……京东创始人刘××也发微博评论称：“初衷非常好，不过农村非常复杂，稍有不慎就会引火烧身！”

不过仍然有一小部分网友认为无偿送别墅固然是好事，但其中也涉及宅基地征收、老房屋拆迁等复杂情况，只有一面之词并不可信。然而，在波涛汹涌的舆论面前，这样的声音无异于石沉大海。

正如网友所说“一面之词不可信”，只停留在陈××和政府的角度加以先入为主的臆想，无助于认清事情的本质，要想了解事情的起因经过，理清事件的来龙去脉，还必须倾听村民的心声。

3.1　漫长的工期

据了解，自2012年底陈××提倡并开始动工修建别墅以来，一期项目距接近竣工已经过去了5年，许多村民表示自己已经等不及了。村民陈×邦说：“你们都是来看房子漂亮的，我看了5年，真的看烦了。”据陈×邦介绍，2015年的一场强台风，掀起了他家老宅的屋顶，一家四口从老宅子里搬出，勉强挤进了在旁边盖起的临时活动板房。“谁不想早点住别墅？现在房子坏了不能重盖，也舍不得重盖。”陈×邦的话道出了许多村民的心声，自从陈××提出要为村里修建别墅以来，腰包渐鼓的村民也就打消了重建新房的念头。

此外，也有想建而不能建的。据村主任陈×强解释，别墅在建造之初利用的是村集体一块填海而得的空地，经过了当地住建部门的批准，但村内宅基地总面积是有上限规定的。而且为了避免村民不必要的经济损失和日后矛盾，近几年村民在老宅上加盖和重盖房屋的申请几乎都未能通过。这也就是说，这些还未竣工的别墅，早已规划进G村人的未来生活版图。

老旧房屋越是颓败，村里人早日入住别墅的渴望也就越强烈，但漫长的工期长达5年，而且这还仅是一期工程，二期项目的别墅何时可以入住更是遥遥无期，许多村民对此已经产生了深深的焦灼感。

3.2 拆了旧房要吃亏

如前文所述，村内宅基地总面积是有上限规定的，因此，自别墅投入使用的那一刻，村民们的老宅就将面临拆迁，以满足二期项目建设用地的需要。距 2013 年统计户数已经过去 5 年，5 年来经过婚嫁分家、后代生育，最初的分发方案已经不能满足一部分人的住房需求。更令村民们感到为难的是，入住别墅的前提是放弃老宅，但大多数老宅虽然破旧，却能基本满足家人居住的需要。村民们陷入了必须“二选一”的两难境地，虽然别墅建造得非常精细，但对于人口较多的家庭而言，满足全部家人的基本居住需求却是一个无奈选择。由此看来，有些村民要求多分一两套别墅以保证子女婚后的住房，并不为过。

“如果非要选一个，我只能是要老宅子。我一辈子的卖菜心血，就换了一家十几口人的容身之地。”79 岁的陈 ×山已经决定。

据悉，在原来的别墅分配方案中，村民们所能获得的别墅宅基地面积与现有的宅基地总面积并不完全是对等的。村民们提出疑惑，如果放弃原有的600 平方米的宅基地和院子，换来的别墅宅基地面积没有达到原有的面积，那么缺少的那部分是不是应该有相应的补偿？在相当长的时间里，土地是中国农民唯一的财富，而宅基地更是农民的核心利益。他们所能掌控的资源，就只有自己的“一亩三分地”，失去了这些土地，内心就失去了安全感。所以农民的生存逻辑，便是不管面对谁，守住了“一亩三分地”，就守住了希望。由此看来，村民们要求赔偿别墅宅基地面积相对于老屋原有宅基地面积中不足的那部分，也是合情合理的。

“你赠送房子给我，我当然高兴啊，我也很感激陈 ××，但你不能收回我的老屋基啊。”村民黄 ×× 说，“老板的善举，我们很感激，但不能侵害我们原有宅基地的利益，这是两码事。”此外，还有不少村民提出，假如我们的房子被拆以后，他们是不是拿去开发投资呢？

对于村民们的疑惑，何 ×× 回应称，所有的安排，前提都是村民自愿，通过集中安置村民，将原有的村庄空地置换出来归村集体，根据实际情况复耕或者建设。“这既符合美丽乡村建设的需求，也满足了农村集约化使用的原则。如果村民觉得这样的赠送不满意，那就只有放弃获得新房子的机会了。”

3.3 对公平的渴望

陈 ×× 的别墅，本就是赠予村民居住的善举，但放置于现实情境之中，不少村民还是对赠予的“公平”产生了渴望。

村民对“公平”的渴望，其实早从陈 ×× 回村兴办产业时就萌芽了。陈 × 明一家最主要的收入来源是他前几年分得的 5 亩荔枝树。他也曾申请养猪，但由于年龄偏大、缺乏养猪经验而未果。尽管村里此前已经公布了养猪承包户的挑选办法——能够较快理解规范化养殖培训内容的年轻人优先，有养猪经验的优先。但是他还是表示，前三年荔枝树处于培育期，没有经济效益，但养猪每 8 个月就能有一批出栏售卖。然而即便是在种树者眼里的养猪“既得利益者”，也慢慢觉得规模化养殖有不尽如人意之处。比如，各家养猪规模并不一样，每年养猪收入从几万元到几十万元各异。“有人和老板或者村干部关系近，难免就能多养一些猪。”有村民这样揣测。“还有很多事情没有自主权。比如现在的猪苗是统一配送的，但那些养不大的猪还要自己承担经济损失；再比如我们的猪都是拉到广州去称重的，我们不能眼见为实，多少不放心。”陈 × 邦如是说。

现在，面对陈 ×× 赠送的别墅，这块 G 村最大的公益奶酪，村民们对此的“公平性”的渴望则更加强烈。“如果一定要让我放弃别墅，那就把别墅那儿属于我的空地给我。”对土地权益并无确切认知的陈 × 明，把建起别墅的村集体用地视作一块必须实现“公平”的土地。中国农村社会长期以来处于一个物资匮乏但相对稳定的状态，“不患寡而患不均”成了许多农民的真实写照。“别人有的，我也要有。”对于集体性的物品，这是村民们对于“公平”最朴实也是最普遍的想法。在大家普遍贫穷的时候，没有人会觉得不公平，一旦出现了以某种标准（如财富）划分的差距悬殊的等级，下一等级就会对上一等级产生不公平感，更何况这种等级的区分还是来自别人的帮助。因此，与其说 G 村村民是为了实现自身利益最大化，倒不如说是为了追求社会的相对公平性。

综上所述，G 村村民对别墅提出的额外要求，虽然有些确实显得蛮横无理，但也有些并非网友所说的“人心不足蛇吞象”，完全是为了保障自身的生存条件。正如村民陈 × 山总结：“不忘恩情的陈 ×× 老板没有错，村民们也没有错。”那么，到底是什么原因导致公益行为陷入了困局？

4. 他山之石——分配搁浅背后的基层治理困境

如前文所述，网上传出别墅分配出现问题以后，当地各级党委、政府都予以了高度关注，县政府和镇政府也已成立了工作组，走访入户，协调各方，目前别墅分配的方案初稿已制定，等待落实。但问题是，G 村别墅分配为何会陷入困局？镇政府为何不在别墅建造之初就开始介入？其背后又存在怎样的现实困境和行动逻辑？

4.1 成功的案例——梅州市小留村

据调查，捐赠别墅以助力农村扶贫的企业家并非只有陈 ×× 一个，其中不乏分配成功的案例。

梅州市大埔县小留村的“郭老板”，也捐建了别墅。据悉，“郭老板”并不是一个人，而是指从 2007 年至今相继捐建别墅的三位乡贤，因为都姓郭，所以大家亲切地称他们为“郭老板”。据介绍，第一位乡贤的善心工程于 2007 年动工，投资 500 万元，2009 年竣工，17 户村民搬进新居；第二位乡贤的善心工程于 2012 年动工，投资 7000 多万元，于 2013 年年底竣工，惠及 69 户 200 多人；第三位乡贤的善心工程于 2014 年动工建设，投资 3000 多万元，规划建设 17 栋房屋，将惠及 55 户 200 多位村民，截至 2017 年正紧张有序建设中。

据小留村村干部郭 ×× 介绍，当初建造第一批别墅时，村民也曾质疑乡贤是否有能力建设这样的别墅。在充分听取乡贤和村民的意见后，经镇政府、村委会研究，决定在原老房子的基础上拆除重建，改造工程不占用一分水田，全部由外出乡贤出资捐建，产权归村民所有。由于项目资金有限，建好的别墅不可能每户都能享受到，如何分配是一个巨大考验。经过多方协商决定，先捐建三位乡贤个人所在的村民小组，再根据投资情况逐步扩大捐建范围。同时，在项目推进前，乡贤多次参与村委会组织的村民大会，打消村民疑虑，并和村委会一起，拿着设计图纸挨家挨户与村民商量新房建设事宜。郭 ×× 表示：“一期工程建设进展顺利，除了乡贤在其所在的村小组威望高以外，也离不开工程前期的群众工作做得比较充足。”

4.2 对比之下——政府参与的重要性

经过多次讨论，小留村确定了以下分配原则：谁家宅基地上建的别墅，就归谁所有；如果宅基地属于多户人家，就由他们协商分配方案，协商解决不了的，就抽签决定；针对户口迁出本村的，如果项目占用了其宅基地，也可以分配到房子；项目区域内没有宅基地，但要占用到周边空地、农舍等情况的，则按占地面积予以相应的补助；按户头分配别墅时，对宅基地面积较大、人数较少的家庭进行适当补助。与 G 村缺少明确的分配方案不同的是，小留村在第二、第三位乡贤的捐建工程拆迁动工以前，村里就制定了详细的建设方案、分配方案、后期管理方案（包括房屋产权、加建等详细问题），并召开了户主代表大会，每一位户主都要签字，从而避免了后续纠纷的出现。

“自 2006 年以来，大麻镇通过政府引导、群众参与、乡贤出资的方式，推进新农村的建设和发展。”大埔县政府相关负责人说。大麻镇相关工作人员认为，在新农村建设的过程中，虽然乡贤捐资很重要，但如何把村民组织好，把多元的利益诉求解决好，是调动新农村建设内生动力的关键。如今，小留村各期项目顺利落地，激发了乡贤的爱乡热情。“每到节假日，很多外出乡贤不管多远都要回来，看看村里的变化，邻邻舍舍坐一坐。”郭伯高兴地说。

相比于G村陈××“不愿意”回家的尴尬境地，小留村“郭老板”的结局可谓截然不同。同是乡贤无偿捐赠别墅，为何G村的公益行为会尴尬搁浅？为了更好地回答这个问题，表1总结了两村捐建过程的区别。

表1：小留村和G村别墅分配相关事项对比

对比事项	小留村	G村
工期	2年左右	5年
分配方案	明确产权归村民所有，事前制定了详细的建设方案、分配方案、后期管理方案，要求户主签字	村民对产权归属、旧房拆迁等事项表示未知，事前缺乏明确的分配方案
宅基地问题	别墅建在谁的宅基地上，就归谁；对面积大、人口少的家庭适当补助	对宅基地问题含糊不清
前期群众工作	事前乡贤和村委会挨家挨户搜集村民意见，多方协商解决纠纷	事前仅对户数进行了登记，乡贤、村委会和村民之间缺乏沟通，对村民意见缺乏详细了解
基层政府参与程度	大麻镇政府引导全过程	县政府和镇政府在问题曝光后成立工作组，介入调查和协调
结局	进展顺利，分配成功	进展遭困，分配搁浅

经过对比发现，小留村和G村的别墅捐建项目在工期、分配方案、宅基地问题、前期群众工作、基层政府参与程度等方面都存在着明显差异，各种因素纷繁复杂，共同导致结局迥异。其中，基层政府的参与程度是别墅捐建是否顺利的核心因素，比如在大麻镇政府引导下的各方协商使小留村的一期项目顺利开展，而由于缺乏镇政府参与的各方沟通则令G村村民充满疑虑；又如小留村在镇政府的引导下制定了详细的分配原则使别墅顺利分发，而G村的公益行为却在“无政府状态”下陷入困境。此外，就纵向来看，在政府介入之前，G村一期项目分配进展缓慢，而在县镇两级政府派出工作组之后，仅仅2天之内就制定出了分配方案的初稿，问题的解决取得了实质性进展。可见，基层政府在两村别墅捐建过程中扮演着举足轻重的重要角色。

4.3　基层治理困境与多元协同治理

改革开放以来，国家经济社会变革带动乡村社会基础发生了巨大变化，市场经济带来的高流动性使原来的双重治理体系大规模瓦解，“单位社会”走向公共社会。对于基层政府来说，失去了原来承担政府指令的单位体系，自身又尚且不具备“直接治理”的能力，基层干部便习惯于推诿，“多一事不如少一事”，甚至不作为，从而导致基层社会治理失效。农业税费取消之后，地方政府的主要工作由向下汲取资源转变为向上争取资源[①]，不再需要通过组织农民完成任务，干部和群众互动的机会也就越来越少，干群关系变得疏远甚至紧张[②]，从而出现了信任危机。具体到基层政府而言，乡镇政府的事权和财权极不对称[③]，“权小、责大、能弱”，由于“单位治理结构”瓦解，乡镇政府不得不将越来越多的行政任务交予村委会完成。而作为群众性自治组织的村委会，本是农民赖以表达利益诉求的渠道，如今却日益行政化，致使农民利益表达不畅通[④]，便只能依靠自己的力量并且往往采取“闹”的方式去表达。于是，干部口中所谓的“刁民”便大量出现。面对维稳与考核的双重压力以及法治话语的兴起，许多基层干部对群众矛盾抱以“大闹大解决，小闹小解决，不闹不解决”的治理思路，因此，在网上爆出别墅分配“搁浅”以后，县政府和镇政府便迅速派出了工作组。

综上所述，面对日益多元的利益诉求，自 20 世纪 80 年代实行至今的“乡政村治”的基层治理模式已经不再适应当下[⑤]，基层治理该往何处去成了一个重大问题。党的十九大报告指出，有事好商量，众人的事情由众人商量，是人民民主的真谛。协商民主是实现党的领导的重要方式，是我国社会主义民主政治的特有形式和独特优势。基层治理，说到底是“众人的事”，G 村公益行为的圆满落地离不开民主协商。因此，构建一个党委领导、政府负责、民众参与、社会协助的以协商民主为中心的多元协同治理体系，是破解基层治理困境的必然选择。

■ 结语

G 村别墅捐建项目是乡贤回报乡里的公益行为，是利国利民的惠民好事，但众多复杂的因素交织在一起导致分配最终“搁浅”，其中基层政府的“缺位”是最重要的因素。G 村公益别墅分配“搁浅”是基层治理困境的一个缩影，研究其背后的深层次原因是有益且是必要的。随着经济社会的快速发展，传统的“乡政村治”已经不再适应日益多元化的当下基层社会。在国家治理体系和治理能力现代化的总目标的要求下，如何创新基层治理体

---

① 唐绍洪，刘屹．“多元主体治理”的科学发展路径与我国的乡村治理 [J]. 云南社会科学，2009（6）.

② 殷民娥．多元与协同：构建新型乡村治理主体关系的路径选择 [J]. 江淮论坛，2016（6）.

③ 余华林，凌学武．我国乡村治理中的多元矛盾分析 [J]. 理论界，2006（7）.

④ 吴家庆，苏海新．论我国乡村治理结构的现代化 [J]. 湘潭大学学报（哲学社会科学版），2015（2）.

⑤ 周水仙．多元治理：完善乡村治理机制的必然选择 [J]. 江苏省社会主义学院学报，2007（1）.

系，破解当下基层治理困境，乃是当务之急。

■ 思考题

1. 结合“马斯洛”需求层次理论，思考各个主体分别有怎样的利益考量？

2. 结合案例，阐述 G 村别墅分配“搁浅”体现了哪些基层治理困境？

3. 结合案例，思考基层治理困境产生的原因是什么？如何破解基层治理困境？

4. 基层政府参与基层治理的边界在哪里？

三、案例说明

（一）课前准备

1. 理论准备：应该掌握公共管理特别是基层治理的基本内容、基层政治制度运行的基本特点和原则、影响基层治理的因素、基层治理困境的主要表现、国家与社会关系、协商民主和多元协同治理等相关理论。

2. 案例准备：要求学生提前预习“案例正文”，收集与本案例相关的政策、文件与资料，独立完成案例正文后的思考题，为课堂讨论做一定的准备。

3. 组织准备：做好学生的组织动员工作，提前分组，4—6 人为一组，以利于提高学生在课堂上的积极性和参与度。或安排以辩论赛的形式，分成正反、攻防两方，在课堂上进行辩论，在辩论的过程中引导学生思考学习。

（二）教学目标

1. 通过组织学生阅读案例，学生加深对基层治理基础知识的理解和掌握。

2. 通过组织学生讨论案例，加深其对基层治理困境的突出表现、产生原因及其破解途径的相关理论、观点的理解和把握。

3. 通过组织学生系统学习案例，提升学生分析和解决现实基层治理问题的能力，增强学生自主学习和独立思考的本领，为其综合能力的提升打下良好基础。

（三）案例讨论

1. G 村公益别墅分配为何“搁浅”？

2. 不同主体的需求层次分析。

3. 基层治理困境的产生原因和破解之道。

第二节　民意难领政府情，垃圾围城伤几许

——X县垃圾焚烧发电项目引发的群众性事件

一、案例背景

《关于拟建X县垃圾焚烧发电项目的公告》

依据国务院有关部委和湖南省人民政府关于生活垃圾处理政策要求，为切实有效解决X县城乡生活垃圾处理的现实问题，经X县人民政府第十六届十九次常务会议研究决定，拟建设一座生活垃圾焚烧发电厂。现公告如下：

1. 项目概况

项目名称：X县垃圾焚烧发电项目

建设单位：X县城市管理和行政执法局

建设规模及用地：项目计划投资8亿元，近期日处理规模为1200吨，年处理能力为40万吨；年发电量为1.4亿度，上网电量为1.2亿度。建设用地初定100亩（0.067平方千米）左右。

建设内容：配置2台600 t/d焚烧炉，2台中温次高压余热锅炉，1套24 MW凝汽式汽轮发电机组，同时建设污水处理系统、烟气净化系统、灰渣处理系统、电气及自控仪表系统等配套设施。

2. 项目建设的目标

按照垃圾处理“减量化、无害化、资源化”要求，选择最先进的垃圾焚烧处理工艺，引进最优秀的公司，将项目建设成为一个绿色园林式单位、X县环保科普教育基地。

3. 项目采用的工艺标准

项目严格执行国家《生活垃圾焚烧处理工程技术规范》和《生活垃圾焚烧处理工程项目建设标准》，焚烧烟气排放执行欧盟2010标准。

污水经处理后水质达到《城市污水再生利用 工业用水水质》敞开式循环冷却水水质标准，作为循环冷却水补充水，不向厂外排放。

炉渣进行综合利用，灰飞执行《危险废物鉴别标准 浸出毒性鉴别》和《生活垃圾填埋场污染控制标准》运往指定填埋场处理。

4. 项目的选址

严格遵照国家《生活垃圾焚烧处理工程技术规范》和《生活垃圾焚烧污染控制标准》，做到符合城乡总体规划、环境保护规划和环境卫生专项规划，并符合大气污染防治、水资源保护等要求。

5. 项目建设的实施

项目采用PPP（公私合作）模式建设，社会资本采购严格按照国家《政府采购法》《招投标法》面向社会公开招标。项目所需资金源于X县建设投资有限公司与社会资本按股权比例的资本金注入和项目公司的债务性资金投入。

项目采用BOT（建设－经营－转让）形式运营，政府授予特许经营期限为30年。

欢迎社会各界人士对项目建设提出宝贵意见和建议。征集意见截至日期：2018年2月28日。

征集意见邮箱：XXXXXXXXXX@QQ.com

来信请寄：X县城市管理和行政执法局

征集意见电话：0731–XXXX3110（工作日时间）

联系人：刘××

2018年2月9日

X县城市管理和行政执法局

二、案例正文

民意难领政府情，垃圾围城伤几许
——X县垃圾焚烧发电项目引发的群众性事件

摘要：长久以来，垃圾焚烧的合理性一直遭到人们质疑，相关部门对此也一直争论不休。但随着中国城市化进程加速，垃圾围城问题日益严重，填埋堆放的方法已经无法满足需求，垃圾围城迫使X市不得不走垃圾焚烧发电项目建设的道路，但该项目选址一波三折，民意难领政府情，多次都无疾而终。调查得知，引起市民热议与反对的主要问题有三个：其一，焚烧垃圾发电对环境的影响，到底垃圾焚烧是有益的还是将加剧环境的恶化，造成另一种环境破坏；其二，项目选址问题，X 市多次选址，却无一次得民心，引起多所学校师生质疑该项目选址的科学性，甚至引起群众集会反抗；其三，工程施工先于规划公示，选址规划并未经过公示，群众称事先并不知情。X 市市民质疑声不断，事情经过多天的发酵，政府决定与民众沟通协调，对民众所质疑的问题给予回复。此后，X 市政府发布了通报，并召开了听证会，听取广大专家、学者、群众的意见与建议。2018 年 X 市政府按照法定程序，重启垃圾焚烧发电项目建设，重新作出选址决策。值得一提的是，政府在重启垃圾焚烧发电项目建设的舆情处理方面，对群众采取了“公开、解释”的措施进行疏导，对肆意造谣者进行严格查处与惩罚，很好地控制住了舆论局面，未使得其向恶劣的方向发展。一波三折之后 X 市垃圾焚烧厂选址项目建设又将何去何从？在垃圾焚烧发电项目建成之后，政府应如何加强有效监管？这些问题都值得深思。

关键词：垃圾围城；垃圾焚烧发电；政府决策

引言

如何处理城市垃圾是关系到居民生活质量的大事。近年来，垃圾焚烧发电在我国方兴未艾。而在 X 市，垃圾焚烧项目建设却是一波三折。2014 年 4 月 30 日，X 市城乡规划局发布《X 市固体废物综合处置中心修建性详细规划》，对 X 市垃圾焚烧项目进行为期一个月的公示。然而公示一经发布就引发广大市民热议，最终迫使项目停工。按照政府的说法，这本是一件有利于市民的大好事，可为什么遭到如此强烈的反对呢？ X 市的垃圾焚烧工程又该如何进行？民众又将如何看待 2017 年、2018 年全新启动的垃圾焚烧项目？

本案例基于对 X 市城市垃圾问题的现状与问题调研，展现居民与政府在此次舆情事件中的主要矛盾，对 X 市居民阻碍垃圾焚烧场建立的原因进行全面、系统、深入分析，引出对相关问题的深入思考。

1. 垃圾围城百姓苦：X 市欲建垃圾焚烧厂

1.1　X 市渐成垃圾围城

X 市位于湖南省中部且偏东的地区，市域内为典型的低山 - 丘陵地貌，西、北、南地势较高，属于亚热带季风性湿润气候，夏季炎热高温，冬季严寒潮湿，这种气候环境对城市垃圾的处理与回收有很大的影响。据了解，我国的城市生活垃圾年清运量大约是 1.4 亿吨，除了少部分堆肥、焚烧或回收利用之外，70% 以上的城市垃圾将会被运送到垃圾处理厂进行处置。一旦长时间不处理垃圾，那么垃圾在腐烂和稳定的过程里产生的恶臭气体将对周围环境造成严重污染，并从呼吸系统、消化系统，以及精神情绪等多方面影响城市居民的身体健康。X 市虽然所辖县与县级市较少，是湖南省面积较小，人口较少的地级市，但其经济总量排在该省各地级市中游，主要是由于其市区本体的经济总量相对较大，人均较高，是湖南省相对发达的地区。随着 X 市的经济水平迅速发展，随之而来的城市垃圾问题也日益严重，垃圾处理问题变得越来越突出。一方面，城市经济发展水平的提高拉动了城市垃圾处理设施的进步；另一方面，城市垃圾处理的设施与政策也越来越无法解决城市经济发展所带来的一系列城市垃圾问题，阻碍了 X 市的经济协调发展。

随着我国工业化和城市化的逐步推进，城市生活垃圾问题越来越受到人们的关注。当前，我国城市垃圾每年产生量已经接近 2 亿吨，平均每人每年生产垃圾量约 300 公斤，而且增长势头不减，近几年来基本上是以 10% 的增速在增长，这实在是一个惊人的数字。今天，无论是大城市还是小城镇，我们经常看到垃圾遍地的景象，有的城市甚至可以说是垃圾围城了。在大力加强环保的大前提下，X 市面临着十分严峻的垃圾处理问题。

1.2 X 市城市垃圾处理现状

X 市当前正处在发展迅速的城市化进程中，城市人口不断增加，所制造的城市垃圾也日益增多。2010 年，X 市生活垃圾的清运量为 32 万吨，其中垃圾无害化处理量为 28 万吨，垃圾无害化处理率约 88%，其余 4 万吨均简易处理，简易处理率约为 13%，而全市工业固体废弃物垃圾产生量为 41 万吨，综合利用其中的 36 万吨，综合利用率达到 90%，全市清运垃圾量过百万吨，清运率接近 100%。X 市设有环境卫生管理处一个，下辖三个卫生所，一个机修厂，一个汽车清运队，一个设施维护所，一个渣土管理办公室，一个环卫有偿服务管理办公室等下属机构，全市有环卫干部职工一共 1900 余人（临时工约 1600 人）。

1.3 X 市城市垃圾处理存在的问题

X 市政府向来紧抓环境卫生建设，为此投入了大量人力物力财力，同时也取得了很大的成就，但仍然有很多美中不足、不容乐观的地方。

1.3.1 城市垃圾产量大，垃圾处理厂工作负荷大

X 市城区平均一天就会产生 800 多吨的城市生活垃圾，每一天，环卫工人们上街清扫、清理市民们丢弃的各种各样的城市垃圾，这些垃圾会被集中装运至垃圾中转站，之后再送到垃圾处理厂进行集中处理。垃圾处理厂每天要处理 800 吨左右的城市生活垃圾，并且为了保护环境，垃圾渗滤液必须经过严格的处理达标后才能排放，渗滤液的处理系统每天也都是超负荷运转。

1.3.2 垃圾处理设备数量少且老化严重，运作速度慢

据了解，X市拥有环卫专用车60辆左右，担负着全市每天800多吨的生活垃圾运输，并且负责所有主干道路的机械化清扫和路面冲刷。大部分车辆处于老化阶段，或已达到报废年限，车况较差。由于垃圾处理量十分庞大，机器很容易发生故障，要及时维修保养，以保证城市生活垃圾处理的正常运转，且由于成堆的垃圾具有较强的腐蚀性，对压实机、挖掘机等机器有损坏作用，城市生活垃圾处理的设备老化快、淘汰快。据市环卫处的工作人员透露，2013年全年，X市区的日均生活垃圾产生量约为745吨，而2014年上半年的日均生活垃圾产生量已经达到了775吨。

1.2 此前多次选址无疾而终

在2010年之前，X市曾有过两次垃圾厂选址无疾而终的经历，这两次项目失败皆是因为维稳问题。“2006年前后，因为双马填埋场设计年限逼近。X市开始选址新的垃圾场，2008年，市城管局选择了响塘乡日新村，计划建设新的填埋场。所有的前期手续都已办理完毕，即将进场时却遭到了周边百姓的强烈反对。因为反对太强烈，维稳压力巨大，最后放弃了该方案。”X市城管委办公室主任熊××说。熊××表示，放弃日新村选址后，城管委马上开始新一轮选址工作，但居民仍旧强烈反对。市政府开始考虑更先进的处理工艺，就想到了垃圾焚烧发电。2009年选定X市鹤岭镇原X市锰矿厂的炸药库，希望建设垃圾焚烧发电厂，并于当年6月将科研、环评手续办理完毕。熊××说，就在进行前期工作时，项目又遭到百姓强烈反对，最后还出动了武警。

2009年之前，垃圾焚烧的合理性一直遭到人们质疑，相关部门对此也一直争论不休。但随着中国城市化进程加速，城市垃圾问题日益严重，填埋堆放的方法已经无法满足需求，我国越来越多的城市处于垃圾包围之中，全国城市垃圾堆存所侵占的土地越来越多，我国因此而遭遇的经济损失也更加严重。垃圾焚烧发电技术的引进，使得相关部门对垃圾焚烧有了新认识，垃圾处理有了新出路。许多城市率先走上“垃圾焚烧发电”的道路。据统计，截至2016年，全国建成运行的垃圾焚烧发电厂近300座，如今垃圾焚烧处理比例占垃圾清运量的35%。浙江、江苏、福建、广东分别以40座、25座、19座、19座，位列我国已运行垃圾焚烧发电厂的省份前四位。不难看出，我国垃圾焚烧发电厂主要集中于东部地区，其中主要分布在经济较为发达的长三角、珠三角地区。在垃圾焚烧发电的浪潮之中，X市不甘落后，决定设立垃圾焚烧项目，该项目的主要内容是“生活垃圾焚烧发电”。然而，2014年4月30日，由X市城乡规划局公示的《X市固体废物综合处置中心修建性详细规划》，却是“一石激起千层浪”，引发了广大市民及X市部分高校师生的热议。

2. “利民工程”引民愤：垃圾焚烧项目成为舆论焦点

2014年4月30日,X市城乡规划局发布《X市固体废物综合处置中心修建性详细规划》,对X市垃圾焚烧项目进行为期一个月的公示。该规划对X市固体废弃物综合处置中心的选址、简介及X市固体废弃物综合处置中心（九华垃圾焚烧站）相关进程作了详细介绍。

X市固体废弃物综合处置中心（九华垃圾焚烧站）是湖南桑德静脉产业园的一期项目,位于九华工业园内。项目总用地面积约129 363平方米。项目包括四大分项工程,分别为生活垃圾焚烧工程,餐厨垃圾处理工程，渗滤液处理工程，污泥干化处理工程。项目处理规模为：日焚烧处理生活垃圾2000吨,年处理73万吨；日处理80%含水率污泥200吨,年处理7.3万吨；日处理餐厨垃圾200吨，年处理7.3万吨。湖南桑德静脉产业园位于长株潭两型社会示范区的“X九华示范工业园”内,由桑德集团与X市人民政府于2010年12月24日签署《湖南静脉园项目投资合作协议书》成立。产业园预计投资约73.8亿元,建成后,将对长株潭两型社会示范区内主要城市固体废弃物进行集中无害化和资源化处理,并实现示范区内的废旧汽车、轮胎、橡塑、塑料、金属、电器电子产品、废纸等的资源再生利用、规模利用和高值利用。

公示出来后，短时间内就在网上引发市民、环保志愿者及周边学校师生的强烈关注，一时间，网上对相关部门的质疑此起彼伏，民愤不息。“抵制垃圾焚烧厂进X市”成为X市的“热搜话题”。

引起市民热议的主要是三个问题：其一，焚烧垃圾发电对环境的影响；其二，项目选址问题；其三，工程施工先于规划公示。

2.1　争议一：市民认为焚烧垃圾发电对环境有影响

在市民看来，这件所谓的“利民工程”简直是“有百害而无一利”。X市建立垃圾焚烧厂一经公开，遭到当地群众的强烈抵制：“别建在我们家门口”。群众担心这个垃圾焚烧厂建立之后，将会对附近地区带来严重的环境污染，从而影响居民的身体健康，因此，对于垃圾处理项目新建、扩建的群体性抗议事件频频发生。

据人民网报道，X市市民彭女士在投诉信中写道：“国内垃圾焚烧厂污染环境损害居民健康的报道不断见诸媒体。我们有理由相信，垃圾焚烧厂将对周边两公里内的敏感目标造成持续的严重危害”。对于垃圾焚烧发电，很多人并不支持该垃圾焚烧项目建设于X市，对于该项目的选址方案并不赞同，据《民生周刊》报道，2014年4月30日，X市规划局在其官网挂出《X市固体废弃物综合处置中心修建性详细规划》，公示一出，便引来了民众们更加激烈的反对声。市民通过写信、微博、新闻等方式，质问相关部门，垃圾焚烧厂为何建设于人口密集的区域。垃圾焚烧厂的选址附近有几所学校，仅X大学与K大学两所学校的师生就有将近7万人，居民约有15万人。更有市民对于该项目的审批流程提出了质疑，认为存在未批先建的问题，属于先斩后奏的行为。“有人指出该项目属于未批先建，并以此申请政府信息公开，还有人在X市环保局网站公开质疑项目的合法性。”政府此举，究竟是为了民众利益，还是仅仅为了政绩？或者只是一拍脑袋跟风赶潮流？X市市民们对政府有关部门产生强烈的质疑。

2.1.1　垃圾焚烧发电的优点

我国垃圾处理方式主要有三种，填埋、堆肥以及焚烧。首先，填埋的处理方式易造成地下水资源的二次污染；其次，生活垃圾任意露天堆放，不仅占用土地，还污染土壤环境；破坏土壤的腐解能力，改变土壤的性质和结构，阻碍植物根系的生长和发育。另外，垃圾填埋对于水体和大气也都有着不可逆的伤害，其中最为突出的问题就是空气臭味的影响特别严重。而堆肥法则无法处理生活垃圾中的无机物。相比之下，垃圾焚烧实际是由固体转化为气体，对环境的污染降低，并且节省土地资源。

减少垃圾的处理资金的有效方法就是降低垃圾的处理成本，这也是减轻政府财政压力有效的途径之一。根据对比分析，广州市焚烧发电比卫生填埋处理垃圾每吨节约11.13元，每年可节约经费5000多万元。按照预计2020年广州日产垃圾20200吨垃圾计算，则每年可节约垃圾处理经费约8200万元，约占总处理费用的三分之一。据悉，最早最广泛的采用垃圾焚烧发电处理方式的是欧洲，最为典型的国家是新加坡、日本，近年来美国的垃圾焚烧处理比例也在大幅上升，中国台湾的垃圾焚烧发电项目发展也很迅速，这些国家和地区都取得了良好的经济效益，很好地解决了垃圾处理的问题。

当然，前提是气体必须全部达标。垃圾焚烧处理与发电技术具有环保与能源的双重效益，具有“无害化、减量化、资源化”的优点，可真正意义上实现变废为宝。它不仅降低了垃圾对于环境的污染，还能产生巨大的经济效益。由于城市面临着“垃圾围城”的压力，因此，焚烧发电被认为是最好的解决方案。

2.1.2　垃圾焚烧发电的弊端

当然，垃圾焚烧会产生许多有害物质，其中烟气污染中比较受关注的是“二噁英”。二噁英是垃圾焚烧发电产生的有害物质，是一种无色无味的脂溶性物质，是目前世界上已知的有毒化合物中毒性极强的，有“世纪之毒”之称。该物质是难以处理的剧毒物质，不合理或不完全的处置会导致二噁英的残留，且微量摄入人体不会立即引起病变，但由于其稳定性极强，一旦摄入就极难排出。此外，焚烧过程中会产生废水和垃圾渗滤液等液体污染物，以及灰渣和粉尘等固态污染物质，这些都是垃圾焚烧过程中不可忽视的问题。另外，由于垃圾分类不够完全，从而导致垃圾成分复杂、水分含量过高。成分复杂的垃圾产生的污染物将变得更复杂，可能导致第二次环境污染伤害。而垃圾含水量过高将导致燃烧不充分、热量损失，进而导致更多污染和能量浪费等问题。我国垃圾焚烧发电产业刚刚起步，生活垃圾收集没有系统地实行分类制度，并且由于部分厂方为追求利益，不对焚烧炉内投入足量的助燃剂、活性炭等，导致焚烧炉温度达不到应有的高度，从而产生有害物质。我国对于垃圾焚烧发电在监管上还未有完善、系统的体制，因此，不够充分有效，存在许多漏洞，例如垃圾焚烧发电厂建设与运行管理不规范，国产化水平也有待提高。

垃圾焚烧发电是一项新兴技术，视环境污染为猛虎的市民们不了解这方面的知识，并天然抱有一种排斥感。而当群众中出现了质疑的声音时，有关部门第一时间想的不是如何向民众解释，而是考虑如何平息这些声音，缺乏基本的沟通，导致舆论发展越来越盛。

2.2　争议二：项目选址在人口密集区

该项目选址在九华工业园，距离市区较近，周围有 X 大学和 K 大学等几所高校，人口密集。根据环评结果，项目空气保护目标主要有距离项目 2.6 公里的 K 大学的 3.3 万名师生、距离 3.5 公里的软件学院 7000 名师生和距离 7 公里的 X 大学 3.2 万名师生。

因此，“九华垃圾焚烧站”的选址和建设一经网上公布传播后，引起了靠近该区域的 K 大学、X 大学师生的强烈关注。据人民网记者采访报道：“同学们都很反对在学校附近建垃圾焚烧厂，记得去年有一天 X 市的空气污染指数排名竟然是全国第一。”X 大学法学教授倪 ×× 称：“该垃圾焚烧项目在土地审批、规划、环评以及建设程序诸多方面涉嫌违法，政府方与资本方对民众闪烁其词，更加重了社会的疑虑。”

K 大学教师肖 ×× 提到：“从技术上来说，垃圾焚烧确实可以达到基本无害化处理，但哪怕采用最先进的技术，也无法避免二次污染。就 X 市现实情况来看，市区周边污染严重，当局视而不见，饮用水频频遭到污染，水源、土壤重金属严重超标，反映出有关部门不作为，监管极其不力。因此，有理由相信九华垃圾焚烧项目宣称的‘零排放’‘达标排放’，在执行过程中无法得到应有的监控。同时，持续的污染会对区域经济、物业造成较大影响。”

2.3　争议三：工程施工为何先于规划公示

从《X 市固体废物综合处置中心修建性详细规划》中可以看出，2010 年 12 月 24 日，桑德集团就已经与 X 市政府签署了《湖南静脉园项目投资合作协议书》。2012 年底，湖南省发展改革委员会发出《关于核准湖南X固体废弃物综合处置中心工程项目批复》(湘发改能源〔2012〕2018号)。在2012年12月30日，湖南省发展改革委员会同意批复《湖南X固体废弃物综合处置中心工程节能评估报告书》(湘发改环资〔2012〕2027号)。在2013年3月20日，湖南X市固体废弃物综合处置中心建筑工程施工设立招标公告，提出土建计划工期为：2013年5月开工，2014年8月竣工，总工期15个月。2013年7月1日，湖南X市固体废弃物综合处置中心项目机电安装工程招标公告提出的机电安装计划工期为：2013年9月开工，2014年10月竣工，总工期13个月。2013年10月29日，桑德集团收购×市报废汽车回收(拆解)有限责任公司74%股权。2013年12月26日，X市政府授权×市城市管理和行政执法局与桑德签署《X市城市生活垃圾焚烧发电处理特许经营协议》。

而在2014年4月30日，X市城乡规划局网站才发布了《X市固体废弃物综合处置中心修建性详细规划公示》。在X市广大市民看来，政府明显是"先斩后奏"，把"生米煮成熟饭"，完全没有顾及市民的声音。这一决策的合法性遭到质疑。

3. 一波未平一波起：X市市民质疑听证会

经过多天的发酵，尽管主流媒体皆闭口不言，政府也开始向民众解释该项目的利处，并认为这是一件"利民工程"，民众质疑的声音却无法平息，甚至愈演愈烈。无数次删帖、封号促使这些声音在网络上演变成一场"全体市民的愤怒"，政府决定与民众沟通协调，对民众所质疑的问题给予回复。

2014年5月23日，X市政府发布了《关于网民关注我市生活垃圾焚烧发电项目(固体废弃物处置中心)的情况通报》(以下简称《通报》)，向公众表示，在公示期满后，政府将组织专家论证会和公众听证会，并进行现场公示，市政府会在充分听取各方面意见后依法决策，职能部门将严格依法依规依程序把好项目审查关，不具备开工建设法定条件，决不允许投资建设方开工。《通报》还指出，该项目投资建设方是擅自违规开工建设，至此，双方态度有所缓和。据《民生周刊》采访报道："政府的态度还是很坦诚的，错了就是错了，项目违法确实要停工的就该停工。这次市政府的路还是正确的，不然也不会公示、开听证会了。"但对此情况通报，广大市民也提出了一些质疑。其中X大学法学教授倪××谈道：根据《通报》第4条："提醒市民防止被别有用心的组织或个人利用。违者，公安机关将依法严厉打击"。关于"网民"的通报怎么又"提醒市民"了？"别有用心"是什么意思？谁在别有用心？新浪微博某位网友提到，"垃圾焚烧发电厂选址建设"一事事前未公开，从而引发市民不满，在民众借自媒体来表达自身看法之后，又被认为其受到别有用心的人或组织这一假想敌人操纵，并以依法严惩来进行施压。政府到底意欲何为？又有什么不可告人的秘密？另外，在《通报》中，最后落款的是市政府的内设机构——X市人民政府新闻办公室。倪教授称从严格法律意义上讲，该《通报》因主体不合法、文号缺失、未加盖公章和名实不符等原因，是不具有任何法律效力的。

随后，在2014年7月25日，X市城乡规划局发布了《X市固体废弃物综合处置中心选址方案听证公告》。值得注意的是，该公告没有文号。该公告确定了参与垃圾焚烧选址方案听证会的代表名额为25名。其中邀请代表10名，委托推选代表10名，随机选择公众代表5名。公众申请参加听证会的报名条件为：

1. 具有相应的行为能力，且未被剥夺政治权利和限制人身自由；2. 熟悉听证事项，知晓与听证事项相关的法律法规、规章和政策；3. 户籍所在地或者经常居住地为X市城区的居民且与听证事项有一定的利害关系。7月31日X市城乡规划局发布仍然没有文号的《关于公布 × 市固体废弃物综合处置中心选址方案听证会听证代表名单的公告》，向全社会公布了听证代表筛选结果。

然而，这一公告再度引发热议。本次听证会的关键已经不在于该不该进行垃圾焚烧发电，因为烧是必须的，焚烧技术是垃圾处理的先进手段，代表着垃圾处理的发展方向，故至此，垃圾焚烧的科学性已经无需争议，更加无需质疑，只是烧的地方的选址问题。垃圾焚烧必须以科学的垃圾分类为大前提，以严格的监管为必要条件，更要以法律责任承担为其保障。但就目前为止，X市做到了吗？ X大学法学院倪 × × 教授提到“垃圾焚烧项目涉及规划、环保、国土、建设等诸多职能部门的职权职责，仅仅规划主管部门一家决定选址方案，无法保证选址的科学性，只有在市政府及市长的统筹和协调下，方可尽可能地满足依法决策、民主决策和科学决策。”根据《重大行政决策程序暂行条例》第3章第1节规定的程序决策，即在听证前需完成以下程序环节：1、深入调查研究；2、形成决策方案草案（争议比较大的，还要形成多个有选择性的决策方案草案）；3、决策承办单位进行合法性论证；4、专业性论证；5、成本效益分析；6、征求公众意见（不少于20日）；7、专家论证；8、向社会公布决策方案草案。据此，网民提出了质疑：试问听证机关，在本案中，听证前的8项程序完成了几项？另外，对于本次听证会的人员名单，X市民及网友再次提出质疑。第一，在参加听证会的代表中，有四名受邀代表来自X市行政区划之外。X市的垃圾焚烧项目选址方案听证会的代表必须是户籍所在地或者经常居住地在X市的公民，因为他们才是垃圾焚烧项目的利害关系人。故此，本案中，省内甚至省外的受邀代表不具备代表资格，即便参加了听证，其听证行为也是无效行为。第二，该听证会只邀请“主烧”专家而并无“反烧”专家，这样的做法是不合适且不科学的。“主烧”专家与焚烧企业有着千丝万缕的联系，他们甚至就是某些焚烧企业的股东或者独立董事，他们参加听证带来的只能是偏见，不可能是科学。

最后，在市民的一片骂声之中，X 市九华垃圾焚烧厂建设被迫停工，X 市垃圾焚烧项目一度搁置。然而“民愤”远远没有平息。舆论热潮虽然已经褪去，但在此后的很长一段时间内，“垃圾焚烧厂”事件依旧是市民茶余饭后的谈资。谈及此事时，人们对政府的态度也始终未曾改善。

4. 民愤四年始平息：X 市垃圾焚烧发电项目的再启动

4.1　X 市再次启动“垃圾焚烧发电”项目

即使“垃圾焚烧厂”依然是笼罩在 X 市政府和市民之间的一片乌云，在“垃圾围城”越来越严重的情况下，X 市政府并没有放弃推进“垃圾焚烧发电”项目建设。时隔四年，X 市垃圾焚烧项目再次启动。只是这一次没有选择备受议论的 X 市区，而是选在了 X 县河口镇宏兴村。

2017 年 6 月，“X 市公共资源交易中心网站”发布了 X 市垃圾焚烧发电项目选址论证咨询服务竞争性谈判采购的中标结果。这次依然是先行选址，然后推进。不少网友表示，如果政府、投资商能够依法依规建设垃圾焚烧发电项目，那么民众理应支持。

2018 年 2 月，X 县城市管理和行政执法局发布了《关于拟建 X 市垃圾焚烧发电项目的公告》，这一公告在接下来的两个月中被数十个环保网站和公众号转载。但相比 2014 年的备受争议，这个项目显然已经淡出了全国公众的视野。《关于拟建 X 市垃圾焚烧发电项目的公告》中说明了 X 市再次启动垃圾焚烧发电项目的原因：依据国务院有关部委和湖南省人民政府关于生活垃圾处理政策要求，为切实有效解决 X 市城乡生活垃圾处理的现实问题，经 X 县人民政府第十六届十九次常务会议研究决定，拟建设一座生活垃圾焚烧发电厂。建设垃圾焚烧发电厂依旧是为了切实有效解决 X 市城乡生活垃圾处理的现实问题，即政府方面表示，垃圾焚烧发电项目依然是一项“利民工程”。与 2014 年项目环保不足、争议有余的区别是，近期启动的项目在公告中就明确表示，要按照垃圾处理减量化、无害化、资源化要求，选择最先进的垃圾焚烧处理工艺，引进最优秀的公司，将项目建设成为一个绿色园林式单位、X 市环保科普教育基地。

4.2　政府的努力与进步

在这一次的项目实施过程中，政府的决策方式和处理突发事件的态度明显比以往更加冷静和理性，方法也更加合适。针对上次垃圾焚烧发电项目实施中饱受居民诟病的几点，再启动的过程中，政府有了更多的“主意”。

2014 年，X 市民对该项目的技术保障有所怀疑。这次有关部门就表示，要用较好的工艺来运营该项目，会严格执行国家相关文件的规定，尤其是《生活垃圾焚烧处理工程技术规范》和《生活垃圾焚烧处理工程项目建设标准》。

由于这次是建设在河流附近，因此针对污水处理还做了明确的表态，以消除附近居民的后顾之忧——贯彻落实敞开式循环冷却水水质标准，污水处理作为循环冷却水补充水，不向厂外排放。

而最受居民争议的“选址”，更是切切实实经过了一番深思熟虑：这一次，项目的选址论证工作没有由政府粗率盲目决定。而是在初步决定了选址在 X 县之后，委托了湖南省建筑设计院有限公司，按照国家现有的《生活垃圾焚烧处理工程项目建设标准》文件所规定的选址条件，在X县范围内勘察了近20个选址点，经过初选、筛选、多轮反复比选等论证，经专家评审之后，最终确定将项目规划建设拟选址在河口镇宏兴村。此外，在依法行政和舆情处理方面，为了避免上一次的情况，政府更是下了大功夫。

4.2.1　依法行政方面

在依法行政方面，政府也做了更多的思考和努力。在委托湖南省建筑设计院有限公司“拟选”出项目地址之后，政府按照法定程序作出选址决策。在听证会代表选择上，相比四年前的“操作”，这次的人选更加科学、公开。2018 年 5 月 3 日，举行了 X 市生活垃圾焚烧发电项目选址决策听证代表遴选会。参会者包括 X 县监察委、县项目建设指挥部、县城管执法局、城乡规划局，以及河口镇、杨嘉桥镇的群众代表和市环保协会等。杨嘉桥、河口这两个利益相关乡镇的村民代表在合法、有效的 75 位报名者中随机抽取，共 12 名。会上，县监察委、乡镇负责人、其他相关单位负责人全程参与现场鉴证，县公证处现场参与公证并全程录像。本次会议结束后，县城乡规划局将向 12 名村民代表送达听证通知书及相关资料。据悉，接下来政府将完全按照相关规定，公开透明地举办听证会。

4.2.2　舆情处理方面

经过 2014 年的“轰动”事件，这次政府明显有了更多的经验。上次舆情事件，参与者从参与动机上可大致分为两类人群，第一类是“对该项目存在疑惑”，第二类是“存心造谣”。今年舆情发酵时期，针对这两类人群，X 市政府有针对性地采取了措施。

（1）对普通民众的举措。针对关心此事但有疑虑的民众和环保者，政府采取了“公开、解释”的措施进行疏导。2018 年，重启垃圾焚烧发电项目的系列新闻一出，就被 X 市本地许多自媒体转载，也引发了全国各地许多环保志愿者的关注。为了消除居民的忧虑，并给关心此项目的人一个“说法”，X市政府在网上设立了专题，发布一系列文章，从向居民解释垃圾焚烧发电厂的优势，到公示最新进度，一步步公开、透明、客观，让对该项目心存疑惑的人群“无话可说”。X市政府通过通信公司给每一位X县手机用户发送了信息，专门介绍了垃圾焚烧发电的优势。同时，及时在湖南省各大网站上对正面事件进行报道，既为了行政决策的公开透明，也遏制了舆情发酵。

（2）对肆意造谣者的举措。X县公安和X县广播电视台发布了名为《垃圾焚烧发电项目是关乎民生福祉的大事情，对捏造事实散布谣言或侮辱毁谤他人者，公安机关将依法查处！》的文章，在对生活垃圾处理现状、垃圾焚烧发电的优点作出了解释，声明垃圾焚烧发电项目建设对选址区域周围环境无污染的同时，郑重声明凡利用微信、微博、网络或其他方式捏造事实散布谣言或侮辱毁谤他人者，公安机关将依法查处。由此，那些存心挑拨社会舆情的人群也“有话不敢说”了。

（3）舆情处理的效果。事实上，当地不免发生了几起群众聚集抗议的事件，但都没有进一步发酵，甚至这些事情影响只在X县的范围之内。在短短几天内，网上已经是一片支持政府的声音，并没有发酵为舆论热点话题。

可见这次的舆情处理是成功的。有网友表示，“X市面临垃圾困境，亟待处理，坚决支持政府高质量建造一个无污染且经得起岁月考验的垃圾焚烧发电厂！”也有的说，“这次政府所做公开透明，必须支持！”在微博、微信等自媒体上，上次作为抨击政府的主力军的环保志愿者们，这一次对政府的作为一致好评，甚至自发地向当地网民解释建设垃圾焚烧发电厂的利处。甚至“北极星环保网”——2014年推动X市垃圾焚烧发电项目舆情事件发酵的主力之一，对X市政府这次的作为也是一度好评。

■ 结束语

X市垃圾焚烧发电项目的“民愤”至此算是平息了。从2014年的舆论风波到2018年的“风平浪静”，X市政府和市民在多次博弈之中，终于找到了一个平衡点。垃圾焚烧发电项目在经历了一波三折之后，终于有了一块立足之地。那么接下来是否会一帆风顺？建成后的运行又是否会引起风波？政府是否能履行之前的承诺，严格监管垃圾焚烧发电厂的运行？

民愤之所以能够平息，一方面是因为相比四年前，民众更加理智；另一方面则是政府更加民主科学的决策方式和处理突发事件时方式的变化。其中蕴含着政府部门从“做一方父母官”到“做人民的服务者”的理念变化。民愤平息的过程，也是政府人员由“官本位”

到“民本位”的转变过程。

而经过这些波折之后，政府是否真的具备了冷静处理突发公共危机的能力？民众将来又能否更加理性客观地对待公共事件？时间将给我们答案。

■ **思考题**

1. 建设一个利民的垃圾焚烧发电厂，为何却遭到市民强烈反对？
2. 在垃圾焚烧发电项目重启中，政府是如何平息“民愤”的？
3. 在垃圾焚烧发电厂建设之后，政府应如何加强有效监管？

三、案例说明

（一）课前准备

把案例正文在上课前二至三天发到班级群里，并告知各位同学注意查看，做到人人皆知，让大家自主熟悉案例内容，对该事件有个大概了解。此外进行分组，各小组要讨论有关细节问题，包括自由讨论可能会遇到的问题，课堂步骤的安排，课堂的启发，气氛的活跃等。课堂上小组各自讨论分工，互动交流，如果有条件的话进行角色扮演，为上一堂既生动有趣又能让大家深刻理解课件主题，对大家有所启示的课程，各小组在讨论课上要各自分工，进行充分讨论。

（二）教学目标

该案例所描述的事件反映出政府决策、政府如何处理公众危机（比如舆情）等问题，是近年来政府职能转变和意识转变的一个缩影。

针对以上案例适用者，分别有不同的教学目标：对于 MPA 学员、政府管理者，主要的意义在于从事件中学习相关的事件处理办法，并引以为鉴，做到科学高效地处理社会问题。对于跟公共事业有关的学术研究者，其主要意义在于研究事件决策者的政策是否合理有效，政府应如何进行科学民主的决策，从而为国家和社会发展提出建设性意见。对于专业相关的研究生和本科生，其主要意义在于学会分析案例、解决案例问题，在这个过程中强化专业知识，并做到举一反三，学以致用，为将来有可能从事的政府部门工作提供借鉴。

本案例的思考题主要是让同学们在课前尽量了解相关知识点，了解阅读专业知识中与政府决策相关的内容，主要包括政府决策的概念、基本形式及特点，政府决策的职责与权限。

本次案例教学目标是使授课对象了解本案例涉及事件，并对案例进行全面、系统、深入分析，解决三个思考题，并在这一过程中学有所获、得到启发。

（三）案例分析

本次案例教学主要通过对本案例情节的简要 PPT 展示（课前大家已经阅读过案例正文内容），对重点部分（如矛盾的产生、政府措施，以及后来政府的进步之处等）进行详细解释。在这个过程中，要引发大家的思考。

1. 案例主体部分的介绍

该案例的事件发展主要分为两大部分：2014 年 X 市九华垃圾焚烧发电项目建设未遂和 2018 年 X 市垃圾焚烧发电项目重启。通过对案例主体内容的介绍，我们需要看到，这其中反映了许多问题，比如政府决策、政府应如何处理公众关系。以及我们可以看到，这一事件的发展，事实上是我国近几年政府职能转变和意识转变的一个缩影。

1.1　X 市九华垃圾焚烧发电项目建设未遂

第一个部分内容是 2014 年 X 市九华垃圾焚烧发电项目建设未遂，是切实发生在我们身边并且已经发生完毕的事情。该部分又分为三个小部分。

一是"垃圾围城百姓苦：X 市欲建垃圾焚烧厂"，描述事件发生的背景。

二是"'利民工程'引民愤：垃圾焚烧项目成为舆论焦点"，这一部分是对事件的具体描述，并引出政府与民众这两个主体间的矛盾，这一部分的三点争议是事件的第一个高潮。该部分是重点内容，在此设置一个思考题，即思考题一：建设一个利民的垃圾焚烧发电厂，为何却遭到市民强烈反对？此外，在该部分中，我们对已有文献进行了研究，列举出垃圾焚烧发电的利弊。这一部分也是同学们需要了解的。

三是"一波未平一波起：X 市市民质疑听证会"。这是第一部分的第二个高潮，面对突发性危机事件，政府采取的措施在这一部分体现。而由于政府处理舆情的不成熟、不理智，双方的关系在短暂缓和之后又产生了新的争议和矛盾。这部分的结尾介绍了"X 市九华垃圾焚烧厂的建设"的最终结局：事件平息下来了，"民愤"却没有平息。

1.2　X 市垃圾焚烧发电项目的重启

该部分是 2018 年 X 市垃圾焚烧发电项目的重启，这一部分没有最终的结果，我们将新闻跟踪到 2018 年 5 月 4 日，并将在案例教学时，把新发生的情况再次补充进去。这一部分是整个事件的转折点。让人们意想不到的是政府竟然在经历了前度波折之后再次啃这一块“硬骨头”，而且直到如今，这块“硬骨头”啃得还比较顺利。从这里我们可以看出，相比四年前，现今的政府一定是有进步之处，才使得这件事情没有发展为影响广泛的舆情危机。这一部分对以上问题进行了具体阐述，将政府所作所为展示在大家面前，即政府的进步之处，并且由此提出思考题二：在垃圾焚烧发电项目重启中，政府是如何平息“民愤”的？

这一部分虽然不是整个大事情的结尾（因为调查之时事件仍在进行和发展之中），但却是本案例中描述事件的结尾。开头第一部分，我们写到“民愤的产生”；那么这一部分，便是“民愤的平息”了。

2. 思考题的讲解

在案例正文部分，我们提出了三个思考题。即：建设一个利民的垃圾焚烧发电厂，为何却遭到市民强烈反对？在垃圾焚烧发电项目重启中，政府是如何平息“民愤”的？在垃圾焚烧发电厂建设之后，政府应如何加强有效监管？

2.1　建设一个利民的垃圾焚烧发电厂，为何却遭到市民强烈反对？

参考解答：

（1）2014 年 4 月，X 市城乡规划局网上对《X 市固体废物综合处置中心修建性详细规划》开始了为期一个月的公示，公示一经发布即引发市民热议，市民的关注点主要为以下几点：

①为何项目开工建设先于规划公示；

②作为重大行政决策，垃圾焚烧发电项目的出台是否遵循相关法律法规和规章规定的程序；

③土地使用权的获得是否符合法律规定；

④在未强制分类的情况下如何确保垃圾焚烧的无害化；

⑤何以体现项目选址的科学性、民主性、合理性和合法性。

（2）选址问题的具体阐述：项目所在的九华片区处于长株潭经济一体化中心位置。根据环评，项目空气保护目标主要有距离项目 2.6 公里的 K 大学的 3.3 万名师生、距离 3.5 公里的软件学院 7000 名师生和距离 7 公里的 X 大学 3.2 万名师生。

很多人明确不支持在 X 市建设垃圾焚烧发电厂。经过几个月的舆论发酵，有人指出该项目属于未批先建，并以此申请政府信息公开，还有人在 X 市环保局网站公开质疑项目的合法性。

2.2 在垃圾焚烧发电项目重启中，政府是如何平息“民愤”的？

在这个项目重启的过程中，政府的决策方式和处理突发事件的态度明显比以往更加冷静和理性。

（1）针对市民质疑所做的措施

①技术保障。2014 年，X 市民对该项目的技术保障有所怀疑。这次有关部门就表示，要用较好的工艺来运营该项目，会严格执行国家相关文件的规定。

②污水处理。由于这次是建设在河流附近，因此针对污水处理还作了明确的表态，以消除附近居民的后顾之忧——贯彻落实敞开式循环冷却水水质标准，污水处理作为循环冷却水补充水，不向厂外排放。

③选址问题。在初步决定了选址在 X 县之后，委托了湖南省建筑设计院有限公司，按照国家现有的《生活垃圾焚烧处理工程项目建设标准》文件所规定的选址条件，在 X 县范围内勘察了近 20 个选址点，经过初选、筛选、多轮反复比选等论证，经专家评审之后，最终确定将项目规划建设拟选址在河口镇宏兴村。

（2）依法行政方面

在委托湖南省建筑设计院有限公司“拟选”出项目地址之后，政府按照法定程序作出选址决策。在听证会代表选择上，相比四年前的“操作”，这次的人选更加科学、公开。2018 年 5 月 3 日，X 县举行了生活垃圾焚烧发电项目选址决策听证代表遴选会。本次会议结束后，县城乡规划局将向 12 名代表送达听证通知书及相关资料。接下来政府将完全按照相关规定，公开透明地举办听证会。

（3）舆情处理方面

①对普通民众的举措：针对关心此事但有疑虑的民众和环保者，政府采取了“公开、解释”的措施进行疏导。

首先，X 市政府在网上设立了专题，发布一系列文章，从向居民解释发电厂的优势，到公示最新进度，一步步公开、透明、客观，让对该项目心存疑惑的人群“无话可说”。

其次，及时在湖南省各大网站上对正面事件进行报道，既为了行政决策的公开透明，也遏制了舆情发酵。

②对肆意造谣者的举措：X 县公安和 X 县广播电视台发布了名为《垃圾焚烧发电项目是关乎民生福祉的大事情，对捏造事实散布谣言或侮辱毁谤他人者，公安机关将依法查处！》的文章，郑重声明凡利用微信、微博、网络或其他方式捏造事实散布谣言或侮辱毁谤他人者，公安机关将依法查处。

2.3　在垃圾焚烧发电厂建设之后，政府应如何加强有效监管？

在工艺技术先进、设备仪器到位、运行管理严格等前提下，垃圾焚烧发电可以实现稳定运行、达标排放。但由于我国垃圾发电产业刚刚起步，必须在示范运行的基础上严格监管、稳步推进。其实，作为垃圾处理的一种手段，垃圾焚烧涉及多个部门的协同管理，从前端的分类到中间的运输，再到后端的处理，它是一个全生命周期的过程。因此需要多个部门的协作与配合。据此，总结以下几点：

①政府应当建立健全监管法律法规与标准，建立行之有效的垃圾焚烧厂违法及违规追究追责机制。

②恰当地组织监管模式，政府派人驻厂监管与第三方企业监管相结合：及时了解与处理垃圾运营企业和监管机构间的矛盾与纠纷，充分了解第三方企业监管实力，对第三方人员进行监管与约束。

③完善监管手段，建立经费保障机制。完善生活垃圾处理设施，以生活垃圾焚烧厂为重点，加快推进运营过程的实时监控。

④建立社会共同参与监管的渠道，引入公众参与监管，加强社会监督，降低政府监管成本。

⑤加强垃圾分类的宣传，动员全民进行垃圾分类处理。从而从根源上使垃圾焚烧更有效、污染更少。

第九章　行政监督与社会监督

第一节　“打折”的折达公路折射了什么？

一、案例背景

关于中央电视台曝光折达公路考勒隧道问题处理进展情况的通报

2018 年 4 月 1 日上午 10：30 中央电视台对折达公路考勒隧道质量等有关问题曝光后，G 省交通运输厅紧急召开党组扩大会议对相关工作进行了安排部署，现通报如下：

省道折达二级公路是国道 G213 线和国道 G109 线的连接线。2008 年 11 月，G 省发展和改革委员会以《关于临夏折桥至兰州达川公路工程可研报告的批复》批复该项目为二级收费公路（2017 年 5 月 31 日取消收费），估算投资 15.7 亿元。G 省公路航空旅游投资集团有限公司下属 Y 有限公司为项目建设单位，考勒隧道项目中标施工单位为 H 公司，项目设计单位为 J 有限责任公司，项目监理单位为 T 有限公司。该项目于 2009 年 8 月开工建设，2013 年 12 月交工投入运营。

会议传达了省委书记、省长、省纪委主要领导和分管副省长的指示精神，并形成了以下决定：

1、对折达公路考勒隧道立即进行交通管制，疏导车辆有序通行。

2、成立以 G 省交通运输厅厅长为组长的调查工作组，立即赶赴现场组织交通质监、安监、公安交警等部门专家对考勒隧道安全再次进行检测评估，并着手从项目立项、建设、管理全过程进行调查，彻查工程质量安全问题背后的违规违纪腐败问题及工作作风问题，以零容忍的态度严肃追责问责。

3、责成项目建设业主 Y 有限公司及施工单位 H 公司立即组织进场，按照原设计单位 G 省 J 有限责任公司审查通过的隧道加宽段加固处理方案及现场调查组专家的处理意见，立即进行整治；同时对折达公路全线进行质量安全检测，对发现的问题全面进行整治。

4、对中央电视台曝光的工作不实、推诿扯皮的6名相关人员进行停职调查，并责成G省公路航空旅游投资集团有限公司对项目业主、施工等单位相关人员做出处理。

折达公路质量安全问题再次给我们敲响了警钟。G省交通运输厅诚恳接受媒体和社会公众的批评监督，我们将举一反三，深刻汲取教训，深入查找在项目工程建设管理中存在的质量监管不严、安全管理不细等问题，以及作风不实、工作推拖、态度生硬等顽疾，以知耻而后勇的态度深刻反省改进，向社会公众交一份合格的答卷。

再次衷心感谢新闻媒体和广大人民群众对我们的批评监督，并恳请帮助我们不断改进工作。

G省交通运输厅

2018年4月1日

G省通报公路质量问题及整改进展：8人停职接受调查

2018年4月10日上午，G省政府新闻办召开新闻发布会，通报折达公路质量问题调查及整改工作进展情况。G省政府副秘书长王××介绍，省委省政府认为这是一起十分典型的不作为不尽责、官僚主义、衙门作风严重的案例，必须严肃问责，认真整改。今年是党中央确定的脱贫攻坚作风建设年，也是省委政府确定的转变作风改善发展环境建设年，在这样一个当口，处置这一件事，已经不单纯是整改一起工程质量、纠正一些行业的作风问题，从一定程度上反映我省执行中央决策部署态度上坚决不坚决、转变作风改善环境的决心大不大等关乎G省整体形象的大事，任务特殊，责任重大，必须整改到位，不能有丝毫含糊，必须从速从快、坚决整改到位。

在本次项目整改过程中，同步开展了作风整顿，治理推诿扯皮、形式主义、衙门作风、官僚作派等痼疾顽症，有力整治政治生态、行政生态等方面的积习积弊，教育督促各级干部把公权力用在正确履职尽责上，实现党风政风作风整改目标，赢得社会的肯定和行业的认可，向党中央国务院，向人民群众和社会各界交出满意补考答卷。

对折达公路问题的整改，G省确定了“双整改”的措施，即问题整改与作风整改同部署、同推进，在整改问题中加强作风，用过硬的作风反过来确保整改质量，二者相互促进。同时，也确定了两个方面的整改目标：第一个是彻底加快整改存在的质量和安全隐患，实现隧道50年全寿命周期无大修目标；第二个是认真履行行政责任，切实解决作风上的痼疾顽症，实现把权力用在为民服务、正确履职尽责上的作风整改目标。

对调查工作的原则和要求是：分性质、分层级、分期依法依规严肃问责，不推诿、不遮掩、不护短，对相关责任人零容忍查处，在依法依规的基础上，从紧从重从快处理。折达公路从立项、建设、建成到发现问题，再到整改不力被央视曝光，对这些过程中的质量问题以及隐藏在背后的违纪违法问题、作风问题都要进行彻查。省委省政府态度十分明确，只要存在违纪违法、失职渎职行为的，不管涉及什么人，都要从紧从重查处，给社会和群众一个满意交代。

为保证检测评估结果的准确性、中立性和权威性，G省邀请交通运输部专家，对考勒隧道质量安全进行检测评估。4月3日，交通运输部国检中心到达后，立即开展监测评估工作，并对考勒隧道除正在施工的40米以外的隧段和其他隧道进行检测。施工现场正按照交通运输部专家认可的维修方案在40米隧道段有序施工。

省政府向各市州政府、省级国家机关下发了《关于落实省政府承诺折达公路后续整改和调查处理工作9项整改措施的通知》，要求各地各部门信守承诺，主动认领工作任务，对本行业本领域的项目建设特别是民生工程，进行全面细致的摸排检查，及时消除安全隐患，使民生工程真正成为放心工程、暖心工程，确保承诺落到实处，增强政府公信力和执行力。近日还将召开电视电话会议，在全省范围部署开展建设项目工程质量整改专项行动。

4月5日，省交通运输厅和省质监局联合下发《全省范围内已建和在建公路项目开展"拉网式"质量安全隐患排查方案》，成立排查工作领导小组及14个调查组，聘请7个外省具有交通综合甲级检测资质的检测机构，依据设计文件、行业规范等标准，对隧道（洞口）、桥梁、标志标线、高边坡、高填方、临边路段安全防护等重点部位逐一进行摸排。从4月9日至5月30日对全省2005年以来开工建设的公路重点项目、大中修养护工程，以及全省范围内涉及信访问题的公路项目进行全面排查。5月30日前提交隐患排查报告，6月30日前制定出隐患整改方案并组织实施。

G省交通运输厅厅长李××表示，因为工作不到位和作风不实，在社会和公众中造成了严重负面影响，省交通运输厅作为行业主管部门，负有不可推卸的责任，向社会各界诚恳道歉，虚心接受各界监督和批评。

李××说，4月2日，省交通运输厅组织专业技术力量到考勒隧道展开检测工作。4月3日，交通运输部督导组到达现场对折达公路考勒隧道及全线道路、桥梁、隧道工程质量安全进行踏勘，重点查看了隧道和桥梁的技术状况，并集中调阅了相关资料，向建设、设计和施工单位了解了情况。国家道路及桥梁质量监督检验中心专家同步对折达公路考勒隧道进行全面检测。4月4日下午，交通运输部督导组反馈指出，折达公路路基、路面、桥梁的总体技术状况达到全国已运营普通公路平均水平，但隧道存在质量隐患。督导组要求，对包括考勒隧道在内的折达公路全线进行检测，根据检测结果认真研究制定整治方案并全面进行整治，同时将检测结果及整治方案上报交通运输部，部里还将继续跟踪督导。

针对信访举报的考勒隧道 40 米加宽段双层钢筋变单层钢筋的问题，在原 G 省公路管理局制定的加固方案的基础上，省交通运输厅再次组织专家论证完善方案，交通运输部督导组对加固方案表示认可，建议加快实施。

李 ×× 介绍了央视曝光 G 省交通运输厅等单位工作作风问题的初步调查处理情况：

一是关于 G 省公路管理局原成立的专项联合调查组存在的问题。经核查，省公路管理局接到省信访局关于考勒隧道存在质量问题的转办通知后，虽然成立专项联合调查组进行核实，并要求项目建设单位限期整改，但制定方案后不检查不督促，没有跟踪催问整改落实情况，负有整改不力的责任。鉴于此，对省公路管理局副局长赵 ××、省公路管理局建设处处长廖 ××、副处长杨 ×× 3 名公务人员进行停职接受调查。

二是关于项目法人 G 省 Y 有限公司存在的问题。经核查，折达公路项目法人 G 省 Y 有限公司整改工作明显流于形式、走过场，并未反馈整改施工情况，存在欺上瞒下弄虚作假的问题。对此，G 省公路航空旅游投资集团有限公司对 G 省 Y 有限公司党委委员、工会主席、折达项目办常务副主任孙 ××、折达项目办工程科副科长高 ×× 进行停职接受调查。同时，我们责成 G 省公路航空旅游投资集团有限公司对项目业主、施工、监理等单位相关人员进行调查处理。

三是关于 G 省交通运输厅信访接待相关人员存在的问题。经核查，厅信访接访相关工作人员不作为、不尽责，推诿扯皮、态度生硬，存在不守规矩、不遵守《信访条例》的问题。鉴于此，对省交通运输厅办公室调研员侯 ××、副主任周 ×× 及信访办副主任科员宋 ××3 名公务员停职接受调查。

目前，省政府工作组责任调查专项组正对省公路管理局副局长赵 ××、省公路管理局建设处处长廖 ××、副处长杨 ×× 等人员以及其他相关人员履职行为进行调查，并及时向省纪委监委报告调查进展情况。随后将依据调查结果提出处理建议。省纪委监委 4 月 1 日成立的折达公路问题责任专项调查组日前已全部进点，展开调查。

二、案例正文

“打折”的折达公路折射了什么？

摘要：自“十三五”以来，我国扶贫开发工作进入啃硬骨头、攻坚拔寨的冲刺期。交通扶贫一直是扶贫工作的重点，更是难点。本案例以新闻记者的视角，从扶贫公路——折达公路项目建设过程中出现的涉嫌偷工减料、拖欠款项、隐瞒事故、围标欺诈国有资产、违法分包等诸多问题入手，对项目后期整改工作及其引发的政府部门推诿扯皮、懒政违规等工作作风问题、部分公务人员贪污腐败问题、市场恶意竞争问题等进行了深入的分析和探讨。案例旨在研究新时代背景下新闻媒体如何勇担重任，以正确的舆论导向发挥其在舆论监督中的独特作用。政府及贫困地区又如何才能以壮士断腕的勇气，自觉刮骨疗毒、破旧立新、紧抓机遇、迎难而上，以适应时代需要。

关键词：交通扶贫；折达公路；反腐倡廉；舆论监督

引言

2017 年 7 月 19 日至 20 日，时任 G 省委书记、省人大常委会主任林 ×× 来到自己联系的县——D 县，调研督察脱贫攻坚工作时强调，要加快推进乡村道路、农田水利等基础设施和教育、卫生等公共服务建设，加快易地搬迁后续富民产业培育，发挥好社会保障政策的“兜底”作用，不断提高贫困群众的获得感。和蔼沉稳的林 ×× 书记亲切地与石家沟等村村民围坐在树荫下畅聊，详细了解脱贫情况并号召村民与党委政府共同努力奔小康。然而，有人举报经过 G 省 D 县的一条耗资约 16 亿的扶贫公路——折达公路存在严重安全隐患，并存在违法分包、隐瞒事故、拖欠款项等诸多问题。尤其是第三标段（ZD3）考勤隧道内长约 40 米的紧急停车加宽带，原设计是“双层钢筋”被偷工减料为“单层钢筋”。这还不算，在专项联合调查组责令完成整改后，施工方竟“刷层涂料”充当整改，敷衍了事。如若举报属实，在党中央和政府如此重视脱贫攻坚工作的情况下，竟还有如此“胆大妄为”的行径，着实令人心惊。事实又是如何呢？

1. 背景

在采访前，本研究团队成员 A 查阅了相关资料为采访工作做准备。自“十三五”以来，我国扶贫开发工作进入啃硬骨头、攻坚拔寨冲刺期，《“十三五”交通扶贫规划》明确指出力争到 2020 年，贫困地区全面建成“外通内联、通村畅乡、班车到村、安全便捷”的交通运输网络。可以说，交通扶贫一直是脱贫攻坚工作的重头戏，尤其是对封闭落后、交通不便的偏远山区来说，交通运输不仅是联通内外的枢纽，更是增加就业、发展经济的基础和关键，起着脱贫致富的先导作用。此次事件的发生地G省D县就是国家级贫困县，平均海拔2200米，地势中间高、四周低，山脉众多，水土流失严重导致沟壑纵横，村民出行以爬山或渡船为主。同时，这里自然资源和旅游资源丰富。折达公路的建成和使用将为该地区的经济发展注入新的强大动力。

本研究团队成员A了解到，折达公路是中共中央办公厅挂牌督办的刘家峡库区移民扶贫项目和G省省委办公厅挂牌督办的全省重点建设项目，总投资约16亿，于2009年8月开始施工建设，2013年12月投入运营。其中考勒隧道全长约2152米。举报人林××是负责考勒隧道进口端工程的隧道一队负责人，负责考勒隧道一半的工程。

据林××提供的G省公路管理局对其信访做出的回复文件和相关信息，本研究团队成员A以相关单位和时间点为线索，大致整理出信访事件的发展脉络和考勒隧道整改工作中的相关单位及职责。[①]

从文件上来看，整改工作分工明确，责任到位，且应已完成四个月左右。如果举报属实，定是某个或某几个环节出了问题。那整改工作是否真的只是刷了一层涂料？本研究团队成员A开始进行实地采访。

2. 一波多“折”的采访“路”

2.1　第一站D县：坑坑洼洼，你也改变不了

第一位被随机采访的D县村民就“语出惊人”。

他说：“坑坑洼洼，走路不好走，你也改变不了。”笃定、无奈又被迫接受的语气让本研究团队成员A心里“咯噔”一下，他预感到之后的采访可能不会顺利。村民们之后表示，这条路事故频发，却不曾为维修封过路，他们也没见过维修，一直正常通车。

2.2　第二站考勒隧道：“连心路”危机四伏

眼见为实，本研究团队成员A来到折达公路的考勒隧道。曾被当地村民称为“胡锦涛总书记和临夏人民的连心路”的折达公路，隧道却是危机四伏。头顶几百米高的巍峨山脉，内嵌随处可见的裂缝裂纹，连新刷的涂料都无法掩盖。隧道内并没有整改报告中提及的环向钢带加固或其他任何加固措施。

[①] 注：自2015年起，林××多次就拖欠款项问题与折达ZD3项目部领导和H公司进行协商，被以各种理由推脱，未协商成功。后又多次向G省人民检察院反贪局、纪委、考勒隧道整改工作相关单位等多个部门和媒体举报，虽经立案调查但问题仍未得到实质性解决。

2.3 第三站临夏州公路局：施工单位只刷过一次涂料

临夏州公路局负责隧道养护。一位值班人员称未听过隧道加固这么大的过程。本研究团队成员 A 通过电话向临夏州副站长核实时获悉，施工单位只刷过一次涂料。

目前而言，村民和公路部门均表示未曾整改，本研究团队成员 A 所见也是如此。那施工方自身会怎么说呢？这是没有按规定整改，还是没有整改？刷涂料算整改或整改的一部分吗？

2.4 第四站 H 公司：一边给“实锤”，一边打太极

公司负责人明确表示：单位已经按整改标准进行半年的整改了，项目负责人此刻还在隧道上加固项目。但当本研究团队成员 A 提出是否能联系项目负责人了解工程进度时，负责人并未正面回应，只一句：我问他，这是我的事儿，好吧。

先是言辞凿凿的“实锤”，后是迂回死守的“太极”，负责人“刚柔并济”，将说话之道运用得炉火纯青。而刚从隧道回来、不曾见到任何施工单位的本研究团队成员 A，此刻内心是不信的，场面一度十分尴尬。但他也深知：对话进行到这里，基本就挖不出什么有效信息了。

2.5 第五站 G 省 Y 有限公司：处理方案未通过，整改工作还在处理

公司负责人兼隧道整改专项联合调查组成员之一的孙 ×× 接受了采访。他表示，整改工作还在处理，因施工方加固处理方案未通过专家评审会评审，已被打回去重做。但施工单位在报送给 G 省公路管理局的《关于对林 ×× 信访事项办理进展情况的报告》文件中称，隧道加宽段加固处理方案已通过原设计单位 J 有限责任公司审查，且施工单位已进场。

孙 ×× 进一步表示报告所说是事实，在评审会召开前施工队就进场，后因方案未通过，施工队刷了一层涂料后退场。

很明显，孙 ×× 口中的“事实”指的是施工单位确实进过场，而非报告所说的处理方案已通过原设计单位评审（11 月 13 日之前）。言下之意，施工单位在这份报送给 G 省公路管理局的报告中造了假。

2.6 第六站 G 省公路管理局：文件代表事件结束，我局仅督促、无力管理

本研究团队成员 A 采访的建设管理处副处长杨 ×× 出人意料地“耿直”，倒是让他准备的用于挖掘真相的诸多技巧显得多余了。以下是采访对话原文：

杨 ××：从这个文件答复来（看），这个事情在我们这里已经画上句号了。实在不行

你找 Y 有限公司去，找 Y 有限公司问去。我这再也没什么了。

本研究团队成员 A：就是有没有整改你也不清楚是不是?

杨 ××：嗯。

本研究团队成员 A：现在已经整改好了还是没好也不清楚?

杨 ××：人家说是整改好了，我又没顾上去看。

上一站采访孙 ×× 时，他称“事情没处理好，还在处理”，而公路管理局则称文件的出台表明事情已经结束了。这份文件在 2017 年 11 月 14 日由公路管理局抄送给林 ××，当时表明计划于 11 月 28 日完工。而现在杨 ×× 并未出示任何有关隧道整改完成的答复文件。

接着本研究团队成员 A 提到公路管理局应当对整改工作进行管理，杨 ×× 的回答“亮”了：“我们公路管理局也是行业监管，正儿八经我也管不了人家，我只能督促一下，我只能说吃饭了，你吃不吃饭，你不吃饭我也没办法。现在形势就是这么个形势。”听到这，研究团队成员 A 很疑惑。

只喊吃饭却不管究竟吃没吃，不吃也没什么相应措施。也就是说，吃或不吃在他这里没什么区别。很明显，公路管理局只知道以文件落实行动，在没有核查施工单位的报告是否属实的情况下，就将其报告内容反馈给了林 ××。

如果说之前柔中带刚的施工单位负责人是竭力掩盖真相，留有退路，让你无处发力，那么这位“耿直”的副处长就是毫无遮掩，有啥说啥，倒是省事儿。

2.7　第七站 G 省交通运输厅：不归交通运输厅管，出事找交警

本研究团队成员 A 琢磨着如何与接下来的领导或相关负责人进行沟通，后来发现他想多了。

信访办表示：这事不归我们交通运输厅管。还反问 A 道：“出大事故了你不去找交警?”

之后保安代替信访办宣布了本研究团队成员 A 的信访结果：上面的领导说你们的这个事情，上周星期五已经接待完了。想待着就待着，不想待着就走。找公路管理局也行，找别的单位也行。这是你们的事情，你不要跟我说。

七站采访下来，本研究团队成员 A 觉得，不仅隧道整改事件被各单位推来推去，他自己也跟个皮球似的被踢来踢去。折达公路项目从工程质量到工作作风，处处“打折”。

3. 媒体曝光之后的那些事儿

3.1 公众很关注，后果很严重

2018 年 4 月 1 日，央视以“投资 16 亿扶贫路刷层涂料就算整改，记者调查四处碰壁”为题曝光了折达公路存在的各种问题，随即在网上引起轩然大波。公众在指责相关部门和工作人员不作为、态度恶劣的同时，纷纷质疑其中是否存在腐败问题。双层变单层，多余的钱又去了哪里？

舆论如此怀疑也是情有可原。2014 年 7 月，中央第一巡视组就指出 G 省“交通领域腐败问题反映突出”“一些领导干部插手工程建设，重大工程项目违规操作损失巨大”，2017 年 2 月，中央第三巡视组再次点名批评 G 省“交通等领域廉洁风险较高”。此次折达公路事件曝光，连带着之前的、现在的、已解决的、未解决的、扶贫领域的交通腐败、扶贫领域的危房改造腐败、扶贫领域之外其他腐败问题等等，都被诸多网友重新翻出来讨论。《人民日报》《环球时报》《紫光阁》等诸多权威媒体纷纷转载、评论、批评，热度居高不下。一时间，G 省被推上了风口浪尖，政府公信力明显下降，可谓是牵一发而动全身。

3.2 G 省很重视

G 省高度重视。时任 G 省委书记林 × × 当即作了批示：“这是一起十分典型的不作为、不尽责、官僚主义、衙门作风严重的案例，发生在三令五申要求转变作风、不推诿扯皮、正确对待各方监督的现在，必须严肃问责，责成交通运输厅党组立即安排查验现场，全面整改路隧问题，向省委省政府作出深刻检查，省监委启动问责程序，省政府正式函复央视，表明我省态度，诚恳接受监督。”

4 月 1 日，G 省交通运输厅立即采取了一系列措施。先是推出交通管制、成立调查工作组彻查违规违纪腐败问题及工作作风问题、责成项目建设单位和施工单位立即整治、调查处理相关工作人员等四项措施，后续又推出九项措施，如对全省范围已建和在建公路、桥梁、隧道等项目进行“拉网式”排查，推出责任单位、质量、工期、设计、材料、成本“六公开”制度等。交通运输厅表示，确保当年 5 月 1 日前完成信访投诉的考勒隧道 40 米加宽段的加固整治，计划 2019 年 1 月底完成折达公路全线施工整治任务，确保工程完工后全寿命周期 50 年内无大修。

交通运输厅还指出，将诚恳接受媒体和社会公众的批评监督，举一反三，以知耻而后勇的态度深刻反省改进，向社会公众交一份合格的答卷。

此外，针对施工单位不按设计施工引发的质量问题、专项联合调查组履职不到位问题、

上级主管部门监管不力的问题、信访接待违规等问题，G 省交通运输厅均对相关人员展开停职调查。

3.3　本研究团队成员 A 很疑惑

3.3.1　疑惑一：刷层涂料是否算是“整改”？

Y 有限公司工会主席、折达公路项目办副主任孙 ×× 在 4 月 12 日接受《澎湃新闻》采访时，否认刷层涂料就是“整改”。他称，2017 年 11 月初，施工单位向原设计单位递交整改方案。11 月 5 日，施工队进场等待，准备施工。没曾想到 11 月 10 日，整改方案未经过专家评审会申请。由于无法预计最终方案确定时间，施工队 12 月 20 日撤场。但 11 月 13 日，施工单位就越过项目建设单位，直接向 G 省公路管理局递交了《关于对林 ×× 信访事项办理进展情况的报告》，谎称方案通过评审。项目建设单位对此事并不知情。

孙 ×× 进一步解释，粉刷涂料是其要求施工单位做的。这是应临夏州安委会在 2017 年 8 月份的要求，用于提高隧道内亮度，降低安全隐患。施工队在等待方案通过的过程中完成了粉刷。如果项目办用粉刷替代整改，就不会在 2018 年 3 月 16 日召开“考勒隧道缺陷处处治方案论证会”，进行第二次论证。

本研究团队成员 A 算是明白了，项目建设单位“主观上”并不认为刷层涂料就是整改，也不打算这么做。但在多重原因的作用下，刷层涂料成了“实际”的整改。

（1）施工单位越级上报虚假文件，之后并未继续进行施工。

（2）项目建设单位虽责令施工单位整改，但不跟踪督促。

（3）公路管理局未进行实地考察。在没有任何文件或证据表明“施工单位的整改方案已通过专家评审会评审”的情况下，反馈虚假信息。

（4）交通运输厅不曾“正儿八经”地对整改工作进行管理。

3.3.2　疑惑二：偷工减料的工程为何能成功验收并投入运营？

本研究团队成员 A 认为，折达公路问题分两部分：一是建设时偷工减料，二是整改时敷衍了事。交通运输厅处理的主要是整改问题，那偷工减料的工程为何能成功验收并投入运营呢？

他了解到，据《公路工程竣（交）工验收办法》，公路工程验收分为交工验收和竣工验收两个阶段。交工验收是检查施工合同的执行情况，评价工程质量是否符合技术标准及设计要求，是否可以移交下一阶段施工或是否满足通车要求，对各参建单位工作进行初步评价。其验收内容就包括检查合同执行情况，核查工程完工数量是否与批准的设计文件相符，是否与工程计量数量一致等。验收发起规定以及相关单位职责如下：

第十一条规定，项目法人负责组织公路工程各合同段的设计、监理、施工等单位参加交工验收。拟交付使用的工程，应邀请运营、养护管理单位参加。参加验收单位的主要职责是：

项目法人负责组织各合同段参建单位完成交工验收工作的各项内容，总结合同执行过程中的经验，对工程质量是否合格作出结论；

设计单位负责检查已完成的工程是否与设计相符，是否满足设计要求；

监理单位负责完成监理资料的汇总、整理，协助项目法人检查施工单位的合同执行情况，核对工程数量，科学、公正地对工程质量进行评定。

施工单位负责提交竣工资料，完成交工验收准备工作。整个验收工程都需要一系列文件和各种检测报告，层层防守却层层失守。偷工减料的折达公路怎么就成了漏网之鱼呢?

3.3.3　疑惑三：不曝光不理，小曝光敷衍，大曝光狠抓，问题在哪?

考勒隧道如此大的安全隐患，四年间却“正常”通车，不可能没人反映，但确实没人处理；林 ×× 此前向多个部门和杂志反映情况，仍未得到实质性进展；央视曝光当天，省交通运输厅就紧急召开党组扩大会议并出台四项措施。

不曝光不理，小曝光敷衍，大曝光狠抓。折达公路事件作为典型代表，不是第一例，更不会是最后一例。问题出在哪?

4. 一石激起千层浪，一浪更比一浪强

本以为林 ×× 的信访事件到这里应该算是告一段落了，但后续《澎湃新闻》的报道表明，事情远没有那么简单。一石激起千层浪，一浪更比一浪强。事情才刚刚开始。

4.1　拖欠工程款项引发包工头举报

身为考勒一队负责人的林 ××，为何举报这条自己也参与施工建设的问题公路?《澎湃新闻》在后续报道中解释了这个问题。

据林 ×× 爆料，经朋友介绍，他在未签订书面协议的情况下，与当时自称是 H 公司人员的福建老乡林某 × 达成口头协议，负责考勒隧道进口端工程。林某 × 要求其交 600 万元押金并承诺在施工队进场、业主支付 10% 的预付款后一个月内退还，否则按照民间借贷支付押金利息。2017 年 8 月 16 日林 ×× 带领施工队进场，但直到 10 月份他才从林某 × 那里拿到 10 万。截至 2015 年，根据两人的口头协议，林某 × 共欠林 ×× 约 2700 万元。就拖欠款项问题与 H 公司多次协商无果后，林 ×× 开始了漫长的举报之路。

4.2　施工单位违规隐瞒两起安全事故

综合《澎湃新闻》对林 ×× 和孙 ×× 两人的采访，考勒隧道在建设过程中曾发生三次安全事故。一是2010年6月6日，因项目部供应水泥不及时，开挖后的隧道洞内掌子面（又称礤子面，是坑道施工中的一个术语）无法及时喷浆施工并封闭断面。岩面严重风化后发生塌方事故，隧道一队支护班工人杨某元不幸在事故中死亡。林 ×× 提供了备案号证明其曾就此事向当地公安部门报案。二是2011年3月，考勒隧道二队工人工棚因电脑主机发生故障引起火灾，造成二死三伤。2011年8月，工队又发生事故造成一人死亡。林某 × 仅向项目办报送了火灾这起意外事故，违规隐瞒了另外两起安全事故。因联系不到林某X，《澎湃新闻》暂时无法就隐瞒事故一事进行查证。孙 ×× 表示将对另外两起事故进行核查。

4.3　中标的没施工，施工的没中标：折达ZD3“四方协议”涉嫌违法分包

4.3.1　“四方协议”分工明确

林 ×× 提供的这份在2012年5月25日签订的名为《临夏折桥至兰州达川公路工程ZD3合同段工程质保金返还协议书》的“四方协议”，让本研究团队成员A很震惊。

签署该协议的四方分别为：

甲方H公司，乙方山西B建设工程有限公司。

丙方福建C隧道工程有限公司，丁方平潭D工程有限公司。

协议显示：

甲方与乙方合作取得折达公路ZD3合同段工程的总包合同。

甲方同业主签订总包施工合同。

乙方和丙方以甲方名义设立项目经理部。

丁方据其与丙方达成的劳务施工合同，承担合同段隧道工程的实际施工。而之前一直以H公司人员身份与林 ×× 打交道并达成口头协议的林某X，实为丙方公司的最大股东。

举报人林 ×× 在其举报信中称，林某X、林某 × 代理人不仅通过某领导关系，借助H公司的资质并以其名义违法围标中标，非法侵吞国有资产，还以同样的模式在G省多地违规操作，严重扰乱G省正常的招投标市场。

4.3.2　“四方协议”的真实性

丁方签字代表谢 ×× 称，2012年和项目部发生纠纷后，他们签订了此协议，但直到现在项目部都未向丁方返还质保金。丁方公司另一位负责人也证实公司确实签过此协议。

丁方为考勒隧道二队，负责考勒隧道出口端和张家塬隧道进口端的工程。甲方签字代表即折达 ZD3 项目部经理赵 ×× 不接受采访，乙方和丙方签字代表暂时联系不到。

4.3.3 “四方协议”是否涉嫌违法分包？

为规范招标投标活动，保证项目质量和维护相关主体合法权益，国家对招标、投标和分包作了严格规定。《招标投标法》第 48 条规定，中标人应当按照合同约定或者经招标人同意，可以将中标项目的部分非主体、非关键性工作分包给他人完成。接受分包的人应当具备相应的资格条件，并不得再次分包。中标人应当就分包项目向招标人负责，接受分包的人就分包项目承担连带责任。

折达公路事件中，中标人为 H 公司，招标人为 G 省公路管理局。双方签订的合同并未涉及分包事项。《建设工程质量管理条例》第 78 条对“违法分包”的行为作出界定：总承包单位将建设工程分包给不具备相应资质条件的单位的；建设工程总承包合同中未有约定，又未经建设单位认可，承包单位将其承包的部分建设工程交由其他单位完成的；施工总承包单位将建设工程主体结构的施工分包给其他单位的；分包单位将其承包的建设工程再分包的。

孙 ×× 表示，通常业主会从人、财、物等方面检查有无转包分包情况，他并不知道除 H 公司之外的其他三方参与项目建设。“我们检查过，三标项目经理是 H 公司的人，银行账户也是他们公司提供的，主料采购合同也是他们公司签的。但从这个的‘四方协议’来看，这里面可能是存在分包的问题。违法还是违规，这个要查了才知道。”陕西树理律师事务所律师赵 ×× 表示，从“四方协议”来看，这个项目涉嫌违法分包，“中标的没施工，施工的没中标。”

5. 浪静，风平，心不平

5.1 浪静，风平，风平浪静？

截至案例编写完成的今天，央视曝光的第 28 天，林 ×× 举报的一系列问题之中，仅有考勒隧道的偷工减料和公路质量问题被官方证实并着手处理，40 米的加固工程在 4 月 27 日通过交工验收。政府工作作风问题是处理重点，拖欠款项问题仍未解决。

随着时间的推移，公众关注的焦点被更大的新闻事件转移。新闻之所以能被广泛关注，一是因为其矛盾性，二是因为其神秘性。折达公路事件曝光以后，中间的曲折离奇和背后隐藏的种种可能瞬间吸引了公众的兴趣。但当神秘面纱被揭开，种种可能完全公之于众，只剩下在各种可能中寻找真相时，公众反而失去了兴趣。没多少人真正在乎究竟是 A 的问题还是 B 的问题，也不会继续关注林 ×× 的拖欠款项问题如何解决等等。官方的介入和各种措施的推行，也使得折达公路事件正步入正轨。一切都隐隐有风平浪静的趋势。

5.2　心不平：无冕之王？不二之臣！

尽管距事件曝光已经近一个月了，本研究团队成员 A 心里还是难以平静，总想写点什么。纵观整个“打折”的折达公路事件，绝对称得上是“一波多折，折折坎坷；一石千浪，浪浪滔天”。其中的曲折、矛盾、爆点、前后反转以及各色人物的千姿百态，估计连小说都不敢这么编。折射的东西太多了，千头万绪，一时间反而无从下笔。

当整个事件像电影一样一幕幕在脑海中呈现时，本研究团队成员 A 印象最深刻的，竟是他第一站采访 D 县时，第一位村民说的那句“你也改变不了”。

自古知屋漏者在宇下，知政失者在草野。上面一项很好的惠民政策，为何落到实处就大打折扣？其实真相往往很简单，就隔层窗户纸，一捅就破。“为政者不出庙宇，施政者敷衍塞责，执行者偷工减料，淋雨者无处申诉”。本研究团队成员 A 更加坚定了自己作为记者的信念，那就是一路披荆斩棘，突破层层阻挠去还原事情真相。何为“记”者？不是“被人民记着”的无冕之王，而是始终“记着人民”的不二之臣。想到这，大手一挥，他在纸上留下八个大字：民心是最大的政治。

■ **思考题**

1. 结合案例中的央视记者、本研究团队成员 A 和《澎湃新闻》等媒体在折达公路事件中的表现，新闻媒体如何更好地承担责任，以正确的舆论导向发挥其在反腐倡廉中的作用？在培育成熟的公民和公民文化方面，新闻媒体又能作出哪些努力？

2. 结合 G 省特殊的地理位置和“一带一路”，新形势下贫困地区如何破旧立新、紧抓机遇、迎难而上、实现脱贫致富？

三、案例说明

（一）课前准备

1. 本案例为描述型案例，旨在对折达公路事件全过程进行情景再现并深入分析和评价。学生提前阅读案例正文，要求学生熟悉案例内容、做好预习工作，并对案例中提出的疑问进行思考，要求学生课前自行观看央视曝光折达公路事件的相关视频。

2. 老师提前一周通过指定或学生自愿报名的形式，选取相应人数（比例严格控制在学生总数的 25% 以下）的学生参与表演，并进行彩排。人数不够时，不出场的采访对象均由一人担任。摆脱传统案例教学模式中通过阅读文字获取信息的单一、枯燥、信息量大等弊端，最大限度地再现情景，代入感强。激发学生兴趣，提高学生参与度，活跃气氛。通过分工和角色扮演，增强师生互动。

3. 以正文的背景和采访资料为基础制作 PPT，配合学生表演。可用学生照片制作相应采访环节的 PPT 内容，增强代入感。

（二）教学目标

本案例以记者的视角，相对公正、客观、详细描述了折达公路事件。希望通过案例教学达到以下目标：

1. 使学生意识到，作为发扬社会主义民主的一种形式，新闻媒体正以其涉及范围广、传播速度快、影响力度大等特征在舆论监督中发挥着极为重要的作用。同时这也对相关从业者的专业性和职业操守提出更高的要求。另外，就当前我国实际情况而言，民主政治在基层尤其是落后地区，发展还十分有限。希望同学们积极建言献策，思考新闻媒体如何助推培育成熟的公民和公民文化。

2. 通过案例教学尤其是学生的表演，真实地展现公共政策在执行过程中出现的诸多问题及由此产生的政策失效现象。引导学生思考，政府部门如何摆脱旧式思维、树立扎实的工作作风以适应时代需要。

3. 通过上述问题的讨论和解决，逐步引导学生跳出案例本身的局限。以小见大，以更为宏观的视野，分析“打折”的折达公路所折射出的政治、经济、文化等复合性问题。

（三）案例讨论

1. 案例中公共政策在执行过程中出现了什么问题？新时代背景下，政府部门如何以壮士断腕的勇气，自觉刮骨疗毒，破四风、立新风，以适应时代需要？

2.“打折”的折达公路“折射”了什么？

第二节　“某药酒”该治谁的病

一、案例背景

自治区食品药品监督管理局组织召开某药酒广告审评论证会
并对有关情况进行核实

（2018 年 3 月 8 日发布）

为贯彻落实国家食药监管总局办公厅《关于进一步加强药品广告审查监管工作的通知》精神，严把广告审查关，2017 年 12 月 22 日，自治区局召开了某药酒广告审评论证会，对已审批的某药酒广告进行审评、论证。会上，组织法律界、医药界、广告界等专家对某药酒广告的合法、合规性进行了评审、论证。结论为：某药酒广告符合《中华人民共和国广告法》《药品广告审查办法》《药品广告审查发布标准》的有关规定。

近期，国内部分媒体、自媒体（微信公众号）登载或转载某药酒广告违规发布内容的言论，自治区局高度重视，组织对相关情况进行了调查核实。

某国药股份有限公司是 N 自治区一家合法中成药生产企业，是国家级高新技术企业。某药酒是该公司取得国药准字注册批件的独家中药品种，产品配方具有 270 多年历史。其“古法酿制工艺”入选 N 自治区非物质文化遗产；“某药酒配制技艺”入选《第四批非物质文化遗产代表性项目名录》；某品牌获得“中华老字号”称号；某商标被评为全国“驰名商标”“中国地理标志证明商标”；某药酒被评为“国家地理标志保护产品”。2017 年入选“CCTV 国家品牌计划”。经监督检查、监督抽检，某药酒产品未发现质量问题。

经查，自 2014 年以来，自治区局从未接到有关某药酒违法广告情况的通告、通报，更无采取暂停销售措施的函件。违法广告监测数据也未涉及某药酒。

经核实，2015 年新《中华人民共和国广告法》实施后，某药酒“违法广告第一案”，是上海一家药店因未及时将不符合新法要求（有明星代言）的宣传品撤掉，被当地市场监管部门处以“责令停止发布违法广告”。此违法行为的违法主体为上海这家药店，并非某国药股份有限公司。

经梳理，自 2014 年以来，每年审批某药酒广告 100 余件至 300 余件不等，核准的广告批准文号依法规定有效期为 1 年，到期作废，不得连续使用。[①]

二、案例正文

“某药酒”该治谁的病

摘要：2017 年底，广东医生谭 ×× 因在网络上发表了一篇题为《中国神酒“某药酒”，来自天堂的毒药》的网帖，涉事企业以他恶意抹黑造成该企业 140 万元经济损失为由报警，N 自治区 L 县警方以“损害商品声誉罪”将谭 ×× 跨省抓捕。该事件经网络传播引发社会广泛关注。2018 年 4 月 17 日，N 自治区人民检察院认为该案件事实不清，证据不足，将该案退回公安机关补充侦查并变更强制措施，谭 ×× 取保候审。该事件在持续发酵的同时也引出事件背后的种种问题：警方是否应该将一起普通的民事案件当作刑事案件侦查，是否涉嫌职权滥用？“某药酒”遭遇有关部门 2600 多次行政处罚，为何依然畅销无阻？打保健品的擦边球，“某药酒”到底是药还是酒？这些问题都值得深思。

关键词：药品监管；舆论监督；政商关系

引言

2017 年 12 月 19 日，广东医生谭 ×× 在网上发布题为《中国神酒“某药酒”，来自天堂的毒药》的网帖，称“中国神酒，只要每天一瓶，离天堂更近一点”“夸大疗效，包治百病。广告屡禁不止，为何？巨大的商业利润，幕后的推手公司”。从老年人心肌变化、血管老化、心脏传导系统的变化、心瓣膜的变化等方面，想从医学上说明某药酒对老年人会造成伤害。文章发出后，涉事企业某国药股份有限公司以他恶意抹黑，致使其企业形象受损，销量下滑，造成自身 140 余万元经济损失为由报警。2018 年 1 月 10 日，警方以“损害商品声誉罪”将谭 ×× 跨省抓捕。

2018 年 4 月 13 日，这起事件在公众视野中曝光。随着相关新闻被多方转载，引起社会广泛关注。一开始，公众关注焦点为事件本身，例如，该起事件是否为刑事案件？诉讼程序是否正常？谭 ×× 医生的文章论述是否严谨等。随着法律界、医学界等更多专业人士的关注，话题逐渐转向某药酒本身，其涉嫌虚假广告、多次行政处罚、是药还是酒、药品配方是否得到验证等成为热点话题，也引发了人们对药品监管、政商关系、舆论监督等的思考。

[①] 《自治区食品药品监督管理局组织召开某药酒广告审评论证会并对有关情况进行核实》，N 自治区食品药品监督管理局官网 www.nmfda.gov.cn/findPublicInfoById30156.html

1. 事件起因

1.1　医生发文

2017 年 12 月 29 日，广东医生谭 × × 在某 APP 上发布一篇标题为《中国神酒“某药酒”，来自天堂的毒药》的文章。该帖中，谭 × × 撰写的内容分为三部分，开头：中国神酒，只要每天一瓶，离天堂更近一点。人到老年，心脏和血管都发生了明显的变化……正文：老年人，退休后很多消遣项目就是电视，某药酒……夸大疗效，包治百病……结尾：中国神酒，某药酒，来自天堂的礼物。截至 2018 年 1 月 16 日，该篇文章的阅读量为 2241。

1.2　公司报案

某国药股份有限公司以谭 × × 所发文章严重损害公司声誉，造成该企业重大经济损失，向 N 自治区 L 县公安局报案。2018 年 1 月 2 日，L 县公安局对此进行立案侦查。[①]

2018 年 1 月 5 日，L 警方从某 APP 所隶属的南京 A 网络科技有限公司，调取了谭 × × 的注册 ID 号、手机号。

谭 × × 所涉嫌罪名为“损害商品声誉罪”。L 县公安局经济犯罪侦查大队的受案登记表显示，2017 年 12 月 22 日，某国药股份有限公司一员工受公司委托报案。该员工称：近期多家公众号对“某药酒”恶意抹黑，甚至宣称某药酒是“毒药”，大肆散播不实言论，传播虚假信息，误导广大读者和患者，致多家经销商退货退款，总金额达 827 712 元，造成公司销量急剧下滑，市场经济损失难以估量，严重损害公司商业信誉。

据相关询问笔录称，受谭 × × 所发“毒药”一文影响，在深圳、杭州、长春三地，共有 2 家医药公司、7 名市民要求退货。N 丰镇兴丰会计师事务所作出的《会计鉴定书》的鉴定结论称，若两家医药公司履行合同，某药酒方能赢得净利润 142 5375.04 元。

1.3　跨省抓捕

L 县公安局认为，谭 × × 损害商业信誉、商品声誉的犯罪事实清楚，证据确实充分，于 1 月 10 日对其采取刑事拘留强制措施。1 月 25 日，经 L 县检察机关批准，对其逮捕，并依法移送检察机关审查起诉。

3 月 13 日，L 县公安局作出的《起诉意见书》称，依法侦查查明：谭 × × 在微信群连续转发“毒药”一文 10 次左右，网站点击量 2075 次，某 APP 有三次访问，微信好友有 250 次访问、微信群有 849 次访问、朋友圈有 720 次访问、其他访问 253 次、被分享 120 次。

---

① 参见《穿越大半个中国来抓你？三问某药酒事件》，新华社，2018-04-18.www.xinhuanet.com/yuqing/2018-04/18/c_129853139.htm

1.4 补充侦查

2018 年 3 月 23 日，L 县人民检察院作出“补充侦查决定书”，要求 L 县公安局对谭 ×× 涉嫌犯罪一事补充证据。L 县公安局已提交新的补充证据，但 L 县人民检察院仍未决定是否起诉。

2018 年 4 月 17 日，N 自治区人民检察院通报“谭 ×× 损害某药酒商品声誉案”：案件事实不清、证据不足，自治区人民检察院指令 L 县人民检察院将该案退回公安机关补充侦查并变更强制措施。

自 1 月 10 日被 N 自治区 L 县警方从家中带走，到 4 月 17 日取保候审，已被羁押三个多月的谭 ×× 从看守所走出来，“重获自由”。

2. 媒体声援

媒体的助攻力推对“某药酒”事件的发酵起着重要作用。

2.1 大 V 助攻，事态发酵

微信公众号“红星新闻”发布《广州医生发帖称“某药酒是毒药”涉嫌损害商品声誉被跨省抓捕》一文，该事件首次进入公众视野。随后，《澎湃新闻》在其网站和微博进行了转载发布，并迅速被多个微博大 V 转发，引起人们广泛关注，吸引了法律界、医药界等专业人士的讨论。关于某药酒事件的微博还一度占据微博热搜榜。

2.2 官媒介入，发表质疑

随着事件的发酵，人民网、光明网、央视等官方媒体进行报道刊发评论，《人民日报》《某药酒：神药还是神广告？》，新华社《穿越大半个中国来抓你，三问某药酒事件》，央视网《某药酒“酒劲”为何这么大》《批评如潮，某药酒何以引发众怒？》，关于某药酒事件的讨论进入白热化，公众关注焦点也逐步从案件合法性、民事案件刑事化等问题转移到某药酒本身。

3. 公众质疑，药品本身引关注

3.1 虚假广告

据统计，某药酒的广告词播出最多的大致有：“风湿病，关节炎，疼痛反复不见好。颈椎痛，腰腿疼，行动不便把罪遭。胃寒胃痛气血虚，肾虚尿频睡不好，每天早晚喝某药酒，补肾强身有疗效。要按疗程坚持喝，治病防病选某药酒！”“腰疼，腿疼，疼！喝某药酒；风湿痛，关节痛，痛！喝某药酒；尿频起夜，肾虚腰酸，虚！喝某药酒。某药酒祝您：每天两口，把病喝走。”由广告词可见，某药酒几乎把自己包装成包治百病的“神酒”，夸大药品疗效，对消费者尤其是保健需求大却比较缺乏辨识力的老人来说具有极大的欺骗性和诱惑力。

某药酒实际上是一种非处方中成药，2003年11月25日，国家食品药品监督管理局（原国家药品监督管理局）印发《关于公布第六批非处方药药品目录的通知》（国食药监安〔2003〕323号），公布某药酒为甲类非处方药。其说明书上标注有：功能主治“祛风除湿、补气通络、舒筋活血、健脾温肾，用于风寒湿痹、筋骨疼痛、脾胃虚寒、肾亏腰酸以及妇女气虚血亏”，禁忌症“儿童、孕妇禁用，阴虚阳亢者禁服，肝肾功能不全及酒精过敏者禁服”，但一般消费者对此并不熟悉。在其广告语中，故意弱化药品性质，夸大药品的保健品功能，给公众营造一种无所不包、百无禁忌的保健品形象。事实上，药酒不同于保健酒，作为酒剂药物，药酒适用于病人，也有明确的适应症和禁忌症，并不是能作为大众日常养生保健的保健品。

而在日常的销售活动中，某药酒在多家药店贴上了“优惠促销”等的标签，甚至在小卖部也可以见到其身影。在国内的多家网上购物网站也可以买到，在“双十一”等的促销活动中，销量数据更是庞大。某药酒属于甲类非处方药，在其包装上也可以看到红底OTC的标志。根据我国《处方药与非处方药分类管理办法》，甲类非处方药只能在具有《药品经营许可证》配备执业药师或药师以上技术人员的社会药店，在药店由执业药师或药师指导下购买和使用。

3.2　广告大户

据尼尔森网联AIS全媒体广告监测：2017年广告投放前十的名目中，某实业股份有限公司替代宝洁有限公司位列第一，投放总额同比增长55.9%，宝洁有限公司以同比下降24.2%的成绩位列第二。[①] 据中国广告网CTR媒介智讯统计，2017年全媒介广告花费前20位品牌中，“某药酒”以54.9%的同比增幅位列首位，其在2017年电视广告花费前十中，依旧以51.5%的增幅位列前三。并根据央视市场媒介研究智讯（CTR MI）统计，2016年中国电视广告投放额排名前十的品牌中，“某药酒”以150.8亿元的广告投放额“拔得头筹”，远超位列第二的“陈李济”（94.4亿元）。[②] 在原国家药品监督管理局的官方网站上，可以

① 《（年终盘点）2017年中国广告市场回归近年来最好水平》，尼尔森网联数据服务有限公司.www.nielsenccdata.com/ggxybg/454.jhtml

② 《CTR：中央级电视频道2016年广告投放额同比上涨》，央视网.http://1118.cctv.com/2017/05/27/ARTINGTyQV4UjmJ9UFvqq9jk170527.shtml

检索到“某药酒”的药品广告数共计 1192 条。

自 2016 年开始，某药酒的广告从电视广告投放，到电视剧广告插播，随处可见其广告画面。据媒体统计，《老农民》《我的！体育老师》《中国式关系》《老爸当家》《北上广依然相信爱情》等都市类热播剧中，都有某药酒的植入。有的场景甚至是某药酒直接被摆上了餐桌上，而没有任何的关于药品方面的提示。某药酒的广告还离不开部分明星的代言。据公开的广告信息统计，某药酒共邀请过数位具有公众影响力的明星为其代言。明星对公众具有极大的引导作用。

某药酒的海量广告策略也是“卓有成效”的，据米内网 2016 年中国城市零售药店终端竞争格局数据显示，某药业的药酒排在中成药的第二位，销售规模达 16 亿元，同期增长率 39.30%，比 2015 年相比上升了 3 个位次，在中国城市零售药店终端中成药的市场份额由 2015 年的 1.3% 上升至 1.69%。[①]

3.3 药方存疑

某药酒的药方收录在中药成方制剂第十四册，共含67味药材。其中何首乌、附子、半夏、槟榔、苦杏仁的药效和毒性都值得商榷，其安全性和有效性受到公众的质疑和担心。科普作家方舟子在其微信公众号中写道：某药酒的药害在其使用的中药药材，使用了67味药材，几乎把常用中药药材都用上了，但药材越多，风险越大。例如其中的附子含有致命的乌头碱，桃仁、苦杏仁中的苦杏仁苷能够在消化道产生致命的氯胺酸，冬花、槟榔都是致癌物。药酒的毒副作用尚未得到明确科学验证，其非处方药的资格受到质疑。其中还有一味重要药材“豹骨”，豹为国家一级保护动物，豹骨的使用受到国家严格控制。医药健康媒体“春雨医生”发文质疑：“珍稀野生动物入药是否合理，治疗什么疾病需要使用濒临灭绝的野生动物入药？”

3.4 临床数据少

原国家药品监督管理局新闻发言人答记者问：2004—2017 年底，国家药品不良反应检测系统中，共检索到关于某药酒的不良反应报告 137 例，不良反应主要表现为头晕、瘙痒、皮疹、呕吐、腹痛等。[②]事实上，有关服用某药酒后出现身体不适的情况或投诉从未间断过，据媒体报道，2015 年 12 月，在北京市延庆区食药监局调解的一起诉讼中，消费者郭女士反映在服用了某药酒之后，出现严重身体不适，经调解，经营者同意退还郭女士购买药品

---

① 《2016 年中国城市零售药店终端竞争格局》，米内网数据库智能版 http://shuju.menet.com.cn/

② 《国家药品监督管理局新闻发言人就某药酒有关情况回答记者提问》，国家药品监督管理局 .http://cnda.cfda.gov.cn/WS04/CL2056/227779.html

的全部费用1627.8元；2012年，一位70多岁的老人患有高血压和白内障，喝完某药酒后立即出现视力模糊等症状。

某药酒相关负责人在接受采访时称:“某药酒是国家中药保护品种，所以临床实验数据、毒理学实验数据可以不公开，但这些数据都已上报给N自治区食药监局和原国家食药监总局。”“相关毒理实验中，研究人员有使用小白鼠，并进行过解剖，以确定小白鼠各个脏器的中毒情况。”并向记者表示“毒理实验显示，某药酒一个人一天喝165斤才有毒”。

4. 关注焦点

4.1　十年违法广告2630次，企业却越做越大？

与某药酒巨额的广告投入和海量的广告数形成鲜明对比的是某药酒近十年来的违法次数。人民日报社主管主办的《健康时报》在2017年8月就曾对某药酒进行过报道，其记者根据近十年的公开文件，研究得到的不完全统计结果显示，某药酒广告曾被江苏、辽宁、山西、湖北等25个省市级食药监部门通报违法，违法次数达2630次，被25省市食品药监部门99次列为违法广告公告，移送工商行政部门查处，被10省市18次采取暂停销售的行政强制措施。

某药酒被各地查处的原因多是“广告含有功效的断言和宣称”“夸大产品适应症（功能主治）”“利用国家机关、专业机构及其工作人员名义和形象为产品功效作证明”“含有获奖等综合性评价内容”。2015年9月1日，新《中华人民共和国广告法》正式实施，某药酒广告因违规请明星陈某国代言，被上海市工商局查处，成为上海市工商局根据新《中华人民共和国广告法》查处第一案。

2015年修订的《中华人民共和国药品管理法》第六十条规定：药品广告的内容必须真实、合法，以国务院药品监督管理部门批准的说明书为准，不得含有虚假的内容。药品广告不得含有不科学的表示功效的断言或者保证；不得利用国家机关、医药科研单位、学术机构或者专家、学者、医师、患者的名义和形象作证明；第六十一条规定：省、自治区、直辖市人民政府药品监督管理部门应当对其批准的药品广告进行检查，对于违反本法和《中华人民共和国广告法》的广告，应当向广告监督管理机关通报并提出处理建议，广告监督管理机关应当依法作出处理。

最新修订的《中华人民共和国广告法》第十六条规定：医疗、药品、医疗器械广告不得含有下列内容：（一）表示功效、安全性的断言或者保证；（二）说明治愈率或者有效率；（三）与其他药品、医疗器械的功效和安全性或者其他医疗机构比较；（四）利用广告代言人作推荐、证明；（五）法律、行政法规规定禁止的其他内容。

但令人不解的是，某药酒在不断违法的同时，企业却在越做越大，销量不断走高，销售额节节攀升。根据《健康时报》收集的资料显示，近十年，在各省市监管部门不断查处的同时，2009 年，某药酒自称所谓的“古法酿造工艺”入选 N 自治区非物质文化遗产；2010 年，某药酒品牌获得“中华老字号”的称号；2011 年，某药酒品牌入选“中国驰名商标”，同年，某中医药酒文化再次入选 N 自治区非物质文化遗产；2014 年，某药酒配置技艺入选国务院批准确定的《非物质文化遗产代表性名录》，同年，其销售量在全国非处方药销量中排名第六位；2017 年，某药酒成为“CCTV 国家品牌计划”的企业之一。[①]

新华社发表微评论质问：“某药酒既然曾被 25 个省市的食药监部门通报违法，为何这么多年依然照卖不误，是制度漏洞还是执行不力？”[②]

北京律师王 ×× 认为：“某药酒注册公司所在地的相关监管部门并未对其经营行为进行有力的监管。”

4.2 广告批文 1192 条，谁是某药酒的“保护伞”？

经调查发现，某药酒同样令人吃惊的还有其近年来获得广告批文的数量。在原国家药品监督管理局的官方网站上，可以检索到“某药酒”的药品广告数共计 1192 条。在 2018 年 3 月 8 日，也就是“谭 ××”的相关新闻被媒体曝光的前一个月，N 自治区食品药品监督管理局公布了其对某药酒广告审评论证会的结果：为贯彻落实国家食药监管总局办公厅《国务院办公厅关于进一步加强药品广告审查监管工作的通知》精神，严把广告审查关，2017 年 12 月 22 日，自治区局召开了某药酒广告审评论证会，对已审批的某药酒广告进行审评、论证。会上，组织法律界、医药界、广告界等专家对某药酒广告的合法、合规性进行了评审、论证。结论为：某药酒广告符合《中华人民共和国广告法》《药品广告审查办法》《药品广告审查发布标准》的有关规定。“经查，自 2014 年以来，自治区局从未接到有关某药酒违法广告情况的通告、通报，更无采取暂停销售措施的函件。违法广告监测数据也未涉及某药酒。”

4.3 某药酒与 L 县政府的关系

“某药酒”事件在网上的发酵，也让社会公众首次关注到 L 县这个位于 N 的小县城。L 县是某药酒的注册地，人口不到 25 万。相关数据显示：2017 年，L 县第一、二、三产

---

① 《2630 次广告违法不止，谁是某药酒的护身符！》，健康时报 .

② 《新华社微评：关于某药酒，我们还有三个不明白》，新华网 . http://www.xinhuanet.com.

业的比重为22∶46∶32。2016年，该县城镇居民人均可支配收入26145元，农村人均可支配收入10509元。而当年，全国城乡人均可支配收入分别为33616元和12363元，L县的人均可支配收入大幅落后于全国平均水平。据中国经济报记者了解，L县属于自治区级贫困县。

一个经济并不发达的小县城，却有一个年收入过十亿的企业，其存在无疑是支撑当地政府财政的中坚力量。根据L县2017年政府工作报告，2017年全县一般公共财政预算收入累计完成2.1亿元，其中，税收收入完成将近1.72亿元；而某药酒在2015年就实现了销售收入12亿元，完成税收将近6000万元。2016年，某药酒销售收入、上缴税收同比分别增长51%和50.8%。

在近两年L县政府工作报告中，某酒业都是重点发展对象。

2017年政府工作报告的全年计划中，强调要以文化为指引，打好民俗文化牌，提到挖掘某文化，创作走西口实景剧。[①]

2018年政府工作报告中，强调在2017年，以某国药为代表的本土企业迅速崛起，打破了岱海电厂“一支独大”局面。对于2018年的全年工作计划，实施“旅游＋工业”发展战略，深入挖掘以“某药酒”为代表的工业文化内涵，重点推进以某国药产业园区、酿造工艺文化展示馆为代表的示范点建设。全力扶持某国药股份有限公司沪交所A股主板上市。引进10家某销售分公司，实现品牌效应和县域经济、旅游产业的多重促动作用，某药酒市场零售规模超过75亿元，上缴税收达3.5亿元。完善某国药、世纪粮行等电子商务平台和农村电子商务体系，力争线上销售额突破1亿元。[②]

某国药股份有限公司位于L县某镇。查询相关报道，某镇其实是一个设置时间较短的“年轻”小镇。据《N晨报》报道：2017年5月2日，N自治区人民政府下发关于调整L县部分乡镇行政区划的批复，将L县岱海镇部分区域划出，设置某镇。某镇为L县人民政府驻地，同时也是全县的政治、经济、文化中心。谈及设立某镇的意义，《N晨报》的上述报道援引专家的说法指出，“L县新增某镇是对地方文化很好的传承，同时，某药酒这一近300年历史的品牌借助这一文化优势能更好地推动地方经济发展，二者相辅相成”。[③]

---

① 《L县2017年政府工作报告》，L县人民政府官网．www.nmlc.gov.cn/GovernmentPublic/Details/5047.html

② 《L县2018年政府工作报告》，L县人民政府官网．www.nmlc.gov.cn/GovernmentPublic/Details/8119.html

③ 《某药酒所在地某镇：去年才从其他镇划出，设置还不满一年》，澎湃网．https://www.thepaper.cn/newsDetail_forward_2079367

5. 各方回应

5.1 原国家药品监督管理局

2018 年 4 月 16 日，原国家药品监督管理局在就某药酒有关情况回答记者提问时，回应了社会普遍关注的几大问题：(一)某药酒的注册审批情况：某药酒为独家品种，现批件持有人为“N 某药业有限责任公司”，该品种批准文号换发为“国药准字 Z15020795”。后经 N 自治区食品药品监督管理局两次再注册，现批准文号有效期至 2020 年 3 月 18 日。(二)成为非处方药的时间：2003 年 11 月 25 日，国家食品药品监督管理局印发《关于公布第六批非处方药药品目录的通知》(国食药监安〔2003〕323 号)，公布某药酒为甲类非处方药。(三)作为非处方药的某药酒在使用中的注意事项和已有不良反应：非处方药也是药品，要严格按照药品说明书的规定使用。在国家药品不良反应检测系统中，共检索到不良反应 137 例，主要表现为头晕、呕吐、瘙痒、腹痛等。(四)针对公众的质疑和担心，国家药监局将采取什么措施：国家药品监督管理局将按照《中华人民共和国药品管理法》及相关规定，要求 N 自治区食品药品监督管理局落实属地监管责任，责成企业就近五年来各地政府部门处罚其广告的原因和问题向社会作出解释；对药品的安全性和有效性作出解释；向社会公开近五年来不良反应监测情况；严格按照说明书审批广告，加大对企业的日常检查和飞行检查力度，若发现企业违反相关法律法规，须依法严肃处理。同时指出，国家药品监督管理局已组织相关专家，对某药酒由非处方药转化为处方药进行论证。①

5.2 公安部

2018 年 4 月 17 日，公安部在其相关官方微博“公安部打四黑除四害”回应了“某药酒”事件：“针对近期媒体高度关注的“某药酒”事件，公安部高度重视，立即启动相关执法监督程序，已责成 N 自治区公安机关依法开展核查工作，加强执法监督，确保以事实为依据，以法律为准绳，严格依法办理，相关工作正在抓紧依法推进中。”②

5.3 N 自治区人民检察院

2017 年 4 月 17 日，N 自治区人民检察院公布了关于“谭 ×× 损害某药酒商品声誉案”的情况通报：“近日，N 自治区 L 县公安机关、检察机关办理的“谭 ×× 损害某药酒商品声誉案”，引起社会和媒体广泛关注。根据最高人民检察院指示，N 自治区人民检察院听

① 《国家药品监督管理局新闻发言人就某药酒有关情况回答记者提问》，国家药品监督管理局 . http://cnda.cfda.gov.cn/WS04/CL2056/227779.html

② 《公安部回应“某药酒”事件》. https://baijiahao.baidu.com/s?id=1597980972304720651&wfr=spider&for=pc

取了L县人民检察院案件承办人的汇报，查阅了案卷材料。经研究认为，目前案件事实不清、证据不足。自治区人民检察院指令L县人民检察院：将该案退回公安机关补充侦查并变更强制措施。”[①]

5.4　N自治区食品药品监督管理局

2018年4月19日，N自治区食品药品监督管理局在其官方网站上公布了有关某药酒的通告：N自治区食品药品监督管理局认真贯彻落实国家药品监督管理局关于“某药酒”有关事宜的通知要求，已组成检查组赴企业，责成企业将近五年来被各地监管部门对其处罚的虚假广告情况及产生原因、不良反应发生等情况向社会作出解释和公开；督促企业对药品安全性和有效性情况作出解释。进一步核查企业是否按照药品生产质量管理规范组织生产；对已审批的“某药酒”药品广告进行复核；监督企业落实药品安全主体责任。[②]

5.5　G省食品药品监督管理局

2018年4月19日，G省食品药品监督管理局对外发布：“今日已部署对全省范围内各类媒体发布的某药酒广告开展全面检测，同时要求各地食药监部门加强对零售药店的监督检查，一旦发现相关违法广告，立即取证并移送广告监管部门依法处理”。

5.6　某国药股份有限公司

2018年4月26日，某药酒的生产企业某国药股份有限公司终于作出了回应，发布《企业自查整改报告》（以下简称《报告》）：对于社会高度关注的某药酒安全性、豹骨来源及生产质量等问题作出说明，称其药材都是炮制品，按照药品说明书的用法用量使用是安全的，对于某药酒的安全性有过毒性试验，研究结果安全有效，其药材“豹骨”的使用是完全合法的，生产过程有质量保证。对于其广告问题，该《报告》称，其公司在中央电视台、地方卫视等各平台发布的广告均依法合规，违规发布广告的问题存在于各地经销商和零售药店，并已停播中央电视台、中央人民广播电台、各卫视及地方媒体的全部广告。[③]

■ 结语

2018年4月17日，发布“毒药”文章被跨省抓捕的医生谭××被取保候审，在看守所关押三个多月后终于走出了看守所的大门，但“谭××损害某药酒商品声誉案”的审

[①] 《N自治区人民检察院关于“谭××损害某药酒商品声誉案”的情况通报》，N自治区人民检察院官网. www.nm.jcy.gov.cn/ygjw/qwfb/201804/t20180420_2185914.shtml

[②] 《N自治区食品药品监督管理局关于某药酒有关事宜的通告》，N自治区食品药品监督管理局官网. www.nmfda.gov.cn/findPublicInfoById30342.html

[③] 《企业自查整改报告》，某国药股份有限公司. https://www.sohu.com/a/229844024_204691

理没有结束，社会对于某药酒的关注也没有停止。一封由企业发布的《报告》的有效性和说服力远远不够，案件如何判决，某药酒的违法广告问题、药品安全性和有效性问题、药材合法性问题等公众普遍关注的问题都亟待相关部门作出有效回应。食品安全事关人民群众的生命安全，相关政府部门应依法依规办事，严格执法，落实监管责任，回应人民关切和公众诉求，维护人民利益，切实把好“安全关”；企业应承担社会责任，依法办事，合法经营。只有这样，人民才能真正有安全感和幸福感，企业也才能长远健康发展。

■ 思考题

1. 在 N 自治区食药监部门审批通过一千多条广告批文的背景下，分析“某药酒”多次违法违规仍能持续经营的根源在哪里?

2. 地方政府应该怎样对待新闻舆论，发挥舆论监督的积极作用?

三、案例说明

(一)课前准备

1. 要求学生课前预习“案例正文”。

2. 要求学生就案例后面的思考题进行独立思考。

3. 要求学生查阅相关资料，熟悉公共选择理论、“政府失败”说、政府寻租理论等相关概念和理论。

(二)教学目标

1. 通过组织学生阅读本案例，学生主动关注社会生活，加强学生对药品食品安全的思考，理顺政府在药品食品安全监管中的地位和作用，提高学生对社会热点的认知能力和辨别能力。

2. 通过本案例的学习和课堂讨论，向学生展示政府履行社会管理职能的重要意义和价值，加深学生对政府社会管理职能的认知和理解，并能够结合政府职能理论，发掘学生解决实际问题的能力。

3. 通过本案例的系统学习，向学生展示当前地方政府在食品药品监督管理过程中所面临的各种难题，引导学生提出针对性的决策建议，培养学生创新能力。

（三）案例讨论

1. 基于此次“某药酒事件”，探讨地方政府行政反馈机制的建立与完善，以及新闻舆论监督作用的有效发挥。

2. 在全面依法治国的背景下，探讨地方政府与企业如何建立“健康”的政企关系。

第三节　舆论还是“愚论”？

——H 幼儿园虐童事件背后的政府公信力建设

一、案例背景

国外防止虐童事件

虐童现象在世界范围内都有发生，不少国家通过建立各项法律制度加以防范，积累了许多宝贵经验。

在美国防治虐童的相关法律中，最有特点的一条是“强制报告制度”。报告的人员范围在不断扩大，举报的内容也随着社会发展而不断细化。另外，美国大多数州要求“有理由相信”或“有理由怀疑”一个儿童受到了虐待或忽视时也要举报。其中还规定，对儿童有责任的人或组织面对虐待和忽视时要举报。对于知情不报者，法律上也规定了相应的惩罚。在美国，卫生及公共服务部下设的儿童及家庭管理局，自 1995 年起，每年公布全国被虐待和忽视的儿童状况。他们提供的数据不仅将受害者按照年龄、种族、性别等属性进行了划分，还将施害者同样进行了统计，并计算了两者的关系。公众可以在相关网站上动态地浏览每个州的数据。美国还通过传统的法律拨款程序，给州提供专项资金，用于建立预防儿童虐待和忽视的项目。美国将“孩子说出来，安安全全的（Speak Up Be Safe）”项目纳入学校教育，告诉孩子哪些行为属于虐待，在什么地方可以获得帮助等。儿童一旦受到侵害就懂得自主报告，既能保护自己，也是对施害者的一大威慑。

在日本，厚生劳动省儿童虐待调查研究会、大阪儿童虐待调查研究会、全国儿童相谈所等政府部门或机构都十分关注虐童问题。自 1991 年开始，东京成立了虐待防止中心，开始对儿童虐待信息情报进行统计。日本厚生劳动省从 1990 年开始对儿童虐待数据进行了统计，并逐年公布。

2000年，日本公布并实施《虐待儿童防止法》，经过4年的使用后，在2004年进行了部分修改。和美国一样，日本的法律也有“越来越严”的趋势。比如在修改前的虐待标准中，规定了“如果发现有虐待的必须举报”，修改后就变成“认为有虐待的必须举报”。同时，语言暴力也被列入虐待标准。

日本的社会力量在应对虐童方面，也发挥了很大的作用。如1998年在日本成立的“儿童虐待思考协会”，就以儿童虐待为题材制成漫画，向志愿者介绍工作现状。各地的非营利组织还设立儿童访谈热线，与一些儿科医生、心理医生、社会工作者联系，及时倾听虐待儿童的举报。此外，有关防止儿童虐待工作的讲座、研讨会、报告会、经验交流会、论文发表会、学会等集会也在日本全国各地经常举行。

澳大利亚在儿童保护的法律执行上有令各国瞩目的独特模式。20世纪70年代颁布的《1975年家庭法法案》和《儿童和青少年法案》使澳大利亚的儿童权利保护趋于成熟。为保障儿童各项权益进一步得到落实，新南威尔士州还专门制定了《儿童和青少年委员会法》，组建了儿童和青少年委员会。该委员会的主要职责是推进和监督社区儿童的整体安全、福利和幸福状况，监控由儿童提出或代表儿童提出的投诉趋向，对影响儿童的事项组织专门调查等。此外，澳大利亚少年司法机构对执法人员的专业素质要求较高。以新南威尔士州1987年的《儿童法院法》为例，儿童法院由首席治安法官和儿童治安官组成，有资格被任命为儿童治安官的人必须是首席治安法官认可的有处理儿童和青少年事务能力的治安法官，而且依据法律规定，儿童治安官应当接受不间断的培训。在悉尼、墨尔本等澳大利亚大城市中，儿童享受到全方位的关照。在幼儿园中，所有的老师都需要获得幼儿教育的专业文凭之后持证上岗。根据规定，每个幼儿园必须有一定数量的本科幼儿教育毕业生，必须持有急救证书等各种资质证明和幼儿看护相关的执照。

二、案例正文

舆论还是“愚论”？
——H幼儿园虐童事件背后的政府公信力建设

摘要：本案例描述了在自媒体快速发展的背景下，政府处理社会突发性事件时，网络舆论对于事件和政府处理结果的影响，以及由此反映出的政府公信力缺失问题。本案例对B市H幼儿园虐童事件进行了深入分析，以事件背后广泛的网络舆论为切入点，探究了政府在处理社会突发性事件上公信力为何缺失的问题，提出了政府在处理社会突发性事件时既能正确处理问题又有效维护政府公信力的对策。

关键词：虐童事件；网络舆论；网络愚论；政府公信力

引言

党和国家不管是在战争、建设和发展的任何时期，从来都是把培养儿童作为国家重要战略工程，把少年儿童健康成长当作国家的根本大计。由中共中央文献研究室编辑，中央文献出版社出版的《习近平关于青少年和共青团工作论述摘编》一书，我们更可以从中读到习近平总书记不断发出的关爱少年儿童的谆谆教诲、热切期望。习近平总书记更是明确指出：培养好少年儿童是一项战略任务，事关长远。[①] 然而就是在这样的战略下，虐童事件频发。2017 年 11 月 1 日，在上海的某程亲子园爆出虐童事件引起了大众的关注，面对媒体和大众的指责，某程迅速地作出决定"开除虐童幼师，加强监管"。本以为虐童事件就此告一段落，谁知 21 天后 B 市 H 幼儿园虐童事件爆出，引起举国上下关注。究竟什么是真相？又是什么原因导致虐童事件频发？

1. 背景介绍

1.1　学前教育背景

1993 年 10 月 31 日，第八届全国人民代表大会常务委员会第四次会议审议通过了《中华人民共和国教师法》，其中第十条规定：国家实行教师资格制度。中国公民凡遵守宪法和法律，热爱教育事业，具有良好的思想品德，具备本法规定的学历或者经国家教师资格考试合格，有教育教学能力，经认定合格的，可以取得教师资格。

随着《国家中长期教育改革和发展规划纲要（2010—2020 年）》、《国务院关于当前发展学前教育的若干意见》的贯彻实施，各地学前教育三年行动计划的纷纷出台，大力发展学前教育正成为我国教育事业发展的一道亮丽风景线。学前教育发展不仅要建设一批坚实安全的幼儿园，更需要建设一支师德高尚、业务精良的幼儿园教师队伍。要实现"基本普及"的战略目标，满足人民群众对学前教育的热切需求，不仅仅意味着入园率的提高，更重要的是学前教育质量的提升，而其中的关键与核心便是教师队伍质量的提升。国际经验也表明，幼儿园教师质量决定着学前教育的质量，高素质专业化的幼儿园教师队伍是高质量教育和儿童健康发展的重要保障。在我国，通过科学研究与论证制定出适宜、规范的幼儿园教师专业标准，明确合格的幼儿园教师应具备的基本专业素养，并引领和促进幼儿园教师的专业发展，无论对当下还是长远的幼儿教师队伍建设、学前教育事业的健康发展

① 学习解读《习近平关于青少年和共青团工作论述摘编》系列评论之七。

和亿万幼儿的健康发展，都是极其重要的。[①]

然而，就是在这样一个十分注重学前教育的时代，幼儿教育问题却层出不穷。长期以来，由于教师薪酬待遇低，导致心理危机感；教师质量良莠不齐，职业道德规范差；相关部门监管失责，无证上岗现象严重；相关法律不健全，出现问题无法可依等原因，导致幼儿园“虐童”事件时有发生。某程幼儿园虐童事件、Z市幼儿园保育员虐待儿童事件、J市幼儿烫伤事件，B市H幼儿园虐童事件……接连发生的“惨案”让人触目惊心，我们应该扪心自问，出现这样的事情是师德的缺失还是政府监管不力？

1.2 网络舆论背景

随着网络技术的不断发展，网络新闻，网络论坛、微博、朋友圈等传统的技术应用之外，又出现了抖音、西瓜视频、快手等小视频分享形态的信息交互模式，这些新形态的网络技术影响范围更广、交互性更强、传播速度更快。正是因为网络信息传播这种自由而广泛的特点，使得网民对于社会各种焦点事件的评论愈发“随心所欲”。网络舆论作为社会舆论的一种重要表现形式，网络舆论的传播对有关公共部门的形象有着一定的影响。但由于网络舆论是个“自由超市”，加上内容“把关人”的缺席，网络舆论的局限性比起传统媒体环境中一般意义上的局限更甚。

以前不久刚发生的B市H幼儿园虐童事件部分网友评论为例：

“要让侵害幼童的机构终身禁止从业”——网友A评论。

“虐待孩子的这类人应该在最大痛苦的边缘和死亡之间活着”——网友B评论。

“我们绝大多数教师是好的，别再给他们施加压力，别往他们身上泼脏水”——网友C评论。

“重判，加强监管是根本”——网友D评论。

“希望政府查清楚事情，还社会一个真相，在真相没有大白之前，我们还是要保持理性，客观看待问题，不要随意转发不实言论”——网友E评论。

从网友对整个事件的评论态度来看，网络舆论传播不乏理性主义者，能客观看待问题，但也有个别网友，带有极强的个人感情色彩，全凭好恶发表个人观点，更有甚者，靠抹黑政府来吸引眼球，这种扭曲的网络言论心理是需要我们防范的。在网络时代中，政府官员诚信意识、应对网络舆情的能力都受到网络媒体的监督，网民对政府公信力空前质疑与冲击，使政府公信力面临巨大的挑战。面对纷繁复杂的网络环境，政府如何在网络时代提升

[①] 孔宝钢.《江苏幼儿教育》[M].复旦大学出版社，2015：87.

政府公信力是一个急需解决的问题。

2. 事件综述

2.1　虐童事发

2017 年 11 月 22 日，有十余名幼儿家长通过网络反映 B 市 H 幼儿园（新天地分园）国际小二班的幼儿遭遇老师扎针、喂不明白色药片，并提供孩子身上多个针眼的照片及视频。引起大量网友的重视，纷纷转发该事件，转发内容主要为该园幼儿被针扎的图片，并要求有关部门彻查此事。同时接到报案的 B 市警方进行调查取证，涉事老师和保育员暂时停职，配合警方调查。

据 H 教育官方宣传资料称，H 教育成立于 1998 年，H 幼儿园是 H 教育机构旗下为 2—6 岁中国儿童提供专业幼儿教育服务的知名幼教品牌，H 幼儿园在全国拥有近 500 家高品质的双语幼儿园，遍布中国 300 多个城市，目前在营业规模、市场份额等方面均位列中国学前教育行业前三，至今已累计为数百万家庭提供专业的学前教育服务及指导。2017 年 9 月 27 日，H 在美国纽约证券交易所挂牌上市，成为中国第一家独立上市的学前教育企业。

2.2　风雨欲来——谣言漫天

11 月 23 日，新浪微博用户发表关于 H 幼儿园事件的爆料，爆料内容直指 H 幼儿园猥亵幼儿并导致多名幼儿受伤。

下午 2 时许，在幼儿园面对媒体采访的家长告诉记者，白女士的孙子月月今年在这家幼儿园读小小班。听月月说，他们睡觉的时候老师会给他喂白色药片。“月月说中午睡觉的时候，老师每天都会让他们吃白药片，不用配水就吃了，不苦，每天都吃。”

“现在已经不是愤怒了，是担心！”一名国际小二班孩子的家长说，他们一早来到幼儿园门口，希望听到园方的解释，但是一直到下午，她依然没有见到幼儿园的老师和校长。“我就想知道孩子吃的什么药、打的什么针，能不能代谢下去！”

另一位家长表示，目前知道国际小二班有两个男孩、一个女孩被罚站。他介绍，得知孩子被罚站后，多名家长问自己的孩子是不是有这么件事，孩子都说是。问三个孩子是谁，每个孩子说出的名字都不一样。

2.3　乌云蔽日——群情激愤

下午 6 时，某影星章 ×× 微博发布极具讽刺意味的动态“听说有三种颜色上不了热搜”，得到数名公众人士转发，众多网友开始大量转发关于 H 幼儿园新天地分园有“爷爷医生、叔叔医生”猥亵儿童的微博。面对民众对该事件的质疑，B 市政府表明警方已成立专案组；区政府已成立工作组，进驻幼儿园；教育部表示已责成地方有关部门立即启动调查，尽快查清事实真相。

2017 年 11 月 24 日，关于 H 事件的爆料铺天盖地地席卷各大媒体网站，一时成为最热门的社会新闻，尤其是“被打针”等各式爆料，使得部分网友对 H 事件的指责达到顶峰，舆情激愤。

2.4 雨过天晴——事件结果

面对网友的滔天怒火和漫天质疑，11 月 25 日 B 市警方通报 H 幼儿园虐童案：园内存在教师虐待儿童，涉事教师被刑拘，园长被停职。虐童一事得到证实，网友纷纷表示对 H 幼儿园的谴责。

28 日，警方再次通报，编造虚假信息的刘某被依法行政拘留，李某某被批评教育并在微博公开致歉。女童家长赵某某承认发表的“‘爷爷医生、叔叔医生’脱光衣物检查女儿身体”的言论系其编造，并愿意向社会澄清事实、公开道歉。在面对警方的官方发言后，大部分网友表示支持，但是仍有部分网友对此结果表示怀疑，其中幼儿园部分监控录像的缺失是网友们质疑的最大部分，提出公开已修复视频的要求，但警方未对此作出回应。

2.5 尘埃落定——事后反思

2017 年 11 月 29 日，H 教育机构针对 H 新天地幼儿园事件发布道歉信：“我们倍感难过和耻辱，向孩子们和大家深深道歉，对不起！我们没有资格祈求原谅唯有拿出实际行动。并承诺对幼儿园监控系统进行全面升级，确保做到无死角不间断实时监控。”

2017 年 11 月 30 日，国新办举行新闻发布会。对于近期舆论关注的幼儿园虐童事件，教育部副部长作出回应称，正积极推进学前教育立法；司法部部长表示，应把坏事变成普法的“好”事，借助典型事件、典型案例达到普法的效果。

3. 事件分析

3.1 事件产生原因与政府监管不足之间的联系

H 幼儿园虐童事件曝光之后，网民群情激愤，一时间各类评论充斥着新闻媒体的各大版面。可是，在此事件爆发之前，幼儿园的虐童行为是一直存在的，例如之前的某程幼儿园虐童事件、Z 市幼儿园保育员虐待儿童事件等，都在警醒着政府，在告诫着政府，幼儿园的运行及操作都需要其加强监管。可是，这些事件并没有引起政府足够的重视，反而，在第一起虐童事件曝光之后，各种类似的事情不断发生，直到这次影响力巨大的 H 幼儿园虐童事件。所以，对于本次所分析的事件的起因，可归咎于政府监管不力，如若政府在第一个幼儿园虐童事件曝光之后，便采取一系列的措施，例如加强监管，完善法律法规制度，提高对幼儿园资格审查标准等，那么H幼儿园虐童事件可能不会发生。综上所述，虐童事件的发生，也要归咎于政府的监管不力，前期预防工作做得牢，或许孩子们也不会受到伤害。

3.2　为何家长求助对象的侧重点是舆论而不是政府

通过对此案例的探究，不难看出一个问题，遭虐儿童的家长在向警察报警后，同时也在网络上发布大量孩子被针扎、被喂白色药片的照片及视频。那么为何家长不把寻求政府的帮助当作解决问题的重要渠道，为何不致力于向相关法院提起诉讼，而是花费大量时间精力转向对网民的求助，对舆论的求助。首要提及的就是政府公信力建设的问题。通过对家长行为和心理的分析，家长之所以在寻求政府的帮助后，还要利用网络的力量，很大一部分原因都可以归咎为对政府的不信任，不相信政府可以捍卫自己的权利，不相信政府可以还给自己和孩子一个公道，所以他们只能退而求其次，以一种相对而言没有那么理性的方式来解决所面临的问题。根据案例背景所提及的内容可知，当前我国获得幼师资格证的标准较低，政府部门对于幼师工作的管理还不到位，维护孩童利益的相关法律法规还不够完善。政府在这些方面的漏洞，让家长认为政府对于此次事件的解决是不会起很大作用的，所以他们把目光汇集在网民身上，把希望也一并寄托在舆论上。

3.3　舆论的偏颇只因背后有人煽风点火?

刘某在微博上发布其编造的H幼儿园虐待孩童的言论后，在网络上引起轩然大波，网民纷纷转发评论，“被打针”“昏迷”等词一时间充斥着网络，多家媒体相继报道，公众人物的相继表态使整个事件达到一个顶峰。网民和媒体的“煽风”，刘某的“点火”，让此次事件的影响力不断扩散，让事件几乎达到一种不可控的地步。可以利用反向思维来分析此案例，如果大多数网民没有那么愤慨，而是跟少部分理性网民一样等待官方的回应，那么此事件造成的影响力是不是没有那么大，也就是说，如若政府公信力足够高，网民足够相信政府，那么便不会在网络上引起如此轩然大波。

3.4　加快阳光政府建设的进程是提高政府公信力的重要保证

11月25日B市警方通报H幼儿园虐童案：园内存在教师虐待儿童，涉事教师被刑拘，园长被停职。警方在对事件调查清楚并发布案件调查结果以及处理结果后，网民情绪得到缓和，一场舆论风暴渐渐得到平息。从这里我们可以看出，警方的做法是有值得肯定的地方的，接到家长报案，立即着手调查，使整个事件得到快速而且有效的解决。但是，在整个调查过程中，警方并未及时向社会公示其调查方法以及调查进度，网民只是了解到最后对H幼儿园及相关涉事人员的处罚结果，虐童事件为何会发生，如何发生的，以及警方是如何取证调查的，怎样得出结论的都无从知道，网友一直要求公开的视频，警方也未针对视频不公开作出回应。这就导致一部分网友仍旧对警方最后的处理结果存疑。阳光政府的提出一直都是政府公信力建设的一个重要渠道，何为阳光政府，那就是权力在阳光下运行，国家工作人员在阳光下办事，让群众知晓办什么事，如何办事。只有这样群众才能相信政府是真正为人民服务的。

■ **结束语**

在此次H幼儿园虐待孩童的事件中，网络舆论产生了不可忽视的影响，家长在网络平台上发布孩童身上被针扎、被喂白色药片的照片和视频后，在网上引起热议。这次案例不仅仅只涉及家长与H幼儿园双方对于问题的解决，也是政府与网民之间存在的问题的一次大突显。网民“愚论”的产生与政府公信力建设不足的联系，网民舆论风向的转向与政府在处理此次虐童事件中的态度和行为之间的联系，“阳光政府”的建设作为政府公信力建设的重要渠道，到底应该如何做到最为“阳光”的政府，也可以根据此次案例中B市警察局对于案件的处理方式方法以及其公示程度加以分析。通过对案例的深度解析，找出案例中存在的疑难和问题及它们存在的原因，客观正确分析政府、网民、家长、幼儿园这四个主体之间的联系，围绕政府公信力建设，对此次案例有一个深刻的认知和把握。

■ **思考题**

1. 在此次事件中，网民产生“愚论”的原因有哪些？
2. 家长为何要在网络上发布孩子遭虐的照片及视频？
3. 如果你是B市市长，你会如何解决此次事件？
4. 网络舆论的影响程度到底有多大？真的会影响到政府的决策及行为吗？

三、案例说明

（一）课前准备

1. 理论准备：需要学生提前掌握我国学前教育的部分法规，熟知儿童在我国社会主义建设中的重要地位，能够结合案例提出理论并加以分析。

2. 案例准备：要求学生提前预习“案例正文”，收集与本案例相关的新闻、网评和政策，和同学一起思考案例正文后的思考题，为课堂讨论做一定的准备。

3. 组织准备：学生各自分组，每小组 5—6 人，在小组内进行思考讨论，总结出相关看法并记录下来。

（二）教学目标

1. 通过组织学生阅读案例，加深学生对网络舆论和政府公信力建设两个概念的了解，锻炼其对热点时事的认知能力。

2. 通过组织学生讨论案例，向学生全面展示网络舆论的巨大影响力，加深学生对网络舆论特点的全面把握，并引导其发现当前网络舆论存在的问题并提出有效的解决方案，发掘其全面看待问题的能力。

3. 通过组织学生系统学习案例，向学生展示当前政府公信力建设面临的困境，引导学生提出加强政府公信力建设的有效建议，激发其创新意识。

（三）案例分析

1. 事件产生原因与政府监管不足之间的联系

在此，政府监管是指政府对于幼儿园运行模式及方法的正当性及合理性的一种监管。在我国，政府对于学前教育的监管还有待加强，相关法律法规以及制度的不完善，让政府难以明确自己相关职责。财政体制不合理，导致对学前教育的投入不够，政府无法行使自己的职权。

在 H 幼儿园虐童事件前，社会上已经发生多起幼儿园教师虐童事件，但是并未引起政府足够的重视，解决完一件算一件，若在第一起虐童事件发生后，相关政府便着手对学前教育所存在的问题进行解决，加强立法建设，加大财政投入，对幼儿园的教学方法、教学模式等进行资格审查，H 幼儿园虐童事件或许不会发生。

2. 家长为何不仅求助公安部门还借助舆论扩大该事件的影响力?

案例要点：在这个案例中，我们能清楚地了解到家长知道幼儿园可能存在虐童现象后，直接报警并在朋友圈和微信群中传播 H 幼儿园虐童一事，引起众人恐慌，随后事件愈演愈烈，闹得人尽皆知。为何家长不能等待公安机关的处理，而是急于将该事件暴露在公众面前？其一重要原因是 H 幼儿园的“前科”：2015 年 11 月末 S 市 H 幼儿园里，10 多名孩子身上发现大量疑似被针扎的伤痕，次年 10 月，4 名涉案教师分别被判处有期徒刑两年六个月至两年十个月。2017 年 4 月，另一地方的 H 幼儿园被曝出老师殴打学生视频。后

H 教育机构回应，将该园园长给予停职检查，并表示一定深刻反思，认真整改。

与此同时，尽管 H 幼儿园称得上劣迹斑斑，可它依旧保持着良好的运转，似乎丝毫没有受到这些负面新闻的影响。于是很多人开始相信，这家教育机构是“有靠山”的。真的有靠山么？恐怕我们需要更多的信息。

社会学家、政治学家韦伯认为只有法理型权威政府才能成为官僚制的权力基础，因为它以理性为原则，官僚制组织通常要制定一套规则和程序来规范组织及其成员的管理行为，以保证整个组织管理工作的一致性和明确性，服从者仅仅作为团体的成员，并且仅仅服从于法，团体成员对统治者的服从，并非服从于统治者本人而是对制度的服从。在我国行政监督制度的不完善，使得官僚制中的理性缺失，行政效率低，行政公平难以保证，民众渐渐对政府失去信心。

习近平总书记曾提出“塔西佗陷阱”一说。“塔西佗陷阱”通俗地讲就是，当执掌公权力的政府部门失去公信力时，无论其说真话还是假话，都会被认为说假话；无论其做好事还是坏事，都会被认为是做坏事。习近平总书记指出，我们当然没有走到这一步，但存在的问题也不可谓不严重。“如果真的到了那一天，就会危及党的执政基础和执政地位。”

3. 缺失的政府公信力与非理性网络舆论之间的逻辑关系

网络信息传播具有速度快、门槛低、影响范围广、互动性高等特点，成为当代公众参与社会时事、表达个人观点的主要方式。互联网的发展一方面为公众获取信息带来了方便，另一方面，非理性的网络舆论也给政府的公信力建设带来了许多负面影响。简而言之，非理性的网络舆论的产生主要有以下原因：

（1）网民基数大，部分网民缺乏理性思维，在讨论公共议题时容易产生极端情绪，盲目表达对政府的不满；

（2）由于社会矛盾的不断积累，加之人们对真相的渴求以及政府信息公开力度不足，社会矛盾得不到有效缓解而大量爆发；

（3）网络管理法制不健全，缺乏执行有效的网络监管，使得大量非理性言论得以传播；

（4）政府舆论引导能力不足，使非理性舆论难以得到有效控制，影响政府公信力建设；

（5）公共权力使用不当、官员腐败等负面问题频繁出现在公共视野之中，这种“耳濡目染”式的影响削弱了政府的公信力。

这些原因的产生大多都与政府有着直接或间接的联系，因此可以说明非理性网络舆论的肆意传播并危害政府公信力建设，政府有不可推卸的责任。H 幼儿园虐童事件在全国引起轩然大波，网络舆论有着不可磨灭的“功劳”，而主导该事件的舆论之所以能够广泛传播，政府的确应该自我反思一下。综合一系列之前发生在幼儿园的安全事故，政府应当吸取教训，拿出有效的解决措施，防止类似的情况再次发生。

4. 加快阳光政府建设的进程是提高政府公信力的重要保证

政府公信力是指社会组织和民众对政府信誉的一种主观价值判断，是政府通过长期向公众提供真实、可信、权威、有益的管理和服务而在公众的心目中建立起来诚实守信、公正正派的信任度、权威性和影响力。根据政府公信力的定义可知，政府公信力建设的最主要方面就是在政府与公众之间建立“信”。“信”即信任，是公众放心地将自己的权利交给政府，让政府管理公共事务，维护自己的权益。政府公信力建设的渠道主要有以下几个方面。一要建立健全完善的法律制度，要做到法律先行，法律是一切行动的准绳，政府及其工作人员的行为要遵循法律，只有这样官员才不会产生腐败行为，才会对权力的运行有约束作用。二要加强政务公开和信息公开，让权力在阳光下运行，也就是阳光政府的建设，不仅能让公众监督政府及其工作人员的行为，也能让公众知晓政府是在做维护其利益的事情，提高政府的执行力。三是政府要广纳民意、广听民声，政府不是独立于民众的政府，是为人民服务的政府，所以在政府公信力建设方面，民意是重中之重，只有这样，才能知道民众想要什么，才能真正做到达民意，惠民生，公众才会信任政府。